개정3판

사회복지 조사론

Research Methods for Social Welfare

최세영 · 김준환 · 임수정 공저

어가 語歌

머리말

사회복지학을 공부하는 학생들에게 사회복지조사론에 대한 개념과 내용을 쉽게 이해할 수 있게 제시함으로써, 사회복지 연구 및 실천현장에서 활용할 수 있는 내용을 다루고 폭넓게 적용할 수 있도록 본서를 집필하였다. 자연과학(自然科學)은 실험으로 자료를 수집하여 분석하는 것이 일반적이지만, 사회과학(社會科學)은 인간을 대상으로 하므로 실험을 통하여 자료를 수집하는 경우는 흔치 않다. 따라서 사회복지학은 응용사회과학으로서 인간의 사회적 욕구, 즉 사회문제를 해결하기 위해 새로운 지식을 창출하고 이론을 개발하는 것이라고 할 수 있다.

사회복지조사(社會福祉調査) 연구의 시초는 고대에 호구조사와 토지조사에 사용하기 시작하면서부터이다. 그 이후 자본주의 형성과 발달에 영향을 받아오며 산업혁명을 거치며 급격하게 발달하였다.

사회복지조사 연구에 통계적 자료 분석 방법이 시작된 것은 실증주의를 표방했던 19세기 중반 이후이다. 특히 20세기에 들어서면서 빈곤 문제, 도시 생활 문제, 공공주택과 노동문제 등으로 영역이 확대되었고, 지역사회의 욕구를 사회화하는 데 일익을 담당하였다. 우리나라에서 사회복지조사 연구의 시작은 1950년대이며, 1960년대 이후 사회복지조사 연구의 중요성이 강조되었다. 사회복지가 본격적으로 발달하기 시작한 1970년대 이후에 사회복지조사 연구도 급격한 발달과 폭넓은 이용을 강조하였으며 그 경향은 지금까지 지속하고 있다.

급격한 사회와 환경의 변화로 말미암아 발생하는 사회문제 해결을 위한 사회복지의 실천은 아직 충분히 검증을 받지 못한 개입과 절차에 의해 주로 이루어지는 것이 현실이다. 기존의 사회과학과 응용사회과학(應用社會科學) 지식으로 설명이 가능하던 현상과 사건이 사회복지 실천현장에서 한계를 나타내곤 한다. 이러한 한계를 극복하기 위한 대안적 지식의 개발 혹은 확장이 사회복지조사 연구로 이루어질 수 있다.

사회복지학에서 사회복지조사론은 사회복지를 규명하면서 조사라는 과학적 검증절차 방식을 시도하는 분야이다. 사회복지조사는 우리가 알고자 하는 사회복지와 관련된 현상 또는 사건의 경험적 증거를 찾고 확인하는 구체적인 방법이다. 즉, 인간 간·인간과 환경

간에서 발생하는 다양하고 복잡한 사회복지와 관련된 현상 또는 사건의 관계를 객관적으로 정확하게 파악하여 현상 속에 있는 규칙을 규명하는 과학적 방법이다. 과학적 방법은 과학성을 높이는 수단을 의미하며 자연과학에서 의미하는 현상 또는 사건 자체를 의미하는 것이 아닌 현상 또는 사건을 다루는 방법을 의미한다.

일반적으로 사회복지 실천현장에서 사회복지조사 연구의 사용 목적은 지식을 위한 지식의 생산보다는 사회복지사들이 매일 직면하는 문제 해결을 위한 실용지식의 제공 측면이 강하다고 할 수 있다. 따라서 사회복지 학문을 연구하는 데 필요한 과학적 연구방법뿐만 아니라 사회복지 실천현장에서 요구되는 지식과 정보를 습득하고 활용함으로써 경험적 연구를 수행할 수 있는 능력을 향상하고자 한다.

본서는 총 15장으로 구성하여 과학적 방법과 사회조사, 사회조사방법의 기본 개념, 조사의 유형과 절차, 인과관계와 조사설계, 단일사례설계, 실험조사설계의 유형, 측정과 척도, 측정의 타당도와 신뢰도, 표집, 설문조사, 관찰과 내용분석, 욕구조사, 평가조사, 질적조사 연구방법론, 조사보고서 작성 등으로 주제를 구성하였다.

이 책을 통하여 사회복지를 공부하는 학생들이 졸업 후 사회복지실천현장에서도 폭넓게 적용할 수 있기를 바란다. 특히 클라이언트의 욕구를 잘 파악하고 구체적인 서비스를 제공할 수 있는 전문적인 사회복지사로 거듭나는 기회가 되기를 소망한다.

집필상 부족한 부분과 한계점 등에 대해서는 아낌없는 충고를 바라면서 앞으로도 다양한 사회적 욕구와 현실의 변화에 맞게 수정·보완하기 위해 최선을 다하는 낮은 자세로 보답할 것을 다짐한다.

끝으로 이 책을 집필할 수 있도록 모든 것을 허락해 주신 하나님께 감사를 드린다. 또한 바쁜 일정에도 집필에 참여해 주신 집필진에게 감사의 말씀을 드리며, 이 책이 발간될 수 있도록 관심을 갖고 지지와 응원을 해주신 도서출판 어가 어진용 대표님 이하 모든 임직원들, 끝까지 세심한 배려를 해주신 편집부의 노고에 특별히 감사의 말씀을 전한다.

2023년 2월

공저자를 대표하여 최세영 드림

차 례

CHAPTER 04

단일사례설계

CHAPTER 05

인과관계와 조사설계

CHAPTER 06

조사설계의 유형

CHAPTER 07

측정과 척도

CHAPTER 08

측정의 타당도와 신뢰도

CHAPTER 09

표집(표본추출)

CHAPTER 10

자료수집방법 I: 설문조사

CHAPTER
12 욕구조사

CHAPTER
13 평가조사

CHAPTER 15

조사보고서의 작성

Research Methods for
Social Welfare

01 CHAPTER

과학적 방법과 사회조사

CONTENTS

사회과학이론은 과학적 이론의 일종으로 인간과 사회현상에 대한 설명을 과학적인 방법으로 시도하는 것이다. 사회현상에 관한 과학적 지식은 이론의 형태로 제시되며 지식은 과학적 토대를 통해 축적되어 온 결과물이다. 따라서 사회조사는 사회복지의 주요 관심체계인 개인, 가족, 집단, 조직, 지역사회, 국가에 대한 지식을 과학적으로 획득하는 방법을 의미한다. 사회복지사가 클라이언트에게 최선의 서비스를 제공하기 위해서는 그들의 욕구를 정확히 파악하는 것이 필요하다. 과학적 방법으로 지식을 얻는 사회조사는 결국 클라이언트를 위한 최선의 서비스를 제공하는 데 반드시 갖추어야 할 조건에 해당된다.

이 장에서는 사회복지에서 과학의 연구방법과 특성을 살펴보고, 과학적 지식을 습득하는 다양한 방법들에 대해 살펴본다. 또한 사회복지조사의 특성과 유용성을 살펴보고, 사회조사가 가지고 있는 한계점에 대해 구체적으로 학습하고자 한다.

CHAPTER

01 과학적 방법과 사회조사

학/습/목/표

- 과학이 무엇인지 알고, 과학적 연구방법을 이해할 수 있다.
- 과학적 지식의 형성방법에 대해 간략히 설명할 수 있다.
- 사회조사의 정의를 이해하고 특성을 설명할 수 있다.
- 사회조사의 한계점과 윤리쟁점을 설명할 수 있다.

1 과학의 연구방법과 특성

1) 과학적 연구란

과학은 넓은 의미로는 일종의 신념체계, 즉 지식을 의미한다. 이때 과학은 지식으로서 다른 종류의 지식, 즉 관습이나 미신 등과 구별되며, 이러한 지식들보다는 더 객관적이라고 할 수 있다. 과학이 관습이나 미신과 다른 점은 맹목적이고 단순한 믿음에 따른 것이 아니라 인간의 합리적인 사고와 판단에 따라 생각한다는 점이다. 인간의 합리적인 사고는 인간의 감정에 따르기보다는 이성적인 사고를 따르고, 경험을 중시하며, 가능한 객관적이고 논리적인 사고와 판단을 하는 것을 의미한다. 따라서 학문적으로 말하는 과학은 지식을 획득하는 방법과 관련하여 논의된다(박이문, 1993). 과학적 지식이 갖는 타당성은 과학적 지식을 정립하는 방법에 있으며, 과학적 지식이 다른 지식과 구별되는 근거가 바로 과학적 방법에 있다. 다시 말해 과학은 전체 경험세계에 접근하는 방법을 의미한다.

과학의 근본목적은 사회현상과 자연현상을 포함하여 모든 현상을 설명하는 이론을 제시하는 것이다. 여기서 이론은 현상을 설명하고 예측할 목적으로 변수 간의 관계를 상세히 기술함으로써 현상에 대한 체계적인 견해를 제시하는 것이다.

이와 같이 과학은 우리를 둘러싸고 있는 자연현상 또는 사회현상을 이해하는 데 도움을 주며 사물의 현상을 정확하게 기술하고, 여러 가지 현상 속에 내재하는 규칙을 발견하여 이론과 규칙으로 일반화시키려 한다. 따라서 과학이란 지식의 근거를 과학적 연구에서 찾는 것을 의미한다. 그렇기 때문에 연구하는 방법이 과학적인 방법인지, 아닌지를 중요시하는 것이다(이관우, 1976).

2) 과학적 연구방법의 의의

과학적 연구방법은 논리적·경험적이어야 한다는 것을 특징으로 하고 있다. 여기에서 논리는 이론을 의미하고, 경험은 조사 혹은 관찰을 의미한다. 이론이란 어떤 현상에 대한 논리적인 설명이고, 조사는 그러한 논리들을 경험적으로 검증해 보는 것이다. 과학적 지식은 이론과 조사를 통해서 만들어지며, 과학적 연구방법은 이론과 조사를 활용하여 과학적 지식을 만들어 내는 방법이 되고 있다. 그래서 과학적 방법은 과학적 조사연구를 필요로 하게 되고, 과학적 지식을 만들어 내는 조사연구방법 등을 다루는 것이 사회복지조사방법론이다.

과학적 연구방법에 의해 도출된 과학적 지식은 "어떤 현상에 대한 기술과 설명을 위한 하나의 체계"라고 할 수 있다. 그러나 모든 것을 과학으로 설명할 수는 없다. 왜냐하면 경험에 바탕을 둔 과학은 종교적이고 철학적인 사건에 대해서는 과학의 해결 능력을 벗어나기 때문이다. 만약 사건을 기술하고 사건이 왜 발생했는지, 어떤 것은 왜 쉽게 나타나지 않았는지를 설명하기 위한 완벽한 과학적 지식체계가 있다고 한다면, 그러한 과학적 지식체계는 과연 무엇에 유용해야 하는가를 확인해야 할 필요가 있다(김치영, 2007).

일반적으로 과학의 목표는 정적인 의미로는 관찰된 현상에 의해 설명의 체계를 부여하는 것으로 기존의 법칙, 이론, 가설, 원칙 등을 이해하고 기존의 지식체계에다 새로운 지식을 추가하는 것이며, 동적인 의미로는 앞으로의 문제해결을 위한 방안을 제시하는 활동이라고 볼 수 있다. 다시 설명하면 과학의 목표는 개념을 범주화하고, 사건의 예측과 설명을 가능하게 하며, 사건의 원인에 대한 이해력을 제공하고, 사건을 통제하는 데 있다.

이 네 가지 목표를 자세히 살펴보면 다음과 같다(주삼환 외 역, 1991).

(1) 개념의 분류체계

일단 개념들이 사물을 조직하고 분류하는 데 사용된다. 이것은 가장 달성하기 쉬운 목적이다. 현상과 사물을 조직하고 분류하는 데는 여러 가지 방법이 있지만, 어떤 현상에 대하여 어떤 분류방법을 적용할 것인가에 대해서는 보다 명확한 기준이 적용되어야 한다. 그 기준은 다음과 같다.

첫째, 분류방법의 포괄성이다. 분류의 대상이 되는 모든 사물들은 하나도 빠짐없이 그 분류체계 속에 완전히 속해야 한다.

둘째, 상호독립성을 유지해야 한다. 이는 각 사물 등을 어디에 분류해야 할지가 모호하지 않아야 한다는 것이다.

셋째, 개념의 분류체계와 다른 목적을 나타내는 진술에서 사용되는 개념과 일치해야 한다.

(2) 사건의 예측과 설명

과학의 목표는 미래에 일어날 사건을 예측하고 동시에 과거에 일어난 사건을 설명하는 것이다. 즉, 일정한 조건에서 어떤 현상이 일어날 것이라는 사실을 미리 알려 주는 것과 과거에 발생한 현상을 인과관계를 통하여 설명하는 것이다.

(3) 사건의 원인 이해

과학의 목표는 사건의 원인에 대한 이해력을 제공하는 것이다. 하나 이상의 개념의 변화가 다른 개념의 변화와 연결된다는 인과관계구조가 충분히 기술되었을 때 비로소 사건의 원인에 대한 이해력이 제시된다.

(4) 사건의 통제

사건의 통제는 다루는 대상영역에서의 현상을 임의적으로 일으키거나 또는 변화시키는 것을 의미한다. 진정한 과학적 지식은 이제까지 통제할 수 없었던 것을 통제할 수 있도록 해준다. 통제의 가능성은 과학의 영역에 따라 차이가 난다.

3) 과학적 연구방법의 특성

과학적 연구가 갖추어야 할 기본 조건은 객관성이며, 증거를 중요시하기 때문에 모든 명제나 가설들은 경험적으로 검증되어야 한다. 과학적 방법은 다음과 같은 특성을 갖고 있다(이관우, 1976).

① 과학적 연구는 논리적이며 체계적이다.

과학은 합리적인 활동으로 과학적 설명은 이치에 맞아야 한다. 과학의 논리성이란 어떤 현상이 시간적으로 앞선 현상을 일으킬 수 없음을 의미하며, 객관적 사실이 뒷받침되어야 한다. 또한 과학의 논리에 있어서는 두 개의 서로 배타적인 상태가 동시에 일어나는 것을 부정한다.

또한 과학적 연구는 체계적인 절차에 따라 진행된다. 즉, 일정한 규칙과 절차를 통해 이루어져야 하며, 그 과정은 다른 연구자들이 알 수 있도록 공개될 수 있어야 한다.

② 과학적 연구는 확률적 결정론을 전제로 한다.

과학에서는 모든 현상이 어떤 앞선 원인에 의해서 발생하며 논리적으로 원인과 결과관계로 이해될 수 있어야 함을 가정한다. 즉, 과학에서의 모든 현상은 자연발생적인 것이 아니라 어떤 원인에 의해서 발생하는 결정론적 특징을 가지고 있다. 이때 어떤 현상의 특정 요인이 100% 설명하기보다는 다양한 요인들이 서로 다른 확률로 영향을 미친다고 보고, 어떤 현상을 보다 높은 확률로 설명할 수 있는 원인을 찾고자 한다. 이러한 관점에서 확률적 결정론이라고 한다.

③ 과학적 연구는 일반화를 모색한다.

과학적 연구를 통해서 획득된 이론은 개별적인 현상을 설명하기보다는 동일한 성격의 모든 현상에 대한 일반적인 이해를 추구하려 한다는 것이다. 즉, 개별적인 현상 하나하나가 아니라 보편적이고 일반적인 현상에 대한 이해와 설명을 추구한다. 현상에 대한 보편적이고 일반화된 지식을 '이론'이라고 부른다.

④ 과학적 연구는 간결한 설명을 추구한다.

과학자들은 가능하면 적은 설명변수를 가지고 현상의 원인을 잘 설명하는 데 관심을 둔다. 이를 간결성(간명성)을 추구한다고 말한다. 예를 들면 같은 설득력을 가진 경우에는 단순한 이론이 보다 가치가 있다는 것이다. 즉, 적은 수의 특정 요소에 대한 관계를 논리적이고 체계적으로 설명하고자 한다.

⑤ 과학적 연구는 구체적이어야 한다.

과학적 연구에 있어서 사용되는 개념을 정확히 표현해야 한다는 것이다. 즉, 개념은 명확하고 한정된 의미를 가져야 한다. 과학적 용어가 불명확하거나 그 개념이 모호하면 과학자들 간의 정확한 의사전달이 어려워지며, 따라서 객관적 연구가 이루어지지 않는다.

⑥ 과학적 연구는 경험적 검증이 가능해야 한다.

과학적 연구는 이론의 정립을 목적으로 하며, 이때 이론은 가설이 경험적으로 검증(확인)된 경우에 이를 이론으로 받아들인다. 다만 연역법을 사용하는 경우 경험적 검증을 위해 추상적인 개념을 조작화하여 이를 구체적으로 측정할 수 있게 정의하는 절차가 필요하나, 귀납법은 조작화를 요구하지 않는다는 점에서 연역법과 차이가 있다.

⑦ 과학적 연구는 수정 가능(잠정적)하다.

과학에 있어서 절대적인 진리는 존재하지 않으며, 과학은 궁극적인 진리를 탐구하는 것이기도 하지만 효용도 동시에 추구한다. 효용을 추구한다는 점은 과학적 이론들이 진리인가, 아닌가를 따지기보다는 과학적 이론들이 우리의 주변세계를 이해하는 데 얼마나 유용한가를 가지고 평가되어야 한다는 것이다. 이에 따라 과학적 지식은 항상 새로운 비판에 개방적이며, 그러한 비판을 통해 이론을 보다 정교하게 발전시켜 나간다. 그러므로 과학은 그 절차나 결과에 최대의 의문을 제기하여 항상 비판의 대상이 되도록 해야 한다. 이처럼 과학적 지식(이론)은 잠정적이며 수정(반증) 가능성을 향해 열려 있기 때문에 지속적인 검토와 새로운 경험적 자료에 기초해 언제라도 반증할 수 있는 것이다.

⑧ 과학적 연구는 객관적(가치중립적)이다.

과학은 경험세계로부터 객관적인 지식을 획득하고자 하며, 객관적이지 못하고 주관적이며, 가치판단적이고 감정적인 것은 과학적 연구대상이 아니다. 따라서 과학적 연구는 조사를 수행하는 과학자의 주관적 동기가 다르더라도 연구 과정이 같으면 같은 결론을 도출할 수 있어야 한다. 이때 과학에서 말하는 객관성을 상호주관성(간주관성)이라고 표현하기도 한다.

⑨ 과학적 연구는 재생가능성이 있어야 한다.

과학은 재생가능성(반복성, 재현 가능성)을 전제로 한다. 즉, 모든 이론은 여러 차례 반복적으로 검증하고 관찰한 뒤에 정립되어야 신뢰성이 확보된다. 재생가능성이란 다른 연구자가 동일한 조건에서 동일한 관찰(실험)을 되풀이했을 때 동일한 결과를 얻어야 함을 의미한다.

4) 과학철학

과학철학은 과학의 토대, 방법 및 함의와 관련된 철학으로 로지(Losee, 1993)는 과학철학을 "과학적 설명의 절차와 논리에 관한 분석"이라고 정의하였으며, 신중섭(2002)은 "과학자들이 과학활동을 하면서 갖추어야 할 규범 또는 원리를 연구하는 철학적 활동"이라고 정의하고 있다. 이처럼 과학에 대한 다양한 철학적 입장이 존재하지만 이 중에서 논리실증주의, 반증주의, 과학적 혁명론에 대해 살펴보고자 한다.

① 논리실증주의: "과학적 이론은 증명할 수 있어야 한다!"

논리실증주의는 1920년대 후반 비엔나학파(Vienna Circle)와 베를린학파(Berlin Circle)가 제기한 개념이다. 논리실증주의자들은 우연적 명제는 그것이 경험적으로 검증할 수 있는 경우에만 과학적으로 의미가 있으며, 그렇지 않은 경우에는 무의미한 사이비 명제가 된다고 주장한다. 따라서 논리실증주의는 검증을 원칙(verification principle)으로 으로 삼는다. 이는 과학은 이론을 지지하는 관찰의 집합체로 구성되며, 객관적인 관찰을 통해 경험적으로 검증되어야 한다는 것을 의미한다(황성동, 2016). 이러한 논리실증주의는 일반적인 것(general)에서 구체적인 것(particular)으로 결론을 내리는 연역적 방식을 사용한다.

② 해석주의: "인간의 주관적 의식과 행위의 의미를 파악해야 한다!"

해석주의(interpretivism)는 막스 베버(M. Carl Emil Weber)에서 연원을 찾을 수 있는 패러다임으로, 인간의 행동 중 '의미 있는 사회적 행동'에 초점을 두고 연구하는 패러다임이다. 즉, 해석주의는 외형적으로 유형화된 어떤 행동을 관찰하는 실증주의와는 달리, 인간의 주관적 의식을 중요시하며 행동 깊숙이 자리 잡고 있는 행위자 입장에서의 의미를 찾는 데 초점을 둔다. 따라서 사람들이 어떻게 사회 세계를 창조하고 유지하는가를 이해하고 해석하기 위해 자연스러운 상황 속에 있는 사람들을 상세하게 관찰하여 사회적으로 의미 있는 행동을 체계적으로 분석한다. 이를 위해 해석주의는 참여관찰과 현지조사 방법을 사용하는데, 조사대상자와의 직접 접촉을 통해 일상생활 속에서 조사대상자들이 어떻게 문제를 다루고 해결하는지, 다른 사람과 어떻게 상호작용하며 어울리는지에 관심을 가지고 해석하기 때문이다. 이러한 해석주의는 귀납적 방식을 사용한다.

③ 포퍼의 반증주의: "과학적 이론은 증명되는 것이 아니라 반증되는 것이다!"

반증주의(falsificationism)는 귀납적 방법을 토대로 한 이론 개발의 한계를 지적하면서 연역적 방법에 따라 이론을 개발해야 한다고 강조한다. 칼 포퍼(Karl Popper)는 경험을 바탕으로 이론을 개발하고 그 이론의 타당성을 '증명하는 것'은 논리적으로 불가능하다고 보았다. 오히려 기존의 이론과 상충하는 현상을 관찰하는 데서 출발하며 지속적인 반증 과정을 통해 새로운 이론이 발견된다고 보았다. 즉, 어떤 이론의 진위를 직접 검증하는 것은 어렵지만, 증거에 기초에 이론을 반증하는 과정을 거쳐 과학이 발달한다고 보았다. 반증을 견뎌낸 이론도 절대적인 참에 이르지는 못하며, 다만 이전의 것에 비하여 상대적으로 우월할 뿐 그 이론 역시 다음 이론에 의해 반증될 수 있다. 이러한 과정을 되풀이함으로써 과학이 진리에 점진적(누적적)으로 근접하게 된다고 하였다.

예

99마리의 백조가 희더라도 그것은 "모든 백조가 희다."는 증명이 되지 못하므로 오히려 1마리의 검은 백조를 찾아내어 "모든 백조가 희지 않다."며 기존의 진리를 반증하는 것이다.

④ 쿤의 과학혁명론: "과학 발달의 역사는 패러다임이 전환되는 혁명의 역사다!"

포퍼에 의하면, 과학에서의 이론은 반증 앞에 무릎을 꿇고 사라지거나 끊임없이 반증을 견디며 살아남아 누적적으로 진리를 향해 발전해 간다. 그런데 과학은 포퍼가 주장한 것처럼 "현상에 대한 더 나은 지식과 이론을 구축하기 위해 끊임없는 노력이 쌓여 누적적으로 진보(발달)해 왔을까?"라는 질문에 토마스 쿤(Thoma Kuhn)은 "그렇지 않다."라고 주장한다. 쿤은 과학의 발달이 과학적 이론의 검증이나 반증을 위해 끊임없이 노력하며 누적적으로 진보하기보다는 과학자 공동체가 어떠한 패러다임에 의거해 현상을 이해하는가에 의존해 왔다고 보았다. 즉, 쿤은 혁명을 통한 과학적 진보의 과정을 패러다임의 이동(paradigm shifts)으로 보았다. 쿤의 과학관은 혁명적 성격에 초점을 두고 과학의 역사는 패러다임이 새로운 패러다임으로 대체되는 혁명적 전환을 통한 역사라고 보았다. 쿤은 과학의 진보가 다음과 같은 패턴과 구조에 따라 진행된다고 보았다(그림 1-1).

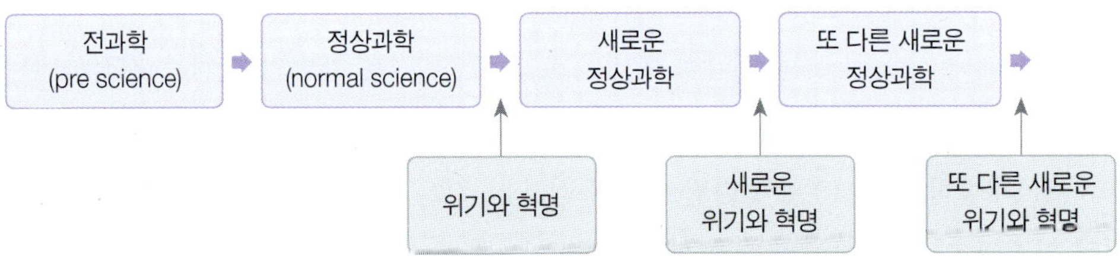

[그림 1-1] 쿤의 패러다임의 이동 과정

여기서 전과학은 특정 패러다임이 주도권을 잡기 이전의 시기를 칭한다. 정상과학은 특정 패러다임이 지배적인 이론이 되어 이를 따르는 시기로 자신의 패러다임이 타당하다고 믿기 때문에 그들의 근본적인 가정이나 방법의 정당성에 논쟁하지 않으려 한다. 하지만 정상과학 시기에 해당 패러다임으로 설명할 수 없는 예외적인 현상들이 출현하고, 그 간극이 심화되면서 위기에 닥치면 기존 패러다임의 세력과 이를 대체하려는 새로운 패러다임 세력 간에 갈등이 일고 그러한 과정을 거치면서 혁명은 서서히 일어난다고 설명한다.

2 과학적 지식의 형성방법

지식은 다양한 경로를 통해서 습득이 가능하다. 지식의 형성방법은 백과사전이나 다른 사람들로부터의 가르침 등 제3자를 통해 지식을 얻는 방법, 합의와 신념 등 간접경험에 의한 방법, 관찰을 통한 스스로의 경험에 의한 방법 등과 같은 일상적인 지식 형성방법과 과학적 방법을 통한 과학적 지식 형성방법 등이 있다(김태성 외, 2005; 김치영, 2007).

1) 일상적 지식의 형성방법

일반적으로 우리들은 대부분의 일상적 지식을 합의된 지식과 경험적 지식의 형태를 통해 습득하게 된다. 여기서 합의된 지식은 사회·문화적으로 합의된 사실을 믿고 받아들임으로 발생하는 지식이다. 다수의 사람들이 그렇게 합의함으로써 그것이 사실이 되어 다양한 문화적 사회화의 과정이 이러한 합의적 사실을 유포하게 만든다. 반면 경험적 지식은 직접적인 경험에서 도출된 지식을 말한다. 따라서 모든 사실들을 개인적인 경험과 발견에 의해서 알 수는 없기 때문에 우리는 다른 사람들이 발견한 사실들을 단순히 지식으로 받아들이게 되는 것이다.

일상적 지식은 일반적으로 전통에 의한 방법, 권위에 의한 방법 그리고 직관 혹은 경험에 의한 방법으로 형성된다. 전통과 권위에 의한 지식은 합의적 지식의 성격을 띠고 있고, 직관 혹은 경험에 의한 지식은 경험적 지식의 성격을 띠고 있다.

(1) 전통에 의한 방법

전통에 의한 방법은 사회적으로 이미 형성된 선례나 관습 그리고 사실 등, 축적된 지식을 비판 없이 받아들이는 것을 말한다. 전통을 통한 지식의 습득은 매 세대마다 지식탐구의 과정을 되풀이해야 하는 시간적 비용과 노력을 줄일 수 있다는 장점이 있지만, 새로운 지식을 탐구하는 조사연구자에게는 전통에 의한 방법이 장애로 작용할 수 있을 것이다. 그리고 기존의 지식에 반하는 새로운 지식적 탐구는 위험한 것으로 간주되기도 한다. 그러나 맹목적으로 전통적인 사실에만 의존하는 것은 매우 위험하다. 특히 정보와 기술의 발달이 급격히 이루어지고 있는 현대사회에서는 과거에 전통적 지식으로 인정되었던 것이 오늘날에는 그렇지 않은 경우가 있다. 새로운 지식이 빠른 속도로 발견되고 있기 때문에 전통에 의한 지식 습득방법은 이러한 현상에 대해 한계성을 지니고 있다.

(2) 권위에 의한 방법

전통에 의한 지식의 습득방법 중 하나가 바로 새로운 지식이 계속적으로 나타나는 데 즉각적으로 대응할 수 없다는 것이다. 이때 우리들은 과연 새로운 지식이 옳은지, 그른지를 판단할 수가 없다. 그래서 그 지식에 대한 그 분야의 전문가 혹은 전문집단에 의해서 권위를 부여받았을 때 비로소 우리는 그 새로운 지식을 지식으로 받아들인다.

권위에 의한 방법은 자기주장의 타당성이나 설득력을 높이기 위해 전문기술을 갖거나 혹은 신뢰할 만한 정보출처를 제시하거나, 신뢰도가 높은 공공기관의 유권해석을 이용하는 경우도 이에 해당된다. 이는 지식의 원천을 다른 조직 및 타인의 권위에 두고 있다는 것으로 지식의 진리성 여부를 권위에 대한 복종심에 토대를 두고 있는 특성이 존재한다. 이때 우리는 특정한 지식에 대한 우위성을 사회적으로 공인받은 상태를 권위, 즉 지식체계의 권위를 믿는 것이다. 이러한 권위를 통해서 지식을 습득하게 되면, 지식탐구에 필요한 시간과 노력을 감소시킬 수 있다는 장점이 있지만, 지식체계 자체에 오류가 존재할 때에는 오히려 문제를 발생시킬 수 있다. 잘못된 지식을 타인들에게 전달할 위험이 있다는 것이다. 또한 권위를 가진 전문가라 할지라도 특정 분야에 관한 지식을 모두 다 정확하게 지니고 있다고는 믿을 수 없고, 시간이 경과함에 따라 전문가의 권위가 변화될 수 있기 때문에 맹목적으로 따르는 것은 위험하다.

(3) 직관 혹은 경험에 의한 방법

직관 혹은 경험에 의한 방법은 개인의 경험이나 직관에 의해 지식으로 도출된다. 전통과 권위에 의한 합의적 지식의 한계를 개인적인 경험이나 직관을 통해서 보충하기도 한다.

어떤 현상이 전통이나 권위에 의해서 설명되지 않거나 혹은 그러한 설명이 명백하게 현실에 위배되는 경우가 발생할 때, 기존의 합의적 지식을 벗어난 새로운 지식들이 출현하게 된다. 이때 우리들은 일반적으로 기존의 지식보다는 스스로의 경험이나 직관에 보다 의존하게 되는데, 이러한 인간의 경험이나 직관이 불완전하다는 것이 문제이다. 따라서 보다 순수한 경험이나 직관에 의한 지식은 참다운 지식이라고 확신하기 어렵다.

2) 과학적 지식의 속성

사람들은 다양한 방법으로 지식을 만들어 내는데, 과학은 그러한 방법들 중 하나일 뿐이다. 과학적 지식은 과학적 방법이라는 특별한 방식으로 도출된 지식이다. 주관적이고 논리적인 탐구를 통해 유추된 지식은 실제 현상에서 경험적으로 관찰된 사실과 일치하게 될 때 과학적 지식으로 인정될 수 있다. 특히 과학적 지식이 논리성과 합리성을 강조하는 것이라면, 과학적 방법은 지식이 현실적으로 어떻게 존재하고 있는가를 보여 주는 수단이 될 수 있다.

과학이란 그 연구대상인 사회현상 자체에 의해 과학성이 얻어지는 것이 아니고, 그 대상을 다루는 방법에 의해 얻어진다. 이와 같이 과학성을 높이는 방법이 과학적 방법이며, 이에 의해 도출된 이론이 과학적 이론이다.

과학적 방법을 통해 얻어진 지식은 재생가능성, 경험성, 객관성과 같은 속성을 갖는다. 이러한 속성을 갖는 지식이 곧 과학적 지식이며, 과학적 지식의 매력과 힘과 가치는 그것의 예측능력이 된다.

(1) 재생가능성

재생가능성이라 함은 어떤 결론에 대하여 동일한 과정을 거치면 누구나 동일한 결론을 얻을 수 있는 가능성을 의미한다. 재생가능성에는 절차의 재생가능성과 결과의 재생가능성이 있다. 따라서 재생가능성이란 어떤 조사연구자가 해당 연구결과에 도달한 절차를 타인이 동일하게 따르면 그와 동일한 결과를 얻게 되는 것을 의미한다. 즉, 표준화된 절차와 방법에 의해 동일한 결과를 얻을 수 있는 가능성을 재생가능성이라고 한다. 이때 결과의 재생가능성에서 결과의 완전한 재생은 드물고 재생가능성의 정도, 즉 확률로 나타나게 된다. 그러나 완벽한 재생은 어렵다.

(2) 경험성

경험성이란 우리의 감각기관에 의해 지각될 수 있는 성질을 의미한다. 이러한 경험성과 관련하여 인간의 감각기관을 믿을 수 있느냐 하는 문제와 사회과학에 존재하는 추상적 용어의 경험성 문제가 제기될 수 있다. 먼저, 감각기관의 인식에 따른 객관성 문제로 과학은 일단 이 세계에 대한 인식이 인간의 감각기관을 통해 이루어진다는 비과학적 토대를 인정하고 이를 토대로 성립하고 있다. 이러한 점은 추상적 용어를 구체적인 측정지표와 연계시키는 방법으로 어느 정도 해결할 수 있으며, 이는 결국 과학적 방법의 발전 정도에 관한 문제이다.

(3) 객관성

객관성이란 감각기관이 건전한 사람의 감각인상의 일치를 의미한다. 모든 사람들이 같은 대상을 인식하고 그로부터 얻은 인상이 일치하는 것을 의미한다. 따라서 누구에게나 동일하게 인식되는 인상은 객관성이 있다고 말할 수 있다. 이때 인간의 이해관계나 주관적 가치판단 그리고 편견 등이 개입되면 그만큼 객관성을 상실하게 된다(김치영, 2007).

3) 현상을 탐구할 때 범하는 오류

사람들은 흔히 현상을 이해하려는 시도를 할 때 오류를 범하게 된다. 인간의 지식에는 한계가 있으며, 그러한 한계의 대부분은 인간이 갖는 본질적인 한계에 기인하고 있다. 따라서 인간들이 일상적 지식 형성과정에서 나타나는 일반적인 오류를 방지해 주는 것이 과학적 방법을 통한 탐색이다. 현상을 탐구할 때 발생할 수 있는 오류를 살펴보면 다음과 같다.

(1) 부정확한 관찰

인간의 일상적인 경험과 관찰은 대부분 의식적으로 이루어지지 않는 경우가 많아 부정확할 때가 많다. 어떤 사건에 대해 특별한 관심을 두고 지켜보지 않았다면 보통의 많은 사람들은 정확한 기억을 떠올리지 못하고 틀린 정보를 말하게 되는 경우가 있다. 따라서 이러한 오류를 범하지 않기 위해서는 의식적인 관찰을 해야 하는데, 이것이 바로 과학적인 관찰인 것이다. 특히 지식을 형성하는 첫 출발점은 관찰에 있다. 그러나 인간의 일상적인 관찰능력에는 한계가 존재하기 때문에 부정확한 관찰의 오류를 범하게 되는 것이다.

예) 지난주 수업시간에 교수님이 무슨 색상의 옷을 입고 왔는지, 머리핀은 무엇을 했는지 등을 정확하게 기억하지 못하는 경우이다. 이러한 경우는 주의를 기울여 정확히 관찰하지 않는 이상 대부분의 학생들이 무슨 색상의 옷인지, 머리핀은 무엇인지 기억하지 못한다.

(2) 과도한 일반화

사람들은 자기 주변의 한두 가지 사건에 대해서 어떤 유형을 발견하면 이를 과도하게 일반화(overgeneralization)시키는 경향이 있다. 소수의 사실을 다수의 대상에게 지나치게 확대적용하는 것을 말한다. 발언권이 강한 몇 명의 소수가 그들의 의견을 강력하게 피력하면서 마치 그곳에 모인 전체 사람들의 의견인 양 그것을 일반화시키는 것이다. 이러한 경향은 특정 가치나 이념이 강한 사람들 사이에서 흔히 발생한다. 그러나 과학적 방법에서는 충분한 크기의 관찰표본을 확보하거나 같은 연구를 반복하여 동일한 결과가 재현되는지 확인함으로써 이를 방지한다.

예) A고등학교 출신의 친구 몇 명을 만나 보니 모두 성실히 자신의 맡은 바 일을 잘하고 있었다면 B라는 사람은 타인들에게 A고등학교 출신자 모두가 마치 자신이 느꼈던 감정처럼 성실하다고 생각하여 설명하는 경우이다.

(3) 선택적 관찰

사람들은 처음부터 자신의 결론이나 주장에 대해 들어맞는 사건이나 상황에만 관심을 기울이고 관찰하는 경향이 있다. 이를 선택적 관찰(selective observation)이라고 한다.

과도한 일반화는 종종 선택적 관찰을 초래하며, 자신의 일반화에 들어맞는 관찰만을 사실로 선택하고 그 이외의 관찰은 버리는 경향을 말한다. 그러나 과학적 관찰은 미리 관찰해야 할 내용들에 대한 수와 유형을 조사설계 단계에서 미리 정하여 구체화시켜 놓고 이를 관찰한다.

예 흑인이 게으르다고 주장하는 사람은 열정적인 흑인이나 게으른 백인은 주목하려 하지 않는다.

(4) 사후 가설 설정

이미 발생한 사건에 대한 결과를 정당화하려고 사후 발생적 가설을 설정하게 된다. 발생한 사건의 결과가 기대한 결과와 다르게 나타날 때 자신이 평소에 갖고 있던 이론에 맞추어 임의로 해석하고 일정한 가설을 설정하여 그 가설이 검증된 것처럼 꾸미는 것을 말한다. 다시 말해 어떤 경험이나 관찰이 이루어지고 그 후에 이것을 설명하는 가설이 나타나는 것이다. 그러나 과학적 방법에서는 대체로 논리적 추론을 통해 사전에 가설을 설정하고, 그 후에 그 가설의 진위를 경험적으로 검증하는 절차를 취한다.

예 기관 점검에서 낮은 평가를 받은 후에(사후) 왜 평가를 낮게 받게 되었는가를 설명하는 것이다(가설 설정). 평가를 준비하는 데 시간이 부족하였다. 따라서 부족한 시간과 평가를 연결해서 설명하는 방법이다.

(5) 비논리적인 추론

자신의 주장과 모순되는 결과가 나왔을 때 자신의 주장을 합리화하기 위해 자신의 주장과 합치되는 우연한 상황이나 예외적인 상황을 지목하는 '비논리적 설명(illogical reasoning)'을 할 수 있다. 즉, 서로 무관한 독립적 사건 A와 B를 'A여서 B하다'는 방식으로 서로 연관시켜 추론하는 것을 말한다. 그래서 사람들은 일상생활에서 때때로 논리적 근거 없이 판단을 내리는 경향이 있다. 개별적으로 독립적인 사건들을 종속적인 사건들로 인식하는 것은 명백히 비논리적인 오류이다. 그러나 과학적 방법에서는 의식적이고 분명한 논리체계(연역법과 귀납법)를 사용함으로써 이러한 비논리적 추론의 함정을 피한다.

예 대표적인 예가 바로 도박꾼의 오류라고 불리는 것이다. 도박판에서 몇 판을 연달아 돈을 잃은 사람이 다음 판에서 돈을 딸 확률이 높아졌다고 믿는 식의 추론이다.

(6) 탐구의 조기 종결

사람들은 어떤 상황을 이미 이해했다고 판단하고 더 이상의 새로운 해답을 찾지 않는 경향이 있다. 즉, 어떤 사실이 완벽하게 이해되기 전에 탐구를 종결함으로써 불완전한 지식을 낳게 되는 것을 말한다. 어떤 형태의 지식이라고 해도 완벽하지 않으며, 지식은 끊임없이 변화하고 있다. 따라서 어떤 사실이 완벽하게 이해되기 전에 탐구를 종결하는 것은 바람직하지 않으며, 특히 인간사회에 대한 연구에서 탐구를 조기에 종결하는 것은 위험한 일이다. 이와 달리 과학적 조사에서는 조사를 통해 얻은 결론이 이후 지속적 탐구를 통해 부단히 수정(반증)될 수 있다고 가능성을 열어둔다.

(7) 꾸며낸 지식

자신의 선입견이나 과도한 일반화에 들어맞지 않는 현상을 접하게 될 때 일반화된 관점을 유지하기 위해 억지로 그 이유를 끼워 맞추는 것을 꾸며낸 지식이라고 한다. 그러나 과학적 조사에서는 이러한 오류를 방지하기 위해 항상 객관적이고 비판적인 태도를 유지하며, 나아가 새로운 증거가 나오면 지식은 언제든 수정될 수 있다고 본다.

(8) 고정관념

지식을 탐구하는 과정에서 연구자 자신의 자아가 개입됨으로써 현상을 객관적으로 이해하기 어려운 경우가 있다. 이처럼 사람들은 일정한 고정관념을 가지고 있다. 그래서 어떤 현상에 대한 관찰이 개인이 가지고 있는 고정관념과 다를 때 그러한 관찰을 객관화시키지 못하는 경향이 있다. 그러나 과학적 방법에서는 탐구자의 주관, 가치관 등의 개입을 배제함으로써 최대한 객관적으로 설명하고자 한다.

(9) 신비화

어떤 특정한 현상에 대해 이해하지 못할 때 사람들은 인간의 능력을 넘어선 영역이라는 이유로 초현실적인 것으로 귀결짓는 것을 말한다. 그러나 과학적 방법에서는 이러한 신비화를 배제하고 경험적으로 인식할 수 있는 것만을 연구대상으로 삼는다.

3 사회조사의 정의와 특성

1) 사회조사의 정의

조사(research)란 과학적 절차를 통해 지식을 얻는 과정을 의미한다. 즉, 어떠한 현상에 대해 제기되는 의문과 질문에 대해 과학적 방법과 절차를 통해 그 해답을 구하는 것이다(황성동, 2016; 이창희 외, 2007). 이러한 과정을 통해 형성된 과학적 지식은 인간행위와 사회현상을 판단하는 근거가 된다.

사회조사(social research)는 경험적으로 관찰된 자료를 기반으로 이론을 구성함으로써 인간현상을 설명하고자 하는 실증주의에 기반한 관찰방법의 하나로서 과학적 지식을 얻기 위한 절차와 방법이다(원석조, 2015).

사회복지조사(social welfare research)는 이러한 조사를 사회복지에 접목시켜 사회복지의 목적인 개인과 지역사회의 복지욕구를 충족시키고 사회적 문제를 해결함으로써 삶의 질을 향상시킬 수 있는 방안을 강구하기 위한 제반 지식을 탐구하는 절차라고 할 수 있다.

사회과학의 한 분야인 사회복지조사는 과학적으로 수행되어야 한다. 과학적 수행이란 과학의 특성인 논리성, 검증가능성, 재생가능성, 간주관성, 객관성 등을 갖추어야 한다는 것을 의미한다. 하지만 사회복지에서 다루고 있는 주요 수제가 인간의 다양한 행위와 문제이기 때문에 가치 지향적이고 추상적인 개념이 많다. 따라서 사회복지조사는 다음과 같은 과학적 절차를 활용하여 과학적 지식을 구축하려는 노력을 하게 된다(이창희 외, 2007).

첫째, 추상적인 개념을 측정 가능한 개념으로 조작적 정의(operational definition)하는 과정이 활용된다.

둘째, 개입과정에서 이론이나 조사에 입각하여 논리적인 가설을 설정하고 이를 검증하는 체계적인 과정을 수행함으로써 개입의 효과를 평가하고 인과관계를 증명하고자 한다.

셋째, 사회복지조사과정에서 구축된 클라이언트에 대한 과학적 지식과 효과적인 실천기술 및 이론 등을 사회복지서비스 개발에 활용한다.

2) 사회조사의 특성

(1) 응용조사적 특성

사회복지학은 실천학문이고 응용사회과학의 분류에 속한다. 왜냐하면 사회복지학은 현실사회에 직접 적용되는 정책을 개발하고 집행하는 것을 다루기 때문이다. 따라서 사회복지조사는 실제 문제에서 출발하고 그 목적은 사회복지프로그램을 계획하고 수행해 나갈 수 있는 실천에 활용되어질 수 있는 지식을 산출하는 것이다.

또한 사회복지조사는 현상에 대한 지식을 탐구하는 자체가 목적이 되는 순수조사와 달리 이론에서 어떠한 형태로든지 실천적 요소가 도출되어야 한다. 물론 지식을 습득하는 자체가 순수조사의 성격을 가지고 있지만, 이를 넘어 사회문제를 해결하기 위하여 수행된다는 점에서 응용조사의 특성이 더 강하다고 할 수 있다(이창희 외, 2007).

예를 들어, 정신장애인의 주거형태와 자립생활에 관련된 연구를 진행하는 경우, 대상자의 주거 및 자립생활에 관련된 실태와 욕구를 파악하고 주거형태가 자립생활에 미치는 영향 등을 실증적으로 연구할 수 있다. 이를 통해 지역 내 정신장애인들의 주거문제의 심각성이 자립생활에 부정적인 영향을 미치고 있다는 것을 실증적으로 검증하여 제시하고 이 문제를 해결하기 위한 정책적·실천적 방안을 제시할 수 있다. 이처럼 관심을 갖고 있는 주제와 관련하여 지식을 탐구하는 것에 더해 문제해결을 위한 실천적 방법과 기술을 구축하고자 하는 것이 사회복지조사의 응용적 특성이라고 할 수 있다.

(2) 사회개량적 특성

사회복지의 일차적 대상자는 빈곤한 사람, 장애를 가진 사람, 노인, 아동, 여성 등과 같은 사회적 약자이다. 사회복지조사에서는 이러한 사회적 약자들이 가지고 있는 다양한 문제와 욕구를 확인하여 해결할 수 있는 방안을 강구함으로써 궁극적으로 대상자들의 삶의 질을 향상시키고자 하는 데 관심을 갖기 때문에 사회개량적 특성을 가지고 있다.

예를 들어, 대표적인 공공부조인 국민기초생활보장급여의 경우 수급자들에게 제공되는 지원을 통해 최저생활을 유지하고 자활을 촉진하고자 하는 목적으로 실시되고 있다. 이는 빈곤정책으로써 사회개량적 특성을 반영한 것이다.

또한 지역 내에 거주하는 저소득 독거노인의 실태와 현황을 조사하여 독거노인들이 가지고 있는 다양한 문제를 해결할 수 있는 정책과 프로그램을 개발하여 서비스를 제공하는 것은 대상자인 저소득 독거노인들의 심리·정서적 안녕을 도모함으로써 사회통합을 이루고자 하는 사회개량적 의미를 담고 있는 것이라고 할 수 있다.

(3) 계획적 특성

사회복지실천은 욕구조사, 개입, 평가의 연속되는 과정으로 이러한 과정은 계획에 의해 수행된다. 욕구조사는 대상자 선정과 욕구의 종류 및 수준을 파악함으로써 사회복지서비스를 계획적으로 제공할 수 있도록 도와준다. 따라서 사회복지실천의 첫 번째 단계는 욕구를 발견하고 이해하는 것이며, 조사는 이러한 욕구를 파악하는 과학적인 방법이다.

예를 들어, 노인의 취업문제가 지역 내 주요 문제로 대두되고 있다면 이를 해결하기 위해서는 노인의 취업실태와 함께 노인의 취업에 대한 욕구조사가 선행되어야 한다. 이러한 조사를 통해 노인들이 가지고 있는 취업욕구에 대한 과학적 지식을 산출하게 되고 취업욕구를 충족시켜 줄 수 있는 프로그램 개발을 통해 개입의 과정을 수행하게 된다. 또한 개입의 효과를 객관적으로 평가하는 과정으로 이어지게 되며, 이러한 과정이 계획에 의해 이루어진다.

특히 사회문제의 경우는 문제 자체의 내용이나 성격에 대한 조사와 더불어 '무엇이 충족되지 않아서 문제로 나타나는가', '그것을 어떻게 충족할 것인가'라는 다각적인 측면에서 접근되어야 하며 이는 체계적인 계획에 근거하여 수행된다.

(4) 평가적 특성

사회복지조사는 사회복지가 소기의 목적을 어느 정도 달성하였으며 효과가 얼마나 있었는지를 평가하는 기술이다. 사회복지실천에서 개입의 결과를 측정할 때 어떤 것이 개입의 결과인지 또는 얼마나 중요하고 의미 있는 기여를 했는지를 찾는 일은 매우 중요하면서도 무척 어렵고 까다로운 작업이다.

일반적으로 사회복지실천에서 개입의 결과는 그 사업의 목표와 사회복지대상에 일어나는 어떤 변화를 의미한다. 예를 들어, 사회복지관에서 실시하는 방과 후 프로그램에 참여한 아동에게 참여하기 이전과 참여 이후를 비교하여 어떤 변화가 일어났으며, 프로그램에 대한 참여 만족도는 어떠한가, 그 프로그램의 목표달성 정도는 어떠한가에 대한 해답을 얻고자 할 때 사회복지조사를 통해 객관적인 해답을 얻을 수 있다.

(5) 과학적 특성

사회복지조사는 사회복지의 전문성과 과학성을 주장하고 이를 실증하는 방법이다. 좁은 의미에서 사회복지는 클라이언트가 가진 문제를 해결하고 그들의 욕구를 충족시키는 것이다. 이를 위해 클라이언트에 대한 지식을 과학적으로 축적하고 분석하여 효과적인 실천방법과 기술을 개발함으로써 사회복지의 과학화에 기여할 수 있다.

또한 사회복지조사는 사회복지실태를 정확하게 파악하여 이를 통계적 수치를 통해 표명한다. 우리는 일상생활에서 각종의 실태조사를 접하게 된다. 예컨대 인구주택총조사, 각종 여론조사, 지역사회복지 욕구조사, 선거기간에 접하게 되는 전화조사와 출구조사 등이 이에 해당된다. 이러한 실태조사는 대규모 설문조사의 형태로 실시되는데, 대규모 표본조사를 통해 대상자들의 다양한 정보 및 욕구를 파악하여 통계적 수치로 정리하여 발표된다. 이처럼 사회복지조사는 다양한 복지실태를 과학적 절차를 통해 파악하고 분석하여 제공한다.

4 사회조사의 유용성과 제한점

1) 사회조사의 유용성

(1) 사회복지의 과학적 기초를 형성한다

사회복지학은 실천을 강조하는 경험과학이면서 실제 생활에 적용하기 위한 지식을 도출한다는 점에서 응용과학이다. 사회복지학의 경우 인간의 복잡한 내면과 행위를 대상으로 하기 때문에 다양한 욕구와 문제를 다루게 되고 이를 해결하기 위해 다양한 학문적 접근을 필요로 한다(이창희 외, 2007). 또한 사회현상을 설명하는 데 필요한 다양한 요인들에 대한 개방체계적 관점을 전제로 하기 때문에 확률적으로 인과관계를 설명한다. 이로 인해 일부에서는 사회복지학의 과학적 접근에 대한 의문을 제기하기도 한다.

사회조사는 사회현상에 대한 과학적 절차를 수행함으로써 사회복지실천의 토대가 되는 지식을 확장하고 정리하는 데 초점을 둔다. 이를 통해 사회복지지식을 보다 과학화 또는 학문화하는 기능을 수행한다.

또한 조사연구를 통해서 사회복지실천 개입의 효과를 측정하고, 서로 다른 개입 간에 결과적으로 어떤 상관관계를 초래하게 되는가를 밝힘으로써 사회복지의 과학적 기초를 형성하는 데 기여한다.

(2) 과학적 실천을 가능하게 한다

사회조사의 목적은 사회복지대상에 대해 적절한 도움을 제공하기 위한 사회복지프로그램을 계획하고 수행해 나아가는 데 활용될 수 있는 지식을 산출하는 데에 있다. 이러한 목적을 달성하기 위해 사회복지전문가들은 과학적 실천활동에 대한 객관적인 자료를 수집하고 계획을 세우며, 효과성을 평가하기 위해 조사방법을 활용한다. 이러한 과정을 통해 조사과정에서 논리적으로 설정한 가설과 문제의 연관성을 찾아내고 인과관계를 검증하여 이론과 접목시킴으로써 과학적 실천을 가능하게 한다.

(3) 사회복지이론과 기술체계 구축에 유용하다

사회조사는 실천현장에서의 문제를 해결하기 위한 지식을 탐색하고, 사회복지서비스의 질을 향상시키기 위한 지식과 기술을 개발하며, 새롭고 효과적인 사회복지실천 개입방법을 개발하기 위해 개인과 지역주민의 복지욕구를 분석하고 클라이언트의 임상자료를 체계적으로 수집하는 데 조사방법들을 활용한다. 이는 사회복지학의 응용학문적 특성을 반영하는 것으로써 다른 사회과학연구와 다르다. 즉, 지식을 구축하기 위한 지식탐구가 아니라 실제 현장에서 매일 경험하는 문제를 해결하는 데 필요한 실제적 지식을 제공하는 것이 목표이기 때문이다(Rubin & Babbie, 2007). 따라서 사회조사는 문제해결적이고 실질적인 노력의 과정이라고 할 수 있다. 이를 통해 사회현상과 문제를 설명하고 예측할 수 있는 변수들 간의 관계를 구체화하고 사회현상에 대한 실제적이고 체계적인 지식을 제시할 수 있는 이론을 형성하고 이를 바탕으로 실천기술체계를 구축할 수 있도록 도와준다.

(4) 사회복지의 책임성을 제고한다

사회복지사는 전문가로서 자신이 담당하고 있는 클라이언트에 대한 개입 또는 치료의 효과를 입증해야 할 윤리적 책무를 가진다. 이러한 책무를 이행하기 위해 사회복지사는 주요 복지정책의 동향뿐만 아니라 효과가 입증된 실천기법과 최신 이론 및 서비스에 대한 정보를 숙지하여야 한다. 아울러 정부 및 민간기관에 의해 지원받는 프로그램이나 서비스에 대한 비용 효과성을 입증하여야 한다. 이를 위해 객관적이고 과학적인 방법을 활용하여 서비스 효과성과 비용 효과성에 대해 검증하고 전문직으로서의 책임과 역할을 다하게 된다.

또한 사회복지 분야에 투입된 공적 자원과 민간 자원의 투명성과 효과성 및 효율성 등에 대한 책임성이 지속적으로 요구되고 있다. 따라서 사회복지기관 차원에서 평가를 통해 효과적이고 효율적인 운영을 객관적으로 증명할 수 있어야 한다. 이를 위해 평가조사를 통해 예산을 포함하여 인적·물적 자원의 사용과 기관의 목적을 얼마나 달성했는지 등에 대한 효과성과 효율성을 평가하여 책임성 이행의 근거를 마련한다.

2) 사회조사의 제한점

(1) 사회조사에서의 윤리문제

사회복지조사에서는 사회복지실천 현장에서와 마찬가지로 몇 가지의 윤리성과 관련된 문제에 직면하게 된다. 특히 사회과학 연구를 위해서는 인간을 대상으로 조사를 수행하는 경우가 많은데, 이 과정에서 윤리적인 문제가 발생하기 쉽다. 특히 조사과정에서 범할 수 있는 대표적 문제들로 고지된 동의 없이 조사를 수행했거나, 고지했더라도 연구 참여의 혜택이나 부정적 영향을 정확히 알리지 않았거나, 윤리위원회(IRB)의 승인을 거치지 않고 위장된 참여관찰을 수행했거나, 자료 처리 과정에서 조사 대상의 사적인 정보를 노출했거나 하는 경우 등이 있다. 기관윤리위원회(Institutional Review Board; IRB)에서는 연구의 장기적인 이익이 특정 조사윤리규범의 위반사항(고지된 동의나 익명성을 보장하지 못하는 경우, 연구자의 신분이나 연구목적 혹은 연구 수행자체와 관련해 조사대상자를 속이는 경우 등)을 정당화할 수 있는지 쉽게 판단하기 어렵기 때문에 이러한 결정을 기관윤리위원회가 연구를 승인하는 과정에서 결정하고 있다. 따라서 사회복지 연구를 계획하고 있다면 연구의 계획에서부터 연구실행을 거쳐 연구발표와 결과의 활용에 이르기까지 복잡하고 쉽지 않은 윤리적 이슈에 대해 기관윤리위원회를 통해 승인을 받고 실시해야 한다. 특히 실험조사와 같은 과학적 방법을 사용하고자 할 때 윤리적 문제가 발생할 가능성이 더 크기 때문에 연구주제와 내용에 있어서도 신중을 기해서 선정해야 한다. 사회조사윤리의 핵심적인 쟁점은 다음과 같다.

① 자발적 참여와 고지에 입각한 동의

자발적 참여는 연구대상자로 연구에 참여하게 될 때 그들이 연구에 참여 여부를 자발적으로 결정해야지 강제적이거나 억지로 참여해서는 안 된다는 것이다. 물론 자발적 참여는 일단 참여자가 연구에 참여하기로 동의한 이후에도 상황이나 의사의 변화에 따라 언제든지 아무런 불이익 없이 참여를 철회할 권리도 포함된다.

고지된 동의(informed consent)란 연구의 목적과 내용, 소요시간, 참여자에게 주어지는 혜택 및 연구에 수반될 가능성이 있는 위험과 피해, 연구참여가 가져올 수 있는 결과를 이해하도록 도와주거나 의사결정에 영향을 미칠 수 있는 사실을 미리 잠정적 조사대상자에게 알려 준 후에 잠정적 조사대상자로 하여금 참여 여부를 결정하게 하는 절차를 말한다. 관련된 충분한 정보를 제공하고 참여자의 동의를 구해야 한다.

즉, 이처럼 사회조사에서는 반드시 조사대상자에게 사전에 조사에 대해서 알리고 조사대상자로부터 조사참여 동의를 얻어 내는 것을 기본 원칙으로 해야 한다.

② 참여자에게 미치는 피해

사회과학은 연구대상이 사람이기 때문에 연구과정이나 결과가 대상자에게 피해를 끼칠 가능성이 있는지를 살펴보는 것이 매우 중요하다. 연구에 참여하는 것 자체가 이미 참여자의 다양한 정보가 노출되는 것이기 때문에 연구참여과정을 통해서 그 개인에게 심리적으로나 실제적인 피해를 줄 수 있는 가능성에 대해서는 민감하게 대처해야 한다.

우리나라와 미국 사회복지사 윤리강령에서도 클라이언트에 대해서 지켜야 할 일반적 윤리기준과는 별도로 사회복지 관련 연구조사에서 연구대상자는 신체적·정신적 불편이나 위험, 위해로부터 보호되어야 한다고 규정하고 있다.

③ 익명성 및 비밀보장

익명성(anonymity)이란 조사대상자들이 자신의 신원이 드러나지 않고 응답할 수 있도록 하는 것을 의미한다. 즉, 익명성을 보장한다는 것은 제공된 정보가 누구의 응답인지 연구자조차도 알 수 없어야 함을 의미한다. 따라서 응답자의 신원이 알려진 상태에서 정보를 수집하게 되는 면접의 경우에는 익명성을 보장할 수 없다. 익명성이 보장된 연구일수록 연구대상자는 솔직하고 진실된 응답을 할 가능성이 높아진다.

비밀보장(confidentiality)은 익명성과는 다른 방식으로 연구대상자의 신원을 보장하는 방식이다. 즉, 비밀을 보장한다는 것은 연구자가 설사 어떤 정보가 누구의 응답인지를 알고 있다 하더라도(즉, 익명성 보장 여부와 별개로) 그 정보에 관해 비밀을 유지한다는 것을 의미한다. 수집된 정보가 개인적으로 공개되지 않고 또한 다른 목적으로 사용되지 않으며, 다만 통계적으로 처리하여 집합적으로 공개되도록 해야 한다.

④ 연구대상자를 속이는 것: 양면성

연구대상자를 속이는 행위가 도덕적으로 바람직하지 않다는 것은 반론의 여지가 없지만, 연구목적상 연구의 자세한 내용을 모두 밝히지 않고 숨길 필요가 있는 경우도 있다. 특히 실험의 경우 연구대상자가 연구목적, 내용 등을 자세히 알게 되면 반응성 문제가 나타날 수 있어 어느 정도 대상자를 속이는 것이 불가피할 때가 많다. 관찰의 경우도 누군가가 자신을 관찰하고 있다는 사실을 알면 평소와 다른 행동을 보이는 것과 같은 맥락이다. 따라서 대상자의 반응성 문제가 심각히 나타날 수 있는 연구주제에서는 대상자에게 일시적으로 속이는 것이 불가피한데, 장기적 이득과 윤리적 침해의 정도를 신중히 고려해서 최적의 연구전략을 선택해야 한다.

⑤ 연구결과의 분석과 보고

윤리적 고려사항의 마지막이라 할 수 있는 항목이 연구와 관련된 분석과 보고의 의무라고 볼 수 있다. 연구자는 연구의 결과를 연구공동체의 동료들에게 보고할 의무가 있다. 연구결과는 객관적으로 해석되어야 한다. 연구자가 미리 생각하고 있던 결론에 맞추어 자료를 가감·조작한다거나 연구자의 의도와 다른 결과가 나왔다고 해서 이 부분을 고의적으로 제외하고 결과를 발표해서는 안 된다. 연구결과의 긍정적인 결과뿐만 아니라 부정적인 결과나 예상치 못한 결과도 보고해야 한다. 또한 다른 연구를 표절해서는 안 되며, 인용한 부분에 대해서는 내용과 출처를 명시해야 한다.

(2) 사회조사의 한계

① 경험적 인식의 제한

루빈과 바비(Rubin & Babbie)가 제시한 바와 같이 일상생활에서 습득하게 되는 지식의 경우 대부분 인간이 가지는 한계로 인한 오류가 발생하게 된다. 이는 인간의 경험적 인식이 매우 제한적이기 때문이다(Rubin & Babbie, 2007). 예를 들면, 어제와 오늘 만났던 사람들의 옷 색깔과 스타일을 구체적으로 기억하기 어렵다. 또한 특정 장소에 방문을 한 후 그 장소에 대한 기억은 사람들마다 조금씩 다르다. 그 장소를 방문한 계절에 따라, 시간에 따라, 동행 여부에 따라, 목적에 따라 장소에 대한 묘사는 달라진다. 이는 바로 인간의 경험적 인식에 한계가 있기 때문이다. 사회복지조사의 경우도 조사자에 따라서 동일한 현상을 다르게 인식하는 경우가 있다.

② 개인의 가치와 선호로 인한 제한

사회복지조사를 통해 알고자 하는 대상, 즉 연구의 대상은 인간과 사회이며 그 사회 속에서 일어나는 다양한 현상들이다. 따라서 사회복지조사를 하는 과정 중에 연구자의 가치판단이 개입할 수밖에 없는 한계를 가진다. 예를 들어, 비행 청소년에 대한 접근을 하고자 할 때, 과연 어떤 행동을 청소년의 비행으로 볼 것인지, 어느 정도의 문제행동을 보였을 때 비행으로 볼 것인지에 대한 판단이 필요하다.

이러한 판단은 연구자의 관점과 가치에 따라 전혀 다르게 이루어질 수 있다. 과학적 방법은 사회복지조사가 가지고 있는 이러한 한계를 극복하기 위해 조사자의 가치가 개입되지 않도록 구조화된 절차와 체계적인 접근을 시도하지만 사회복지의 특수성으로 인해 가치개입의 문제를 극복하는 데는 어려움이 존재한다.

③ 현실가능성의 제한

사회복지조사는 현실적으로 실현 가능해야 하는 경험적 과정이다. 사회복지조사가 이루어지는 사회복지실천 현장의 경우 다음과 같이 시간적·비용적·지리적 제약이 존재한다(이창희 외, 2007).

첫째, 시간적으로 제한을 받는다. 사회복지조사는 일정 기간 동안 수행된다. 따라서 제한된 기간 내에 과학적 절차를 수행하여 조사의 목적을 이행해야 한다는 제한이 따른다.

둘째, 비용적인 제한이 존재한다. 사회복지조사는 예산제약적이다. 따라서 투입되는 인력과 조사대상, 조사기간 등에 대해 상당한 비용을 지불하여야 하며, 이러한 비용은 계획된 예산의 범위 내에서 실시되어야 한다.

셋째, 지리적 제한이 있다. 사회복지조사는 일정한 지역 내에서 이루어지기 때문에 지리적으로 제한이 따른다. 따라서 전국구를 대상으로 조사가 이루어져야 하는 연구문제의 경우 표본의 대표성 문제가 제기될 수도 있다.

④ 정치적·문화적·사회적 요인에 따른 제한

사회복지를 위한 연구방법 중 조사는 그것에 있어 필수적인 수단이지만, 여러 가지 사회적 요인의 영향을 받는다. 중세, 근대, 현대에 이르기까지 조사의 결과는 논리적 타당성이나 합리적인 이유뿐만이 아니라, 당시의 지배적 사상과 이념 때문에 수용되기도 하고 거부되기도 하였다. 갈릴레이의 지동설과 다윈의 진화론 등이 그 예이다. 이것은 조사가 비록 진리를 추구하기 위한 노력이지만 사회는 항상 이러한 여건을 보장할 만한 준비가 되어 있지 않다는 것을 의미한다.

또한 사회복지조사는 정치적 목적에서 자유롭지 못하다. 예를 들어, 정부의 새로운 사회복지프로그램이나 정책의 효과성을 연구하는 정부기관 산하기관 연구원들의 경우 새로운 접근법에 정부가 추진하는 복지정책의 방향을 반영하는 데 집중한다(Rubin & Babbie, 2005). 이러한 정치적 제한성은 연구문제에 관한 연구자의 가치관이 그 문제를 정의하는 방식에 영향을 미칠 수 있으며 이것은 대상자를 규정하는 범위도 제한할 수 있다. 가령 사회복지 지출이 낭비적이고 가난한 사람들의 너무 많은 의존성을 초래한다고 믿는 연구자는 협의의 정의를 선택하려는 경향을 가질 것이다(Rubin & Babbie, 2005).

함께 풀어 봅시다!

1 과학적 연구방법의 특성으로 옳지 않은 것은?

① 과학적 연구는 일반화를 모색한다.
② 과학적 연구는 논리적이며 체계적이다.
③ 과학적 연구는 구체적이어야 한다.
④ 과학적 연구는 연구의 반복을 요구하지 않는다.
⑤ 과학적 연구는 결정론적이다.

2 일상생활에서 흔히 저지르는 실수에 관한 설명이다. 관찰오류 중 ( )은 사전에 특정한 유형이나 양식이 존재한다는 결론을 가지고 일치하는 사건에만 주의를 기울이고 일치하지 않는 것을 의도적으로 무시하는 경향을 말한다. ( )를 채우시오.

3 과학의 특성으로 옳지 않은 것은?

① 과학은 경험적 관찰을 통해서 곧바로 과학적 지식으로 형성된다.
② 과학은 비교적 일반적이며 보편적으로 적용될 수 있는 지식을 추구한다.
③ 과학적 지식은 경험적으로 검증 가능해야 한다.
④ 과학은 이해관계, 선입견이나 편견의 영향을 최소화할 수 있도록 객관성을 추구한다.
⑤ 과학은 어떤 현상이 발생하게 된 원인을 탐구하여 현상을 설명하기 위해 노력한다.

정답 및 해설

1 ④
▶▶ 과학적 방법은 반복적인 검증과정을 통해 경험적으로 검증이 가능해야 한다.

2 선택적 관찰
▶▶ 사람들이 처음부터 자신의 결론이나 주장에 대해 들어맞는 사건이나 상황에만 관심을 기울이고 관찰하는 경향을 말한다.

3 ①
▶▶ 과학은 인간의 논리적 사고에 기반을 둔 활동이다. 경험적 관찰을 통해서 곧바로 과학적 지식이 형성되는 것이 아니라 논리적 추론을 거쳐 타당성이 입증되어야 한다.

4 조사연구에서 지켜야 할 윤리로 옳은 것은?

① 조사과정의 불편과 위험 등 대상자의 참여 동기를 저해하는 정보는 제외한다.
② 일단 조사에 참여한 응답자는 중도에 그만둘 수 없다.
③ 기관의 담당자가 조사를 승낙한 경우 참여자의 동의를 구할 필요가 없다.
④ 조사설계상의 취약점과 조사결과의 한계는 발표하지 않는다.
⑤ 조사결과에서 조사대상자의 신분이 노출되지 않아야 한다.

❺
▶▶ 사회복지 조사연구에서 자발적 참여와 고지에 입각한 동의를 받아야 하며, 참여자에게 피해가 미쳐서는 안 되며, 익명성과 비밀보장, 연구결과의 분석과 보고의 의무가 있어 예상치 못한 결과라도 보고해야 한다.

5 다음 사회복지조사의 한계에 대한 설명으로 옳은 것은?

가. 경험적 인식의 제한 나. 개인의 가치와 선호로 인한 제한 다. 정치·사회·문화적 요인의 영향 라. 현실가능성에는 재정적인 측면만 제한

① 가, 나, 다 ② 가, 다
③ 나, 라 ④ 라
⑤ 가, 나, 다, 라

❶
▶▶ 현실가능성의 제한은 결국 재정적인 측면, 비용적인 측면, 지리적 측면에서 모두 제한이 존재한다.

02 CHAPTER

사회조사방법의 기본 개념

CONTENTS

사회복지학에서 과학적 지식은 이론의 형태로 제시된다. 이론은 과학적 방법으로 만들어진 현상을 대변하는 개념이나 변수들 간의 관계를 서술하는 형태를 가진다. 과학적 방법에서는 개념이나 변수를 명확하고 일관된 의미로 사용해야 한다. 그러므로 개념과 변수들의 개념적 정의와 조작적 정의를 통해 명확한 의미를 부여한다. 과학적 검증을 거치지 않은 변수들 간의 관계에 대한 서술을 가설이라고 한다면, 가설이 경험적 자료에 바탕을 둔 과학적 검증을 거치면서 이론으로 형성되는 것이다.

이 장에서는 사회현상을 대변하는 개념이나 변수 등 이론을 구성하는 기본 요소를 살펴보고, 개념적 정의와 조작적 정의에 대해서 살펴보도록 하겠다. 이로써 가설을 설정하여 이론으로 형성되는 과정을 구체적으로 학습하고자 한다.

CHAPTER

02 사회조사방법의 기본 개념

학/습/목/표

- 개념과 변수의 개념을 이해하고 구분할 수 있다.
- 개념적 정의와 조작적 정의를 구분하여 설명할 수 있다.
- 가설의 개념을 정의하고 가설 구성 시 고려사항을 제시할 수 있다.
- 이론체계를 구분하여 그 차이점을 설명할 수 있다.

1 개념과 변수

1) 개념

개념(concept)이란 경험적으로 인지할 수 있는 어떤 대상이나 현상을 대변하는 것이다. 개념은 용어, 단어 혹은 상징으로도 표현되며, 서로 다른 개체들이 가지는 공통성을 나타낸다. 예를 들면, '나무'라는 것은 개념이다. 길가에 서 있는 가로수를 보고 나무라고 하고, 산에 있는 어떤 것을 보고도 나무라고 한다. 각각의 것들이 서로 다른 개체이기는 하지만, 이들의 공통점을 묶어서 표현할 때 개념이 되는 것이다. 그래서 '나무'는 개념이다.

사람들의 생각은 단어나 언어로 형성되어 있으며, 언어는 본질적으로 개념적인 것이다. 이러한 개념들을 통해 우리는 세상을 이해한다.

개념은 상당히 중요한 요소이다. 개념을 통해서 우리는 세상을 이해할 수 있게 된다. 왜냐하면 우리가 사물이나 현상을 지칭하는 대부분의 것들이 개념이 되기 때문이다. 나이, 몸무게, 아동, 청소년, 성인, 노인, 장애인, 부부, 옷, 가방, 세계화, 자살, 도박, 임신, 이혼, 폭력 등 우리가 사물이나 현상을 지칭하는 대부분의 것들이 개념이라 해도 틀림이 없다.

과학에서의 개념은 이론의 기본 구성물이다. 이론을 하나의 완성된 벽돌집이라 한다면,

그것을 쌓는 데 필요한 벽돌들은 개념이라고 할 수 있다. 따라서 이론에 있어서 개념은 없어서는 안 될 존재이다. 예를 들어, 가정폭력과 관련된 이론에서는 먼저 가정과 폭력이라는 개념들이 필요하고 이 외에도 부부, 외상, 알코올중독 등의 다양한 개념들이 동원될 것이다. 어떤 개념이 사용되느냐에 따라서 가정폭력에 관한 이론들도 다양하게 쓰일 수가 있다(김영종, 2009; 황성동 외, 2015).

2) 변수

변수(variable)란 한 연속선상에서 둘 이상의 값을 가지는 개념이다. 연구대상의 속성에 계량적인 수치를 부여하여 경험적으로 측정 가능하게 하는 개념이다. 변수와 개념은 종종 구분되지 않고 쓰이기도 하나 구분을 하자면 개념은 추상적인 것이며, 변수는 개념의 조작화를 통해 만들어진 구체화된 것이다. 모든 개념이 변수가 되는 것은 아니지만, 모든 변수는 개념이 된다. 사회과학이론을 구성하는 대부분의 개념들은 변수의 성격을 가진다.

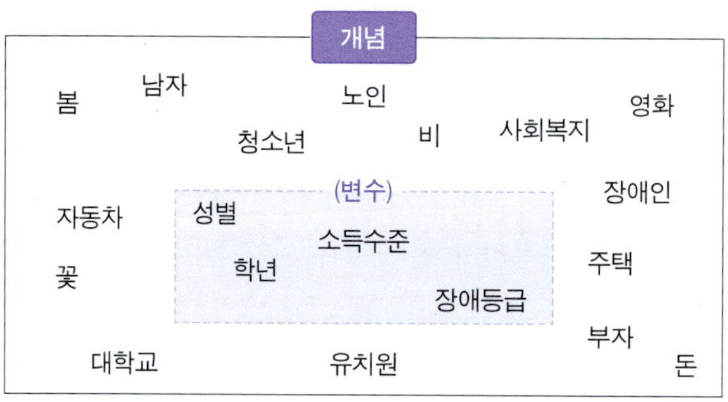

[그림 2-1] 개념과 변수의 관계

변수란 변화의 성질을 가진 개념이다. 변수는 둘 이상으로 구분되는 변수값(value) 혹은 속성을 갖는다. 예를 들어, '수능 등급'이라는 변수는 '1', '2', '3', '4', '5', '6', '7', '8', '9'등급이라는 변수값을 갖는다. '성별'이라는 변수는 '남성', '여성'의 변수값을 갖는다. '소득수준'은 '상', '중', '하'의 변수값으로 구분될 수도 있고, 다르게는 '100만 원 미만', '100만 원 이상~200만

원 미만', '200만 원 이상' 등으로 규정될 수도 있다. 한 개념이 각기 다른 범주로 분류되는 둘 이상의 변수값들을 갖지 않으면, 그것은 변수로 볼 수 없다. 다른 예로는 '빨간색' 자체는 변수의 성격을 가지고 있지는 않지만, '색상'은 '노란색', '빨간색', '파란색', '초록색', '검정색' 등의 변수값을 가진다.

이처럼 변수는 변수의 속성이나 이론에서의 기능에 따라 여러 가지로 분류할 수 있다. 지금부터 변수의 속성과 기능적 관점에 따른 분류를 살펴보기로 한다.

(1) 속성에 따른 분류

변수는 이론과 가설의 기본 단위가 되며, 변수의 속성에 따라 명목변수, 서열변수, 등간변수, 비율변수로 구분할 수 있다. 변수가 어떤 속성을 가졌으며, 어떤 등급의 변수로 분류되느냐에 따라 어떤 종류의 수학적 연산을 할 수 있으며, 어떤 통계기법을 사용할 수 있는가 하는 것이 결정된다.

① 명목변수

명목변수(nominal variable)란 어떤 사물의 속성을 질적인 특성에 의해 서로 다른 몇 개의 범주로 분류할 수 있을 뿐 그 범주를 서열이나 수치로 나타낼 수 없는 변수를 말한다.

예

성별, 지역, 종교 등

② 서열변수

서열변수(ordinal variable)란 어떤 사물의 속성을 서로 다른 몇 개의 범주로 나눌 수 있고 범주 간의 서열을 측정할 수 있는 변수를 말한다. 서열변수는 서열을 측정할 수는 있으나, 각 서열 간의 차이를 측정할 수는 없다. 서열변수의 각 범주에 부여된 수치는 단순히 서열을 의미할 뿐이지 범주 간의 차이를 나타내지는 않는다.

예

학점, 장애 정도, 선호도(좋음, 보통, 나쁨), 반등수(1등, 2등, 3등…) 등

③ 등간변수

등간변수(interval variable)란 어떤 변수의 범주 간의 순서뿐 아니라 범주 간의 정확한 간격을 알 수 있는 변수를 말한다. 그리고 등간변수는 각 범주 간의 동등한 간격을 가지고 있다.

예 대학 학년, 온도, IQ 등

④ 비율변수

비율변수(ratio variable)는 변수의 범주 간의 간격이 등간격일 뿐만 아니라 범주 간에 몇 배나 크고 작은가를 측정할 수 있는 변수를 말한다. 비율변수는 등간변수의 모든 특성을 가지고 있는 동시에 절대 영점을 가지고 있으며, 변수값들을 곱하고 나누는 것이 가능하다.

예 키, 무게, 돈, 자녀 수, 소득, 길이 등

(2) 기능적 관점에 따른 분류

변수는 이론이나 가설을 통해 현상을 설명하는 과정에서 어떠한 기능을 하느냐에 따라 독립변수, 종속변수, 매개변수, 통제변수 등으로 분류할 수 있다.

① 독립변수

어떤 변수가 다른 변수의 발생에 대한 원인(cause)이 된다고 가정될 때 우리는 그 변수를 독립변수(independent variable)라고 할 수 있다. 실험설계에서는 실험처치(experimental treatment), 또는 실험자극(experimental stimulus)이 독립변수에 해당된다. 원인변수, 설명변수, 예측변수라고도 부른다.

예 흡연은 폐암을 유발한다. → 흡연: 독립변수

② 종속변수

종속변수(dependent variable)는 다른 변수에 영향을 받지만, 다른 변수에 영향을 미칠 수 없는 변수로서 인과관계에서 결과(effect)를 나타낸다. 독립변수의 영향을 받아 일정한 결과를 나타내는 변수로서 실험설계에서는 관찰대상의 속성이 종속변수에 해당된다. 결과변수, 피설명변수, 피예측변수, 반응변수, 가설적 변수라고도 부른다.

> 예
> 흡연은 폐암을 유발한다. → 폐암: 종속변수

③ 매개변수

매개변수(intervening variable)란 독립변수의 영향을 받아 종속변수에 영향을 주는 변수이다. 즉, 독립변수와 종속변수 사이에 영향을 미치는 매개자의 역할을 하는 것이다. 매개변수는 독립변수의 결과인 동시에 종속변수의 원인이 되는 변수이다. 매개변수는 독립변수에 영향을 받지만, (독립변수에) 영향을 미치지는 않는다. 독립변수가 사라지면, 종속변수에 영향을 미칠 수 없다. 따라서 매개변수는 종속변수에 이르는 시간적 전후관계와 논리적 과정에 대한 이해를 가능케 함으로써 인과관계에 대해 정확히 규명할 수 있도록 한다.

> 예
> 부모의 교육열이 자녀의 학습의욕을 높여 학업성적에 영향을 준다고 가정할 때, 부모의 교육열은 자녀의 학습의욕을 가져다주는 독립변수이고, 자녀의 학습의욕은 부모의 교육열에 영향을 받아 학업성적에 영향을 미치는 매개변수이며, 학업성적은 학습의욕에 영향을 받는 종속변수라고 할 수 있다.

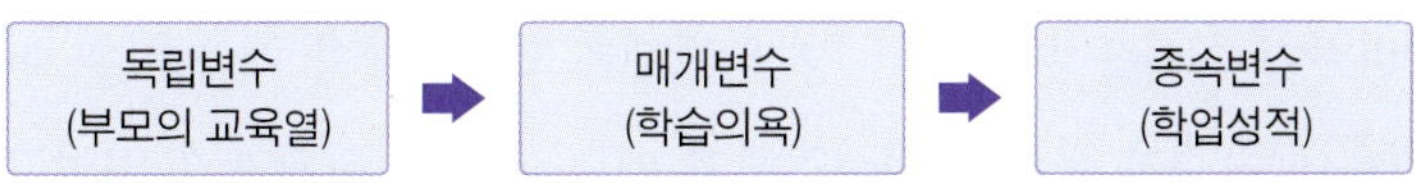

[그림 2-2] 독립변수, 매개변수, 종속변수의 관계(부모의 교육열과 학업성적)

④ 조절변수

조절변수(moderating variable)는 독립변수가 종속변수에 미치는 영향력을 조절하는 변수를 말한다. 독립변수와 종속변수 간의 관계가 강도나 방향에 영향을 미치는 변수로서 독립변수가 없어도 존재할 수 있다. 조절변수는 일종의 독립변수라고 볼 수도 있다.

예 집단따돌림 아동의 자아존중감이 교사의 지지에 따라 다르게 나타났다고 하자. 즉, 집단따돌림(독립변수)을 당한 아동의 자아존중감은 낮아져 있지만 이때 교사의 지지(조절변수)가 높을수록 아동의 자아존중감(종속변수)은 높아질 것이다. 이때의 교사의 지지는 조절변수가 된다.

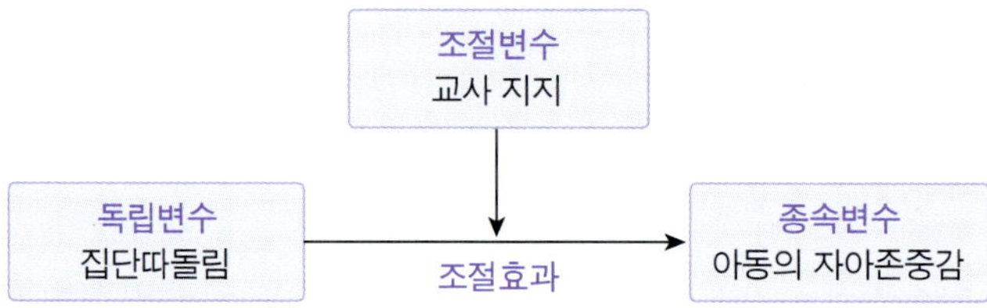

[그림 2-3] 독립변수, 조절변수, 종속변수의 관계(교사의 지지와 아동의 자아존중감)

⑤ 통제변수

통제변수(control variable)란 인과관계를 밝히는 것을 목적으로 하는 설명적 조사에서 조사설계의 목표는 가설에서 설정한 독립변수와 종속변수 사이의 인과관계가 맞는지 아닌지를 검증하는 것이다. 인과관계를 밝히기 위해서는 두 변수 간의 관계를 더 정확하게 파악하기 위해서 두 변수 간의 관계에 영향을 미칠 수 있는 제3의 변수(대안적 설명 요인들)를 '통제'할 수 있어야 한다. 예를 들어, 연구자가 경기불황과 외식업체의 매출의 관계에 대해 조사하여 경기가 어려우면 어려울수록 외식업체의 매출은 감소한다는 결과를 얻었다고 하자. 그리고 제3의 변수인 지역을 통제해서 경기 불황과 외식업체의 매출의 관계를 파악했더니 서울 지역의 경우에는 경기 불황과 외식업체의 매출 간에 상관관계가 없었고, 부산 지역의 경우에는 약간의 상관관계가 있는 것으로 나타났다. 이 경우 지역이라는 제3의 변수를 통제함으로써 서울 지역에는 상관관계가 없고, 부산 지역에는 약간 상관관계가 있다는 것을 알 수 있다. 그러므로 우리가 연구를 설계할 때 정확한 결론을 얻기 위해서는 제3의 변수를 통제할 필요가 있는 경우가 있다(황창순 외, 2015).

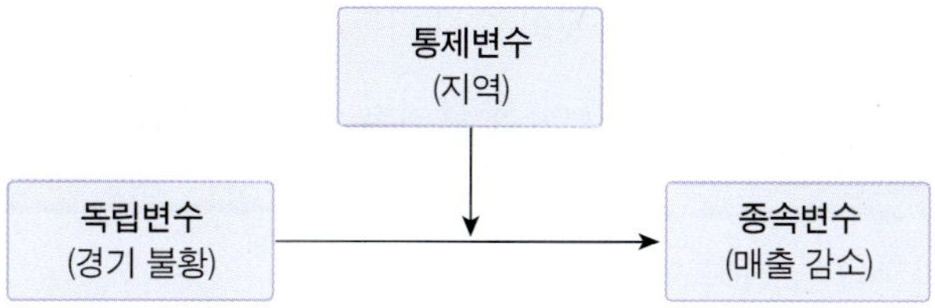

[그림 2-4] 독립변수, 통제변수, 종속변수의 관계(지역의 경기 불황과 매출 감소)

2 개념적 정의와 조작적 정의

사회과학에서 사용되는 개념이나 변수는 분명하고 일관성 있는 의미로 사용되어야 한다. 조사문제를 명확히 서술하기 위해서는 그 문제에 포함된 개념과 변수들에 대한 구체적이고 명확한 정의가 이루어져야 한다. 개념은 특정 대상의 속성을 추상화하여 의미를 부여하는 것이므로 개념 자체를 경험적으로 측정할 수 없다. 따라서 측정 가능한 의미로 명료화하게 정의할 필요가 있다. 이 과정은 개념적 정의와 조작적 정의로 나눌 수 있다.

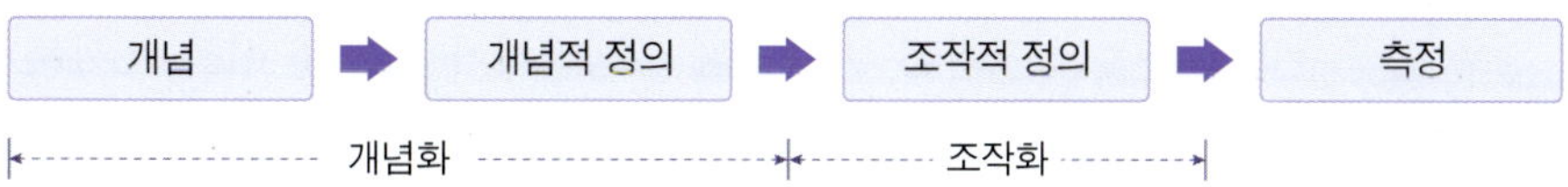

[그림 2-5] 과학적 조사연구의 과정

1) 개념적 정의

개념적 정의(=명목적 정의, 사전적 정의)란 다른 개념, 동의어, 또는 이미 알고 있는 다른 용어를 사용하여 어떤 개념이나 변수를 정의하는 것을 말한다. 마치 사전(辭典)에서 정의하듯이 정의하는 방식이다. 연구대상인 사람, 사물의 속성, 사회적 현상 등의 변수를 개념적으로 정의할 때, 동일한 단어나 용어라도 사용되는 분야나 맥락에 따라 각기 다양하게 정의

될 수 있다. 어떤 변수에 대해 개념적 정의를 내리는 과정을 개념화(conceptualization)라 한다. 개념적 정의는 사전적, 추상적, 일반적, 주관적일 수 있기 때문에 그 자체로서는 측정이 어렵다. 따라서 경험적으로 측정 가능한 실증적 지표로 이를 변환할 필요가 있는데, 이렇게 변환된 정의를 일컬어 '조작적 정의'라고 한다.

개념적 정의의 목적은 현재 연구의 관심과 초점에 맞는 측면의 개념 규정을 하려는 것이다.

개념적 정의는 조작적 정의를 위한 전 단계이다. 개념적 정의를 통해 내려진 개념에 대한 대략적인 윤곽이나 틀 없이는 조작적 정의를 내리기는 어렵기 때문이다.

2) 조작적 정의

어떤 연구를 하고자 할 때 개념적 정의는 필수적이다. 하지만 우리가 연구하고자 하는 개념들(또는 변수들)이 너무 추상적이어서 직접 조사하기 어려운 경우가 있다. 조작적 정의(operational definition)란 이러한 추상적인 개념을 실증적·경험적으로 측정 가능하도록 구체화한 정의이다. 다시 말해, 어떤 변수를 측정할 수 있는 방법이 무엇인지를 제시해 주는 것이다. 즉, 조작적 정의는 추상적인 개념들을 잘 대변하면서 경험적으로 측정 가능한 대체개념을 찾는 것이다. 조작적 정의는 추상적 세계와 경험적 세계를 연결하는 중간다리 역할을 한다. 어떤 변수에 대해 조작적 정의를 내리는 과정을 조작화(operationalization)라 한다.

많은 경우 연구주제나 가설에 포함된 변수들이 추상적이기 때문에 이를 조사하기 위해서 경험적으로 조사 가능한 대체개념을 개발하여야 한다. 이 경우에는 추상적 개념을 적절히 대변할 수 있는 대체개념을 얼마나 잘 개발하느냐에 따라 연구의 성패가 좌우될 수 있다. 조작화 과정에서 해당 변수가 가진 본래의 의미를 모두 반영하지 못할 수 있으므로, 조작적 정의는 개념적 정의를 벗어나지 않는 범위에서 측정 가능하도록 재정의하는 것이어야 한다.

추상적 개념을 완전히 대변하면서 경험적 검증이 가능한 대체 개념을 찾기가 쉬운 일이 아니다(서정민 외, 2015; 황창순 외, 2015).

예 청소년 비행에 관한 연구를 할 때 '청소년 비행'에 대한 개념적 정의와 조작적 정의

개념적 정의	조작적 정의
미성년자로서 지켜야 할 규칙을 위반하였거나 부모에 대한 불복종, 상습적 학교 결석, 가출, 음주 따위의 범죄, 우범 행위 등을 하는 12세 이상 20세 미만의 청소년을 통틀어 이르는 말	비행 측정을 위해 청소년의 하루 흡연량, 가출 횟수, 학교 결석율, 타인에게 폭력을 행사한 정도나 횟수 등

3 가설

1) 가설의 정의

어떤 현상을 설명하거나 그 현상과 관계된 변수들 간의 관계를 설명하기 위하여 가정적으로 설명하는 것을 가설(hypothesis)이라 한다. 조사문제가 형성되었으면, 이것을 바탕으로 경험적으로 검증 가능한 명제 형태의 가설을 구성한다. 가설은 두 개 이상의 변수나 현상 간의 특별한 관계를 검증 가능한 형태로 서술하여 변수들 간의 관계를 가정 혹은 예측하는 진술이나 문장이다. 다시 말해, 연구주제를 조사 가능하게 구체적으로 조작화한 것으로 문제에 대한 잠정적인 해답이라 할 수 있다. 가설은 실증적인 확인을 위해 구체적이어야 하고, 현상과 관련성을 가져야 하며, 아직 진실 여부가 확인되지 않은 사실이다. 조사과정에서 어떤 관계가 존재한다고 생각하면 먼저 그 관계를 가설로 진술하고 그 가설을 실증적으로 검증하게 된다. 즉, 과학적 조사방법의 첫 번째 단계가 조사문제의 선정이며, 두 번째 단계로서 가설을 설정하여 조사문제를 구체화하고, 세 번째 단계로 가설의 실증적인 검증(참인지, 거짓인지)이 이루어진다.

가설 구성은 대체적으로 다음과 같은 과정을 통해 이루어진다(채구묵, 2005).

첫째, 연구주제와 관련된 이론, 연구논문을 많이 읽는 과정을 통해 이루어지는 경우가 많다. 그러나 무작정 많은 논문을 읽는 것보다 가설의 아이디어를 제공해 줄 수 있는, 자신

의 연구주제와 관련 있는 논문을 찾아서 읽는 것이 중요하다.

둘째, 다른 사람의 논문을 읽는 과정에 그 논문과 비슷한 관점에서 또는 다른 관점에서 연구주제를 분석해 볼 필요가 있다. 독창적인 가설을 찾아낼 수 있는 능력은 논문을 다양한 관점에서 분석하는 많은 훈련을 통해서 형성된다.

셋째, 연구주제와 관련하여 현실을 관찰·분석하는 과정이 필요하다. 많은 경우 현실을 관찰·분석하는 과정에서 연구주제에 관한 좋은 아이디어를 얻을 수 있다.

결국 좋은 가설을 구성할 수 있는 아이디어는 관련 분야에 대한 이론 및 논문의 탐독, 연구주제와 관련된 현실 분석, 개인의 독창적인 관점과 사고를 통해 얻어질 수 있다.

2) 가설의 작성

(1) 가설의 작성방법

가설 형식은 두 가지의 문장을 하나의 조건문 형태의 복문으로 결합한 형태를 취하며, 선정된 변수들과 이들 사이의 관계를 나타낸다. 가설은 보통 특정 변수의 조건이 어떠할 때 다른 특정 변수의 조건은 어떠하다는 서술문 형식을 갖는다. 즉, 연구문제가 "변수 A와 변수 B는 관련이 있는가?"의 의문문 형식의 가설이라면 가설에서는 "변수 A가 변하면 변수 B는 변할 것이다" 또는 "변수 A가 증가할 때 변수 B는 감소할 것이다"라는 형태가 된다.

만약 A이면, B이다

- A: 가설의 선행조건
- B: 가설의 결과조건

예 만일 A가 진실이면 B도 진실이다.

~할수록 ~하다.

- A할수록 B하다.

예 청소년이 학교 결석횟수가 증가할수록 학업성취도는 낮을 것이다.

3개 이상의 변수들을 포함하는 가설은 그에 대한 검증이 매우 복잡해질 가능성이 있기 때문에 가능하면 단순한 가설을 만들어 검증하는 것이 적절하다. 가설은 이론과 밀접한 관련성을 갖는다. 이론 그 자체를 직접 검증하기는 어렵기 때문에 이론에서 도출한 가설을 검증하게 된다.

가설이 되기 위해서는 다음 두 가지의 기준을 갖추어야 한다(김영종, 2007).

① 가설은 둘 이상의 변수들이 어떤 형태로 서로 관련되어 있는지를 명확하게 서술해야 한다. 'A가 변하면 B도 변한다'라든지 혹은 더 구체적으로 'A가 증가할 때, B는 감소한다'의 서술처럼 방향까지도 제시하고 있다.

② 가설에 포함된 변수들은 실제로든 혹은 잠재적으로든 측정 가능한 것으로 서술되어야 한다. 왜냐하면 변수들 간의 관계는 경험적인 검증이 필수적이기 때문이다.

결국, 가설 구성은 연구의 성패를 좌우할 만큼 중요하다. 왜냐하면 연구를 통해 얻을 수 있는 결과는 가설을 어떻게 적절히 구성하였느냐에 달려 있기 때문이다.

(2) 가설 구성 시 고려사항

좋은 가설을 구성하기 위해서는 다음과 같은 사항을 고려해야 한다(Nachmias & Nachmias, 1992; 채구묵, 2005).

① 가설은 연구문제를 해결해 줄 수 있어야 한다. 가설은 연구자가 연구하고자 하는 주제에 대해 답을 얻기 위해서 구성한다. 그러므로 가설은 연구문제를 잘 해결할 수 있고 검증할 수 있도록 구성되어야 한다.

② 가설은 연구분야의 다른 가설이나 이론과 연관이 있어야 한다. 가설은 연구주제를 조사 가능한 구체적인 형태로 조작화한 것이므로 관련이 있는 다른 가설과 이론들에 바탕을 두고 있어야 한다.

③ 가설은 경험적으로 검증할 수 있어야 한다. 가설은 실증적인 조사를 통해 검증할 수 있어야 한다. 가설에 포함된 변수들이 직접 측정하기 어려울 경우에는 이들 변수들을 잘 대변하면서 측정 가능한 대체개념을 개발하고 이를 활용하여 검증해야 한다.

④ 가설의 표현은 간단하고 명료해야 한다. 가설을 구성하는 문구에 설명이나 수식어구가 들어가는 것은 좋지 않으며, 독립변수와 종속변수의 관계만을 간단히 기술하는 것

이 좋다. 하지만 간단하고 명료해야 한다고 해서 '사람은 남자이거나 여자이다'와 같은 가설은 너무 명백하기 때문에 나쁜 가설의 예라 할 수 있다.

⑤ 가설은 가능한 하나의 독립변수와 종속변수 간의 관계로 기술한다. 예를 들어, 'IQ가 높고 부유한 학생들은 학교성적이 높다'라고 가설을 설정하는 것은 독립변수(IQ, 부유함)가 두 개 있어서 좋지 않다. 이 경우에는 'IQ가 높은 학생일수록 학교성적이 높다'와 '부유한 학생일수록 학교성적이 높다'로 가설을 나누는 것이 좋다.

⑥ 가설은 가능하면 광범위한 적용범위를 가지고 있어야 한다. 가설이 적용되는 범위가 매우 좁다면 가설 검증결과가 유용하게 쓰이지 못하고, 지식의 발전에도 크게 기여하지 못할 것이다. 예를 들어, 'IQ 110 이상의 학생들이 학교성적 상위 10%에 속하는 비율이 높을 것이다'라고 가설을 세우는 것보다 'IQ가 높을수록 학교성적이 높을 것이다'라고 가설을 세우는 게 더 좋다.

⑦ 가설은 너무 당연한 관계를 가설로 세우는 것은 좋지 않다. 예를 들어, '대학생들의 평균 연령은 고등학생들의 평균 연령보다 많을 것이다'와 같이 당연한 사실은 가설로서는 적합하지 못하다.

3) 가설의 유형

가설의 유형은 여러 기준에 따라 달리 구분될 수 있으나, 검증과정에 따른 구분이 특히 중요하다. 가설을 검증하기 위하여 연구가설(research hypothesis)과 영가설(null hypothesis)을 구분한다.

(1) 연구가설(실험가설)

사회현상에 관한 이론으로부터 도출된 가설, 즉 연구문제에 대한 잠정적인 해답으로 연구자가 제시한 가설을 연구가설(research hypothesis)이라고 한다. 연구가설은 과학적 가설, 작업가설, 실험가설이라고 불린다. 영가설을 통해 간접적으로 검증된다. 즉, 직접적으로 검증되지 않는다. 연구가설은 영가설과 반대로 가설을 설정하는 것을 말한다.

연구가설은 2개 이상의 모집단 또는 변수 간에 차이가 있다고 가정하는 것이다. 또는 독립변수가 종속변수에 영향을 미친다고 예측하는 것을 의미한다. 이론으로부터 도출된 가설로서 검증될 때까지는 조사문제에 대한 잠정적 해답으로 간주되는 가설이다.

> 예 일하는 노인이 일하지 않는 노인보다 생활만족도가 높을 것이다.

(2) 영가설(귀무가설, H_0)

영가설(null hypothesis)은 귀무가설(歸無假說)이라고 부르기도 하는데 연구가설과 논리적으로 반대의 입장을 취하는 진술이다. 영가설은 연구가설을 부정하거나 기각(반증)하기 위해 설정하는 가설이다. 변수 간의 차이가 없다거나 관계가 없다는 내용으로 서술된다.

영가설은 2개 이상의 모집단 또는 변수 간의 차이가 없음을 가정하는 것을 말한다. 또는 독립변수가 종속변수에 영향을 미치지 않는다고 가정하는 것을 의미한다.

> 예 일하는 노인은 일하지 않는 노인과 생활만족도에 있어 차이가 없을 것이다.

가설 검증의 경우에는 영가설이 많이 사용된다. 그리고 영가설은 보통 통계학적 분석에서 연구가설에 대한 반증의 목적으로 활용된다. 분석결과에 따라 영가설이 채택되면 연구가설을 기각하는 것이며, 영가설이 기각되면 연구가설을 채택하는 방식으로 활용된다.

4) 가설검증 과정에서의 오류

가설검증 과정에서 연구자가 범할 수 있는 오류에는 제1종 오류와 제2종 오류가 있다.

(1) 제1종 오류

제1종 오류는 알파오류(α오류)라고도 하며, 영가설이 참인데도 기각(부정)하는 오류를 의미한다. 즉, A와 B 사이에 관계가 없는 것이 맞는데도, A와 B 사이에 관계가 있다고 결론을 내리는 경우이다. 제1종 오류를 범할 확률은 유의수준(α)과 같으며, 제1종 오류를 범할 확률을 낮추기 위해서는 유의수준(α)을 낮추면 된다.

(2) 제2종 오류

제2종 오류는 베타오류(β오류)라고도 하며, 영가설이 거짓인데도 이를 기각하지 못하는 오류를 의미한다. 즉, A와 B 사이에 관계가 있는 것이 맞는데도, A와 B가 관계가 없다고 결론을 내리는 경우이다. 거짓인 영가설을 기각할 수 있는 능력을 '통계적 검정력'이라고 한다.

조사를 통해 잘못된 영가설을 제대로 기각할 수 있으려면, 즉 통계적 검정력을 높이려면 증거의 수를 넉넉히 확보해야 한다. 조사 표본의 크기가 클수록 통계적 검정력이 높아져 제2종 오류를 범할 확률이 줄어들게 된다.

4 이론

가설이 조사결과와 비교하여 경험적인 검증을 통해 사실과 부합되는 것으로 밝혀지면 이론(theory)이 된다. 이론에 대한 정의는 학자에 따라 약간씩 다르게 규정되고 있는데, 대표적인 학자들의 견해를 소개하자면 다음과 같다.

머튼(Merton)은 "이론은 경험적 검증이 가능하고 통일성을 지닌 논리적으로 상호 연결된 일련의 관계"라고 정의하고 있으며, 컬링거(Kerlinger)는 "이론은 현상에 대한 설명과 예측을 목적으로 변수 간의 관계를 밝힘으로써 그 현상에 대한 체계적인 견해를 제공하는 일련의 정의"라고 정의하고 있다. 이러한 정의들을 종합해 보면 "이론이란 사물이나 현상을 일정한 원리와 법칙에 따라 설명하는 경험적 검증이 가능한 진술"이라고 할 수 있다(채구묵, 2005).

이론은 하나의 진술로 구성되는 경우도 있으나, 일반적으로 두 개 이상의 진술로 구성되며 그러한 진술들은 상호 밀접한 관계를 가진다. 정형화된 이론은 공리, 전제조건, 정리, 명제, 가설, 경험적 일반화 등의 서술 형태들을 포함한다. 일반적으로는 서로 밀접한 관계를 가진 두 개 이상의 진술들이 모여 하나의 이론이 정립된다고 할 수 있다.

따라서 이론은 개념, 변수, 명제들을 구성요소로 하여 변수들 간의 관계의 형태로 서술되며, 어떤 현상을 체계적으로 설명하는 목적을 달성한다. 또한 이론은 경험적인 검증을 통해 확인된 사실에 대한 서술이라고 한다.

과학적 이론을 만들기 위해서는 논리와 경험이 어떻게 결합되는지를 알아야 한다. 과학이론의 발전과정에서는 논리와 경험의 결합방법을 둘러싸고 크게 두 가지의 상이한 접근들이 있어 왔다. 바로 연역적 접근과 귀납적 접근이며, 과학적 방법론에 대한 근본적인 분파를 만들어 내고 있다.

1) 연역적 이론체계

연역적 방법은 일반적인(보편적인) 것으로부터 특수한 것을 추론해 내는 방법이다. 실증주의자들이 주로 사용하는 방법이며, 전통적인 과학적 조사의 접근방법이다. 삼단논법(syllogism)은 연역법의 대표적인 예에 해당된다. 연역적 방법은 연구주제를 '가설'의 형태로 세워 실증적으로 증명할 수 있다는 가정에서 출발한다. 따라서 기존의 이론이나 명제를 토대로 변수 간 관계를 논리적으로 추론하여 가설을 설정하고, 이 가설이 현실에서도 검증될 수 있는지를 관찰하여 확인하는 절차를 취한다. 양적조사에는 대체로 연역법을 따르는 경우가 많다. 기본적인 연역법의 유형은 [그림 2-6]과 같다.

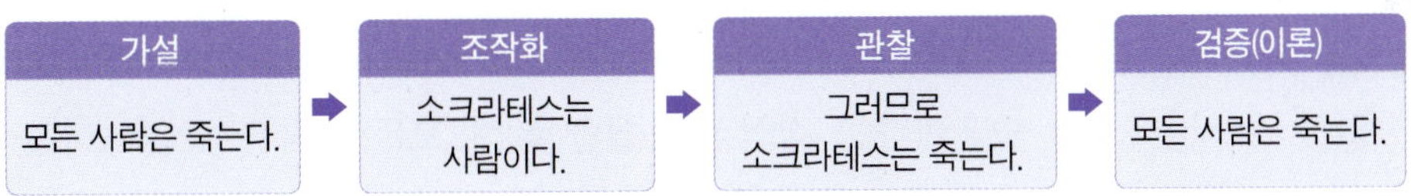

[그림 2-6] 연역법의 유형

연역적 방법은 전형적인 과학적 방법이라는 실증주의(positivism) 입장에서 이론을 형성할 때 보통 사용하는 접근방법이다. 연구주제나 연구가설을 우선적으로 결정하는 것이 연역법의 핵심 사항이다. 연역적 방법의 단계는 다음과 같다.

① 선택한 연구주제나 연구문제를 하나 또는 여러 개의 명제로 구성한다. 이때 명제를 구성하는 개념을 정확하게 정의하고, 정의된 개념으로 형성된 명제가 연구주제와 연

구목적에 타당하고 적절한지를 판단한다.

② 명제를 검증할 수 있도록 하나 또는 몇 개의 가설 형태로 구성한다.

③ 필요한 자료를 수집하고 분석해서 연구가설을 증명하면 이론이 형성된다.

과학적 연구방법의 핵심적인 사항은 연구주제를 정하고 여기서 가설을 증명하면 이것을 실증적으로 증명하기 위해서 필요한 관련 자료를 수집하는 방법과 기법에 관한 것이다. 이러한 과정을 거치면서 생성된 이론으로부터 다시 새로운 가설이 만들어지고 동일한 과정이 반복되는 자기순환적 과정을 반복한다.

연역적 방법을 사용하여 이론을 전개한다면, 논리와 경험은 다음과 같이 결합되어 있을 것이다.

(논리, 이론, 일반화된 설명)	모든 사람은 죽는다.
(조작화)	소크라테스는 사람이다.
(관찰, 경험)	그러므로 소크라테스는 죽는다.

모든 사람은 죽는다는 일반화된 설명, 즉 이론을 검증하기 위해 소크라테스의 죽음이라는 사실을 관찰하는 것이다. 누구나 소크라테스가 어떤 생물체의 학술명이 아니라 사람임을 인지할 수 있으므로 소크라테스를 조작화(operationalization)에 동원하였다. 누구도 부인할 수 없는 소크라테스의 죽음이라는 경험적 사실을 통해 '모든 사람은 죽는다'라는 일반이론의 옳음을 검증하는 것이다. 논리와 경험이 이와 같은 형태로 결합되어 하나의 이론으로 완성되는 것이 연역적 이론체계이다.

2) 귀납적 이론체계

귀납적 논리(inductive logic)는 연역적 방법과는 반대의 순서로 이론과 경험을 결합한다. 이 방법은 특수한(specific) 사실을 전제로 하여 일반적인 진리 또는 원리로서 결론을 내리는 방법이다. 즉, 과학자가 관찰한 사실을 설명하기 위해 이론을 형성해 가는 과정인 것이다. 경험의 세계에서 관찰된 많은 사실들이 모두 공통적인 패턴이나 유형으로 전개되는 것을 발견하고 이들의 유형을 객관적인 수준에서 증명하게 되는 것이다. 따라서 객관적이기 위해서는 현상의 분석 절차와 방법이 계량적이어야 할 것이며 이를 위해 통계적인 분석이 필요하게 된다. 귀납적 방법으로 단숨에 이론에 정립되는 것은 아니지만, 비슷한 귀납적 절차를 반복해서 비슷한 결론이 나오면 그 잠정적 결론은 더욱 확실한 입지를 구축하게 되고 결국은 일반화 가능성이 높은 이론이 된다. 연역법과 달리 가설을 미리 설정하지 않는다. 질적 조사는 대체로 귀납법을 따르는 경우가 많다. 기본적인 귀납법의 유형은 [그림 2-7]과 같다.

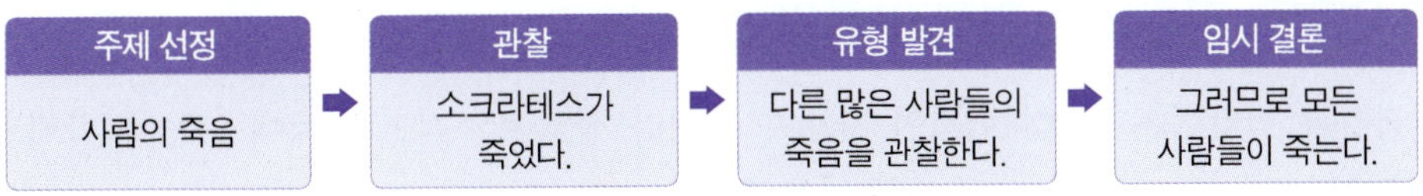

[그림 2-7] 귀납법의 유형

귀납적 방법은 실증주의적 방법에 반대하는 과학적 방법론자에 의해 주로 사용된다. 귀납적 방법의 단계는 다음과 같다.

① 연구주제를 선정한다. 조사연구자가 관심 있는 문제 또는 분야를 인식하는 차원에서 출발한다.

② 연구주제를 관찰한다. 조사연구자가 연구대상이 된 경험세계의 현상이나 환경을 객관적으로 관찰하고, 관찰한 결과를 기록한다.

③ 유형을 발견한다. 기록된 관찰결과가 어떤 규칙에 따라 일정한 유형으로 전개되는 것을 발견한다.

④ 왜 일정한 유형이나 규칙성이 존재하는가를 설명하고 임시적 결론을 내린다.

이처럼 귀납적 방법은 연역적 방법과는 반대의 순서로 논리와 경험을 결합한다. 귀납적 방법을 사용하여 위와 동일한 이론을 전개하면 다음과 같이 진행될 것이다.

(관찰)	A도 죽는다.
(관찰)	B도 죽는다.
(관찰)	소크라테스도 죽는다.
(이론)	그러므로 모든 사람은 죽는다.

귀납적 이론은 문화인류학자들이 현상에 대한 설명방법으로 오랫동안 사용해 오고 있다. 선입견을 배제한 상태에서 사실들을 먼저 관찰하고 그에 따라 특정 유형이나 현상을 설명하려는 시도에는 귀납적 논리체계가 적합했기 때문이다.

3) 연역적 이론과 논리적 이론의 관계

연역법과 귀납법은 상호대립적인 관계가 아니라 상호보완적인 관계에 있는 과학적 접근 방법이다. 따라서 지식에 대한 이해는 분석적인 연역적 방법과 경험적인 귀납적 방법에 의해 이루어지게 되는데 과학에서 필요한 논리는 이 중 어느 한 쪽만을 취해서는 안 된다. 다시 말해, 연역적 논리가 논리적 필연성을 갖는다는 의미에서 그 중요성을 인정하고, 내용의 공허성을 피해 예측적 지식의 가치를 인정함으로써 귀납적 논리의 중요성도 함께 인정해야 할 것이다. 이렇게 볼 때 이론과 경험을 결합하는 이 두 가지 방법은 독립적이라기보다는 순환적인 관계를 [그림 2-8]과 같이 유지하고 있다. 이론을 검증하기 위해 행해지는 관찰과 관찰을 통해 이론을 형성하는 귀납적 방법이 되풀이되면서 사회과학이론은 보다 정교해져 가는 것이다(김기원, 2001).

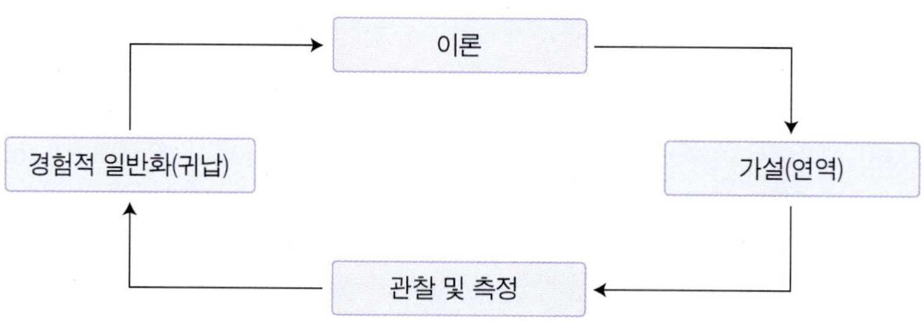

[그림 2-8] 연역적 방법과 귀납적 방법의 순환관계

이렇게 형성된 이론은 연구주제를 선정하고, 가설을 설정하며, 새로운 이론을 개발하는 데 도움을 준다. 이론의 기능을 구체적으로 살펴보면 다음과 같이 정리할 수 있다(채구묵, 2005).

① 이론은 연구의 주제를 선정하는 데 아이디어를 제공한다. 우리가 처음에 어떠한 분야를 연구하고자 할 때 어떤 주제를 어떤 방향으로 연구해야 할 것인지 막연할 때가 많다. 이러할 때 이론은 지침을 제시해 준다. 이론은 사실 간의 원리 및 법칙을 알게 해 줌으로써 연구의 범위를 정해 주고 연구방향을 제시해 준다. 예를 들어, 폭력 하위문화이론을 연구주제로 설정하였을 때, 어린 시절 부모에게 학대 또는 폭력을 당한 경험과 청소년 비행과의 관계를 연구주제로 선정할 수 있다.

② 이론은 가설을 설정하는 데 도움을 제공한다. 많은 경우 연구의 주제가 너무 일반적이고 추상적이어서 어떤 내용을 조사해야 할지 어려운 경우가 많다. 이런 경우, 조사 가능한 구체적인 가설을 세우는 데 필요한 변수 간의 관계를 파악하도록 함으로써 이러한 가설 설정에 도움이 된다.

③ 이론은 새로운 이론을 개발하는 데 도움을 제공해 준다. 이론은 사물이나 현상 간의 관계를 다른 관점에서 보도록 함으로써 새로운 이론 도출에 도움을 준다. 예를 들어, 에릭슨은 프로이드의 정신분석이론을 학습하였으나 이 이론과 다른 관점을 가지고 사실을 관찰하고 연구하여 에릭슨의 심리사회이론을 발달시켰다.

④ 이론은 조사결과에 의해 확증되거나 수정되어 더 넓은 범위로 확대 적용되는 과정을 통해 발전된다.

이를 종합하면, 이론(theory)은 연구의 범위, 방향, 변수 간의 관련성, 자료수집방법, 분석방법 등 연구 전반에 걸친 기본적인 지침을 제공해 준다. 또한 현상을 전체적으로 균형 있게 볼 수 있도록 도움을 제공한다. 또한 이론은 현상을 다양한 관점에서 관찰하여 새로운 이론이 발전하는 데 기여한다. 반면에 이론은 조사결과에 의해 검증되고 수정되며, 이러한 과정을 통해 과학적 지식이 발전되는 데 기여한다.

함께 풀어 봅시다!

1 귀납법과 연역법에 대한 설명으로 옳은 것은?

① 귀납법은 가설을 검증함으로써 이론을 증명한다.
② '모든 사람은 죽는다'와 같은 일반적 명제에서 시작하는 것은 연역법이다.
③ 귀납법은 이론적 이해로부터 구체적인 가설을 도출하는 것으로 출발한다.
④ 과학적 지식이 축적되는 과정은 연역법과 귀납법이 단절을 이루는 과정이다.
⑤ 관찰은 귀납법에만 요구되는 과정이다.

2 어떤 연구를 하고자 할 때 개념적 정의는 필수적이다. 하지만 우리가 연구하고자 하는 개념들이 너무 추상적이어서 직접 조사하기 어려운 경우가 있다. 따라서 이때 (　　　　)은(는) 추상적 개념들을 잘 대변하면서 경험적으로 측정 가능한 대체개념을 찾는 것이다. (　　　　)를 채우시오.

3 가설에 대한 설명으로 옳지 않은 것은?

① 변수들 간의 관계가 간단하고 명료하게 표현되어야 한다.
② 연구문제 및 이론과 논리적으로 연관되어야 한다.
③ 경험적으로 검증 가능해야 한다.
④ 영가설(귀무가설)은 '독립변수와 종속변수는 관계가 있다'는 식으로 서술한다.
⑤ 가설에 포함된 변수의 계량화가 가능해야 한다.

정답 및 해설

❷
▶▶ ①,③은 연역법에 대한 설명이다. ④ 과학적 지식이 축적되는 과정은 연역법과 귀납법이 순환하는 과정이다. ⑤ 관찰은 연역법과 귀납법 모두 필요한 과정이다.

조작적 정의
▶▶ 추상적인 개념을 실증적·경험적으로 측정 가능하도록 구체화한 정의이다. 다시 말해, 어떤 변수를 측정할 수 있는 방법이 무엇인지를 제시해 주는 것이다.

❹
▶▶ 영가설(귀무가설)은 연구가설을 부인하거나 기각하기 위해 설정하는 가설로 연구가설의 '독립변수와 종속변수가 관계가 없다'는 식으로 서술한다.

4 다음은 독립변수와 종속변수에 대한 설명이다. 옳지 않은 것은?

① 원인은 독립변수, 결과는 종속변수이다.

② 독립변수란 비대칭적 관계에서 다른 변수의 변화를 야기하는 변수로 정의할 수 있다.

③ 논리적으로 독립변수가 종속변수에 선행할 필요는 없다.

④ 독립변수는 설명변수, 예측변수로 정의된다.

⑤ 종속변수는 다른 변수에 의존하여 값이 변하는 변수로서 다른 변수에 영향을 미칠 수 없다.

❸

▶▶ 독립변수 및 종속변수의 인과관계가 성립하기 위해서는 독립변수가 논리적으로 종속변수에 시간적으로 선행해야 한다.

5 가정폭력이 피해여성의 우울증에 미치는 영향은 여성이 맺고 있는 사회적 네트워크의 수준에 따라 달라진다는 연구 결과가 발표되었다. 이 연구에서 존재하지 않는 변수는?

① 독립변수 ② 매개변수

③ 종속변수 ④ 조절변수

⑤ 내생변수

❷

▶▶ 가정폭력은 독립변수, 우울증 정도는 종속변수이다. 독립변수와 종속변수 사이에서 관계의 강도나 방향에 영향을 미치는 조절변수는 사회적 네트워크이다. 내생변수는 다른 변수에 영향을 받는 변수를 말하는 것으로, 이 연구에서는 우울증 정도가 내생변수이다.

Research Methods for Social Welfare

03 CHAPTER

조사의 유형과 절차

CONTENTS

변수에 대한 내용이 구체화되면 다음으로 어떤 조사유형을 활용할 것인지를 결정해야 한다. 이러한 과정은 일련의 조사절차에 따라 수행하게 되는데, 일반적으로 연구문제를 형성하고 이론에 근거하여 가설을 설정하며, 가설 검증을 위한 전략적 단계로서 조사설계가 이루어진다. 이러한 조사설계를 근거로 하여 실질적인 자료 수집이 이루어지고 수집된 자료를 분석하고 해석하여 마지막으로 조사의 전 과정을 기술하는 보고서 작성이 이루어진다. 사회복지조사는 이러한 체계적인 절차를 수행하는 과학적 과정이라고 할 수 있다.

이 장에서는 조사의 유형을 분류하는 몇 가지 기준과 이에 따른 조사유형을 구체적으로 살펴본다. 또한 사회복지조사의 절차와 각 단계에서 수행되어야 할 내용을 구체적으로 학습하고자 한다.

CHAPTER

03 조사의 유형과 절차

학/습/목/표

- 조사유형은 조사목적과 시간의 차원에 따라 분류하여 설명할 수 있다.
- 조사의 절차를 이해하고 각 단계별로 간략히 설명할 수 있다.
- 분석단위의 개념과 유형을 이해하고 설명할 수 있다.

1 조사의 유형

1) 조사의 목적에 따른 분류

문헌고찰을 통해서 얻어진 지식은 연구 초기 과정에서 내려야 하는 많은 결정들 중 연구목적에 대한 결정에 영향을 미친다(Rubin & Babbie, 2005). 사회복지조사를 위한 목적은 탐색(exploration), 기술(description), 설명(explanation)이라고 할 수 있다. 이 세 가지의 조사목적은 조사설계의 세부적인 측면에 영향을 주기 때문에 유형별 특성을 살펴볼 필요가 있다.

(1) 탐색적 조사

탐색적 목적의 조사(exploratory study)는 어떤 문제 영역에 대한 선행지식이 부족하거나 문제에 대한 통찰을 얻은 후 연구문제를 형성하거나 가설을 설정하기 위해, 그리고 중요한 연구에서 사용할 방법을 개발하고자 하는 경우에 주로 사용된다. 기술적 조사나 설명적 조사에 앞서 예비적으로 수행된다 하여 예비조사(pilot study)라고도 불린다.

사회복지 분야의 연구들 중 특정한 주제에 대한 탐색, 즉 어떤 주제에 대해서 잘 알고자 하는 목적을 가지고 새로운 길을 탐험하는 것과 같이 진행되는 경우가 있다. 사회복지 분야에서 탐색적 연구는 이처럼 클라이언트 혹은 조사자가 다루는 문제에 대해 잘 모를 경우 유용하다.

예

2019년 12월 중국 우한에서 처음 발생한 뒤 전 세계로 확산된 새로운 유형의 코로나 바이러스(COVID-19)에 의한 호흡기 감염질환은 우리나라뿐 아니라 전 세계를 혼돈에 빠뜨렸다. 코로나19의 발생 원인, 감염 경로, 전파 속도, 증상 유무 등을 알 수 없었다. 또한 치료제와 백신이 개발되지 않은 상태에서 감염자 수와 사망자 수의 증가는 빠른 속도로 확산되면서 두려움에 떨게 만들었다. 이처럼 코로나19가 발생했을 때 그 원인과 증상 및 치료에 대해 알려지지 않은 병에 대한 정확한 조사설계를 위해서는 사전에 많은 지식과 정보를 얻어야 할 필요가 있으며, 이를 위해 탐색적 조사를 할 수 있다.

탐색적 조사는 선행지식이 부족한 문제의 답에 대한 힌트를 얻고 문제 형성 및 가설 설정을 위한 기초자료를 수집할 수 있다는 의의를 가지지만 연구질문에 대한 충분한 답을 주지 못하며, 연구결과들을 다른 상황에 적용하기 힘들다는 한계를 가진다.

(2) 기술적 조사

기술적 목적의 조사(descriptive study)의 목적은 관심의 대상이 되는 사회현상의 상황, 현황 및 특징을 사실적으로 묘사(기술)하는 것이다. 따라서 조사자는 연구를 통해 과학적 사실을 파악하고 분석한 내용을 구체적으로 기술하여 제시하는 것으로 주로 여론조사나 인구센서스 조사 등에서 전형적으로 나타난다. 기술적 조사에는 탐색적 조사보다 명확한 조사문제가 있고, 조사 절차와 내용이 체계적이고 정확하다.

기술적 조사는 사회복지프로그램을 만들거나 발전시킬 수 있는 주요 정보를 제공해 줄 수 있다. 일반적으로 조사결과는 어떤 특성에 대한 비율이나 빈도 등으로 나타나며 대체로 귀납적 방법으로 연구가 진행된다. 기술적 조사는 행정 실무자가 수행하는 가장 기본적인 조사로서 계획, 모니터링, 평가에 필요한 자료를 산출하기 위하여 자주 사용된다. 예를 들면, 지역사회 주민들의 복지욕구를 조사하여 지역사회복지계획을 수립하고자 할 때, 대규모 표본을 선정하여 지역주민들의 성별, 연령별, 소득별 분포와 주거형태 및 구성가구원의 형태 등 기초 정보를 비롯하여 복지 관련 욕구와 서비스 이용 정도 및 이용 만족도, 분야별 기관에 대한 인지 및 욕구, 지역 내 자원에 대한 정보 등 복지 관련 포괄적인 정보를 수집하여 집약하고 기술하여 제시할 수 있다. 이는 복지계획 수립을 위한 기초 자료를 형성하는 것으로서 사전에 무엇에 대하여 조사할 것인지에 대한 계획하에 실시하게 된다. 따라서 기술적 조사는 탐색적 조사보다 한 단계 발전된 수준의 지식을 개발할 수 있지만, 특정 현상에 대한 원인을 파악하여 인과관계를 확인하고자 하는 것은 아니다.

(3) 설명적 조사

설명적 목적의 조사(explanatory study)는 사회현상에 대한 인과관계를 규명함으로써 사건이나 현상을 설명하고자 하는 것을 목적으로 한다. 즉, 어떤 현상에 대해 "그 현상이 왜 발생했는가?"라는 질문에 대답하는 것이다. 설명적 조사에서는 어떤 사회현상이 그냥 발생한 것이 아니라 어떤 원인 때문에 발생한 결과라고 보며, 그 현상의 배후에 있는 원인을 밝히고자 한다. 이렇듯 '원인과 결과' 사이의 관계를 규명하므로 현상들 간의 '인과관계'를 규명하는 데 목적을 둔 연구라고 말할 수 있다.

설명적 조사는 앞에서 제시된 탐색과 기술을 통해 알려진 선행 지식들을 통해 현상의 원인을 유추하고 가설 설정 및 측정이 가능해진다.

예를 들어, 선거유권자들의 지지성향을 파악하여 보고하는 것은 기술적 조사라고 할 수 있으나, 왜 어떤 사람들이 사회복지서비스 확대를 위해서 세금을 더 걷자는 의견에 찬성하고 어떤 사람들은 반대하는지에 대해 원인을 조사하는 것은 설명적 조사이다(Rubin & Babbie, 2005).

2) 시간적 차원에 따른 분류

조사에서 관찰은 단 한 번에 이루어지기도 하고 상당 기간 동안 반복해서 실시되기도 한다. 이처럼 관찰이 이루어지는 기간에 따라 횡단적 조사(cross-sectional study)와 종단적 조사(longitudinal study)로 구분된다.

(1) 횡단적 조사

횡단적 조사(cross-sectional study)는 어떤 특정 현상을 연구함에 있어서 어느 한 시점에서 나타나는 현상을 조사하는 것으로, 단면을 분석하는 연구이다(Rubin & Babbie, 2005). 즉, 단한 번의 조사결과를 가지고 연령별, 성별, 사회·경제적 지위 등 대상자의 특성들에 어떤 차이가 있는지 비교하는 것이다(원석조, 2017).

횡단적 조사는 탐색적, 기술적, 설명적 목적을 가질 수 있다(Rubin & Babbie, 2005). 예를 들어, 우리가 일반적으로 알고 있는 인구센서스조사는 기술을 목적으로 한 횡단적 조사이다. 또한 어떤 기관에서 일정한 기간 동안 실시한 치료프로그램을 너무 일찍 종결한 모든 클라이언트에 대해서 아주 개방적이고 구조화되지 않은 면접조사를 실시했다면 이는 탐색적 목적의 횡단적 조사라고 볼 수 있다. 만일 동일한 연구에서 치료를 너무 일찍 종결한 클라이언트들뿐만 아니라 미리 세워진 계획에 따라 모든 치료서비스를 다 받은 클라이언트들에 대해서도 면접조사를 실시하여 치료 목표를 정하는 데 있어서 사회복지사와 클라이언트 사이에 불일치가 있었는지 여부와 치료계획에 따라 완료했는지의 여부가 관련이 있는지를 알아보고자 한다면 이 경우는 설명적 목적을 가진 횡단적 조사가 될 것이다.

모든 설명적 목적을 가진 횡단적 조사는 한 가지 문제를 내포하고 있다. 일반적으로 설명적 조사는 인과관계를 검증하는 것에 초점을 두지만 횡단적 조사의 특성상 관찰이 단 한 번에 이루어지기 때문에 인과관계의 기본 전제인 시간적 선행성, 즉 변수 간의 관계에서 독립변수인 원인이 결과인 종속변수에 앞서서 발생해야 한다는 것을 입증하지 못한다.

횡단적 조사는 비용과 시간이 적게 들고, 대부분 대규모 표본조사로 실시되기 때문에 일정 시점에서 특정 표본이 가지고 있는 특성을 파악하고 집단을 분류하는 것으로서 사회복지분야에서 많이 사용되는 조사 유형이다. 반면 어떤 현상의 진행과정이나 변화를 측정하지 못한다는 한계를 가진다.

횡단적 조사의 특성을 정리하면 다음과 같다.

첫째, 일정 시점에서 측정하므로 정태적이다.

둘째, 주로 표본조사를 실시하며 측정이 반복적으로 이루어지지 않는다.

셋째, 조사대상의 특성에 따라 여러 집단으로 분류하기 때문에 표본의 크기가 커야 한다.

(2) 종단적 조사

종단적 조사(longitudinal study)는 일정 기간(1차 시점 → 2차 시점)에 걸쳐서 나타나는 어떤 과정에 대하여 기술하고자 하는 목적으로 여러 시점에 걸쳐서 조사를 반복하는 조사유형이다. 즉, 시간의 흐름에 따라 조사대상이나 상황의 변화를 반복해서 측정하여 자료를 수집하는 방법이다.

종단적 조사는 횡단적 조사와 반대로 복잡하고 비용이 많이 드는 반면, 인간의 행위 또는 사회현상의 진행과정이나 변화 등을 조사하는 데 유리하다. 예를 들어, 사회복지실천의 개입의 효과를 검증하려고 한다면 개입 이전의 클라이언트의 상태와 개입 이후의 상태를 비교하여 그 치료의 효과를 확인해야 하는데 이러한 시도가 종단적 조사에 해당한다(원석조, 2017).

종단적 조사의 특성을 정리하면 다음과 같다.

첫째, 일정한 시간적 간격을 두고 측정하므로 동태적이다.

둘째, 주로 표본조사를 활용하여 장기간 동안 측정이 반복해서 이루어진다.

셋째, 장기간에 걸쳐 조사대상자와 상황의 변화를 조사할 수 있다.

넷째, 장시간 반복적으로 조사가 이루어지기 때문에 시간과 비용이 많이 든다.

종단적 조사는 패널조사(panel study), 경향조사(trend study), 동년배조사(cohort study)로 구분된다.

A대학교 학생들의 학교 만족도 변화를 조사하는 경우

	1차 조사(2021년)	2차 조사(2022년)	3차 조사(2023년)	4차 조사(2024년)	동일인 여부
패널조사	2021년 입학생 ○○○명	1차 조사대상자와 동일	1차 조사대상자와 동일	1차 조사대상자와 동일	○
동년배 조사	2021년 입학생 ○○○명	2021년 입학생 ○○○명	2021년 입학생 ○○○명	2021년 입학생 ○○○명	×
경향조사	2021년 입학생 ○○○명	2022년 입학생 ○○○명	2023년 입학생 ○○○명	2024년 입학생 ○○○명	×

① 패널조사

패널조사(panel study)의 특징은 매 시점 같은 사람들을 조사한다는 것이다. 즉, 일정한 간격을 두고 동일한 대상을 동일한 문항으로 반복 조사하는 조사 유형이다. 패널조사는 1차에서 구성된 동일한 조사대상(패널)을 반복 조사하고 중도에 다른 사람으로 교체하지 않는 형태이기 때문에 초기 패널 구성에 신중을 기해야 한다. 또한 중간에 여러 사정(이주, 사망, 조사참여 중단 등)에 의해 조사대상자들이 중도에 탈락할 가능성이 있으므로 초기 패널 수를 넉넉하게 구성할 필요가 있다.

패널조사는 대상자들에 대한 반복적인 관찰을 통해 그들의 삶에 있어서 일어나고 있는 변화에 대한 포괄적인 자료를 얻을 수 있게 된다. 하지만 동일한 대상을 추적하여 조사하기 때문에 비용과 시간이 많이 들고 수행하기에 어려움이 있다. 그리고 동일한 대상에게 동일한 조사내용을 반복해서 조사함으로 인해 초기의 조사가 조사 후기에 영향을 미치는 조사반응성을 유발시킬 수 있는 한계를 가진다(Rubin & Babbie, 2005).

〈표 3-1〉 패널조사의 장단점

장점	• 독립변수의 시간적 우선성을 확보할 수 있어 내적 타당도를 높일 수 있다. • 특정 기간효과(period specific effect), 특정 연령효과(age specific effect), 동년배효과(cohort effect) 등을 파악할 수 있다.
단점	• 연구대상의 중도탈락(상실)으로 패널의 대표성이 떨어지거나 변화의 확인이 불가능해질 수 있다. • 패널조건화(panel conditioning) 현상으로 연구결과의 정확성이 떨어질 수 있다. • 조사대상자의 추적과 관리에 시간과 비용이 많이 든다.

② 경향조사

경향조사(trend study)는 경향분석, 추세조사, 추이조사, 트렌드조사 등으로 부르며, 조사할 때마다 해당 시점에서의 조건(예: 당해 신입생)을 만족시키는 사람들을 표집하여 조사하는 것이다. 경향조사는 조사 대상이 동일 대상인 것도, 동일 집단인 것도 아니다. 즉, 새로운 경향을 확인하기 위해 해마다 다른 표본을 선정하게 된다. 따라서 시간의 흐름에 따라 나타나는 일반적인 대상자집단의 변화를 관찰하는 조사유형이다. 예를 들어, 일정 기간 동안의 인구조사 결과를 비교하여 특정 인종집단의 인구가 어떻게 변화하는지 관찰할 수 있다. 또는 2010년대와 2020년대 10대들의 소비성향을 비교함으로써 시대별로 10대들의 소비성향 변화를 검증할 수 있다.

③ 동년배조사

동년배조사(cohort study)는 동류집단연구 또는 코호트조사라고도 한다. 이 조사에서는 첫 시점 조사대상자들과 동일한 집단에 속해 있는 사람들을 매 시점 새롭게 선정하여 조사한다. 따라서 매 시점 조사하는 사람들 자체는 동일하지 않지만, 매 시점 조사하는 사람들이 속한 집단은 동일하다. 이 '동일한 집단'을 동년배집단이라고 표현하며, 일정 연령이나 일정 연령 범위 내 사람들의 집단 또는 일정 조건에 해당하는 사람들의 집단이 포함된다.

동년배집단조사는 시간의 변화에 따른 특정 동류집단(cohort)의 변화를 관찰하는 조사 유형이다. 일반적으로 동류집단은 동시대에 태어난 동년배일 경우와 같이 유사한 경험을 공유한 집단을 말한다. 예를 들어, 같은 해 출생한 사람, 같은 해 입사동기, 같은 해 졸업생, 베이비붐세대, 386세대, N세대, MZ세대 등이 동년배 집단의 예가 될 수 있다.

하지만 경우에 따라서는 연령 이외의 다른 속성이 기준이 될 수도 있다. 루빈과 바비(Rubin & Babbie)는 다음과 같은 예를 들어 동년배조사에 대해 설명하고 있다.

탈시설화 정책이 시행된 후 일정 기간 동안에 정신분열증 증상이 처음 나타난 사람들을 하나의 동류집단으로 분류할 수 있다. 정신분열증 환자들의 약물남용은 그들이 가진 질환과 그로 인해서 그들이 복용해야 하는 처방약의 특성 때문에 특히 위험하다고 볼 수 있다. 따라서 어떤 연구자들에게 청년층 정신분열증 환자들의 약물남용의 경우에 있어, 그들이 나이가 들어감에 따라 어떤 양상을 보이게 될 것인지가 주요 관심사가 될 수도 있다(Rubin & Babbie, 2005).

2 조사의 절차

1) 연구문제의 형성

연구문제의 형성(formulation of research problems)은 연구의 구체적인 목적인 연구주제를 선정하는 것이다. 일반적으로 사회과학에서의 연구문제는 크게 두 가지로 분류할 수 있다.

먼저 심리학과 사회학 같은 기초사회과학의 경우 인간과 사회에 대한 보다 추상적이고 기본적인 의문들을 제기한다. 가령 '빈곤은 무엇인가', '가족의 형태는 어떻게 변화하고 있는가', '청소년의 좌절된 욕구가 사회성 발달에 미치는 영향은 무엇인가' 등이다(김영종, 2015).

반면 사회복지와 같은 응용과학에서는 보다 직접적이고 실용적인 의문에서 출발하여 실질적인 해답을 제시한다. 예를 들어, '현재와 같은 공공부조프로그램이 빈곤의 감소에 기여할 것인가', '미혼모 가족의 아동양육에 대해 어떤 서비스가 적절할 것인가', '청소년의 사회성 발달을 촉진하기 위해 개발되어야 할 통합적 접근은 무엇인가'와 같은 접근들이다.

연구문제를 형성하는 것은 일반적으로 사회현상에 대한 의문으로부터 출발한다. 이러한 의문은 다각적인 생각과 관찰, 기존지식의 활용 등을 거쳐 구체적인 의문으로 발전하게 되며, 이러한 의문이 연구질문의 형태로 다듬어져 최종적으로 조사연구에 적합한 문제로 규정된다. 사회복지조사에서 문제가 도출되는 경로는 다음과 같이 정리해 볼 수 있다.

첫째, 기존 지식의 한계가 확인될 때이다. 때때로 사회복지현상이나 형태가 기존의 이론이나 지식과 관련이 없거나 불충분함이 확인될 때 연구자는 의문을 갖게 된다. 예를 들면, 미혼모 문제에 관심을 가지고 연구를 진행하면서 관련된 이론이나 지식들을 검토해 본 결과, 기존의 이론이나 연구들이 미혼모가 되는 과정과 문제에서 개인적인 특성에 초점을 두고 있다는 것을 확인하였다. 미혼모의 문제는 개인의 특성이 반영될 수도 있지만 사회구조적인 문제, 즉 개방적인 사회환경과 매체의 영향, 가족 내 요인, 학교 및 또래관계의 영향, 심리·사회적 요인 등 다양한 환경적 요인이 중요하게 작용한다는 것을 고려하고 있는 연구가 부족하다는 사실을 발견할 수 있다. 이러한 경우 기존지식의 한계를 설명하고 다양한 환경적 요인을 고려할 수 있는 연구를 진행하여 학문적인 기여를 이룰 수 있을 것이다.

둘째, 조사문제나 해답이 실천 현장에서 활용될 수 있는 경우이다. 사회복지조사에서 중요한 질문들은 실천 현장에서 비롯되는 경우가 많다. 실천 현장의 경험으로부터 도출된 의문에 대한 해답은 실천 현장에 즉각적이고도 실용적으로 활용될 수 있다는 장점을 지닌다. 물론 개별적인 실천 사례들로부터 도출되는 결과들로 예상되는 모든 문제에 대한 해답을 얻을 수는 없다. 하지만 실천 현장에서 나타나는 의문들에 대한 해답을 얻고자 하는 체계적인 노력은 과학적 절차를 거쳐 실천 지식과 기술로 축적될 수 있으며, 전문직의 기술 향상과 사회복지 실천 지식의 발전에 기여하게 된다.

셋째, 개인적인 경험에 의해 연구문제가 형성될 수 있다. 연구자의 경험과 축적된 지식은 연구문제를 형성하는 근원이 될 수 있다. 특정한 현상에 대한 개인적 경험은 조사연구에 집중할 수 있는 동기를 부여한다. 하지만 개인적인 동기에서 비롯된 연구의 경우 주관성을 배제하기 어렵다는 한계를 가진다. 이로 인해 특정 자료가 선호되거나 결과의 해석에서 개인적인 감정과 가치가 개입될 위험성이 수반될 수 있다. 예를 들어, 어린 시절 가정폭력을 경험한 연구자가 가정폭력에 시달리는 아동들의 심리·정서적 상태를 연구하여 이를 예방하는 가족관계형성프로그램을 개발하려는 목적으로 연구를 시행하는 경우, 대상 아동을 학대하는 부모에 대한 개인적 경험에 대한 주관적인 확고한 견해가 연구의 전 과정을 지배할 수 있을 것이다.

2) 가설 설정

가설(hypothesis)이란 둘 이상의 변수들 간의 관계에 대한 구체적인 진술이다. 즉, 선정된 연구문제에 대해 이론에 근거하여 경험적으로 규정된 변수들 간의 관계가 어떻게 나타날 것이라는 일종의 가정이라고 할 수 있다. 이러한 가설은 문제해결성, 상호연관성, 검증가능성, 명확성과 확률적 표현, 구체성을 전제로 한다.

3) 조사설계

조사설계(research design)는 조사연구방법(research methodology)을 결정하는 것으로, 자신의 가설이 맞는지 확인하기 위한 구체적인 조사계획을 세워서 실제로 어떠한 연구방법을 사용할 것인가를 결정하는 과정이다. 조사설계는 전반적인 조사의 과정을 이끌어 주는 계획과 전략으로 조사대상자의 선정, 측정도구의 선정, 표집방법(sampling)과 자료수집, 자료분석방법 등에 대한 결정을 모두 포함하는 과정이다.

4) 자료수집

조사설계에서 채택된 자료수집(data collection)방법에 따라 조사대상자로부터 조사문제에 대한 해답과 가설 검정의 원천이 되는 구체적 정보를 직접적으로 모으는 단계이다. 자료는 여러 가지 방법을 통해 수집되는데, 문제의 성격과 연구범위에 따라 최대한 객관성을 높일 수 있는 방법을 사용해야 한다.

자료수집의 방법으로는 설문조사법, 면접조사법과 관찰법 등 대상자에게 직접 자료를 수집하는 1차 자료수집방법과 이미 다른 주체에 의해 조사가 이루어져 공개된 2차 자료가 있다. 행정자료나 사회지표, 정부 산하 연구소에서 구축하는 각종 패널데이터들, 다양한 기록물이 2차 자료에 해당한다.

또한 자료에는 양적 자료와 질적 자료가 있다. 양적 자료는 수량화된 자료이며, 질적 자료는 기록이나 텍스트 자료이다. 자료수집 방법으로는 설문조사, 면접, 관찰, 2차 자료수집 등이 있다.

5) 자료분석 및 해석

수집된 자료들은 분류화, 부호화 등을 거쳐서 입력(cording)되고, 입력된 자료들은 통계기법을 활용하여 분석(data analysis)의 단계를 거친다. 자료에 대한 분석방법 역시 연구의 목적에 적합한 것이어야 하며, 조사설계과정에서 수집할 자료의 성격을 일관성 있게 결정하여야 한다. 양적 연구에서는 통계적 기법을 통한 자료분석을 중시하며, 따라서 각종 통계치들에 대한 해석능력을 필요로 한다. 자료분석이 끝나면 결과에 대해 의미 있는 해석이 이루어져야 한다.

6) 조사보고서 작성

마지막 단계는 조사 결과를 보고서로 작성하여 공식적으로 보고하거나 발표하는 것이다. 조사보고서는 조사의 시작부터 경험적 결론의 제시까지 조사연구의 전 과정을 일목요연하게 정리하여 작성한다. 조사보고서에 담겨져야 하는 내용은 다음과 같다.

① 문제제기와 연구의 필요성(서론)

② 조사설계, 변수구성, 측정도구 및 자료수집방법 등 전반적인 조사방법에 대한 설명

③ 연구결과

④ 결과에 대한 논의 및 제언, 연구의 제한점

⑤ 참고문헌 및 부록

조사절차	수행되어야 할 내용
연구문제의 형성	연구의 목적에 맞는 조사연구문제를 형성
가설 설정	선정된 문제를 실증적으로 검증 가능하도록 구체화하는 과정 • 문헌고찰 • 관련 변수에 대한 개념 정의 및 조작적 정의 • 가설의 형식으로 기술
조사설계	연구문제에 대한 해답을 얻기 위하여 실제로 어떠한 연구방법을 사용하여 자료를 수집하고 분석할 것인지에 대한 전반적인 과정을 계획하는 것 • 조사대상, 표집방법과 표본크기 • 자료수집방법 • 측정과 척도: 예) 설문지 작성 또는 면접지침 • 자료의 수준(탐색, 기술, 설명) 및 분석방법
자료수집	연구설계에서 채택된 자료수집방법에 따라 자료들을 직접적으로 수집하는 단계 • 조사의 실행: 설문, 관찰, 면접, 2차 자료 조사 등
자료분석 및 해석	• 자료의 입력(cording): 수집된 자료의 분류화, 부호화 • 자료의 분석 • 해석 및 결론
조사보고서 작성	문제 설정의 과정에서부터 발견한 사실들에 대한 해석까지를 담는 조사연구 보고서를 작성 • 문제제기 및 연구의 필요성 • 조사방법에 대한 설명(조사설계, 변수, 측정도구, 자료수집방법 등) • 연구결과 • 결과에 대한 논의, 연구의 제한점 • 참고문헌 제시 및 부록

[그림 3-1] 사회복지조사의 절차

3 분석단위

1) 분석단위의 개념

사회조사를 통해 자료를 수집하는 모든 분야에서는 '누구를 대상으로 또는 무엇을 연구하는가'에 대한 견해 차이가 존재한다. 누구를 대상으로 하며 무엇을 연구하는가는 분석단위와 관련된다(Rubin & Babbie, 2005). 일반적으로 대부분의 사회과학연구에서는 개인을 분석단위로 한다. 예를 들어, 다수의 개인을 관찰하여 성별, 연령별, 소득별 가치와 태도 등 개인의 특성을 기술하는 연구들은 모두 개인을 분석단위로 자료수집을 하게 된다. 이처럼 분석단위란 어떤 현상을 설명하기 위해 가장 먼저 고려하고 기술되어야 하는 단위를 말한다.

사회복지조사를 수행함에 있어서 분석단위가 중요한 이유는 연구자 자신이 분석단위가 무엇인지 확실하게 이해하지 못한다면 누구 또는 무엇을 연구하기 위해서 어떤 관찰이 필요하다는 것을 결정할 수 없기 때문이다. 따라서 연구자는 자신이 어떤 분석단위에 대해서 어떤 결론을 내리고자 하는지를 반드시 이해하고 있어야 한다(Rubin & Babbie, 2005).

2) 분석단위의 유형

(1) 개인

사회복지조사에서 가장 많이 사용되는 분석단위는 개인으로, 개인들의 정보를 분석 대상으로 한다. 사회과학에서 일반화된 이해(generalized understanding)라는 규범이 있는데, 이것이 의미하는 바는 과학적 연구를 통해 얻어진 결과는 그것이 모든 개인에게 적용될 수 있을 때 가장 가치가 있다는 것이다.

분석단위인 개인은 자신이 속한 특정 사회적 집단의 구성원으로 표현되기도 한다. 예를 들어, 개인을 표현할 때 중산층 가정의 사람 또는 빈곤한 가정의 사람으로 표현하기도 하고, 고등학교를 졸업한 부모를 둔 사람 혹은 고등학교를 졸업하지 못한 부모를 둔 사람으로 표현하기도 한다. 또는 장애인 가정의 자녀 혹은 구성원이나 확대가족의 구성원 등으로 표현하기도 한다. 이러한 경우 분석단위는 가정이나 부모라는 집단이 아니라 그 집단에 속한 개인이 분석단위가 된다(Rubin & Babbie, 2005).

(2) 집단

사회조사의 분석단위가 되는 집단에는 가족, 부부, 부모-자녀, 지역사회, 사회복지조직, 교회, 학과, 학교, 국가 등이 있다. 이때는 개개인의 정보가 아니라 집단 자체의 정보가 분석대상이 된다. 다시 말해 여기에서 유의할 사항은 사회집단을 분석단위로 한다는 것은 그 집단의 구성원인 개인을 연구한다는 것이 아니다(Rubin & Babbie, 2005).

예를 들어, 지역 내에 있는 학교유형에 따른 학업성취도를 조사하고자 한다면, 자료수집의 단위가 학교가 되지만 만약 학교의 구성원인 개개인을 대상으로 학업성취도를 조사한다면 개인이 분석단위가 되는 것이다. 가정 역시 집단으로서의 분석단위가 될 수 있다. 각각의 가정을 조사하여 가정의 소득수준이나 노인부양 비율 등을 조사하여 기술할 수 있다. 또한 가정의 소득수준에 따라 자녀에 대한 양육태도가 어떠한지 비교해 볼 수도 있을 것이다.

집단 차원에서 분석단위가 될 수 있는 그 외의 사회집단으로는 또래, 동아리, 도시, 시·군·구 또는 읍·면·동, 특정 지역 등이 포함된다.

예
- 빈곤가족의 가족 응집력은 중산층가족의 가족 응집력보다 강한가? → 분석단위: 가족
- 사회복지기관의 자원동원능력은 기관의 업무 자율성에 영향을 미치는가? → 분석단위: 사회복지기관(조직)
- 거주민의 평균 연령이 높은 지역일수록 정치적 성향이 보수적인가? → 분석단위: 지역사회

(3) 사회적 가공물(인공물)

사회복지조사를 할 때 책이나 소설, 자서전, 그림, 음악 또는 영화 등과 같은 사회매체를 대상으로 연구를 수행할 때가 있다. 이러한 것들을 사회적 가공물(social artifacts)이라고 하며, 이 또한 분석단위가 될 수 있다. 예를 들어, 그림을 분석단위로 하여 모든 그림을 그린 화가의 국적에 따라 특징을 분류할 수 있다(Rubin & Babbie, 2005). 또는 지난 10년간 발간되는 신문 중 여성에 대해 다룬 사설만을 골라 그 내용을 분석함으로써 그 사설을 쓴 사람이 여성에 대해 어떠한 관점이 어떻게 바뀌었는지 기술 또는 설명할 수 있을 것이다. 이 경우 발간된 신문의 사설이 분석단위가 될 수 있다.

3) 분석단위와 관련된 오류

앞에서 분석단위란 어떤 현상을 설명하기 위해 가장 먼저 고려하고 기술되어야 하는 단위라고 정리하였다. 연구를 시작하면서 규정한 분석단위를 기반으로 수집된 자료를 분석하고 해석하는 과정에서 분석단위의 적용상 오류가 발생할 수 있다. 즉, 조사연구에서 연구문제에 들어맞지 않는 분석단위를 적용하는 것은 심각한 문제를 발생시켜 조사결과를 왜곡하게 된다. 분석단위와 관련된 대표적인 오류는 생태학적 오류, 개별주의적 오류, 축소주의적 오류로 구분할 수 있다.

(1) 생태학적 오류

생태학적 오류(ecological fallacy)란 집단을 단위로 조사한 것을 근거로 하여 개별단위에 적용하여 해석하는 것을 말한다.

예를 들면, 고령화 비율이 높은 특정 지역에서 다른 지역에 비해 특정 정당을 지지하는 비율이 높다는 것을 조사과정에서 확인한 연구자가 연구결과의 해석에서 '젊은 사람에 비해 노인들의 특정 정당 지지가 높다'라고 결론을 내린다면 생태학적 오류를 범하는 것이다. 즉, 특정 지역을 대상으로 조사를 실시하였고, 수집된 자료 또한 특정 지역이라는 집단 단위인데, 해석의 과정에서 '노인과 젊은 사람'이라는 개인에게 그 결과를 적용하였기 때문이다. 이 경우 정확한 해석은 '고령화 비율이 높은 특정 지역에서 다른 지역에 비해 특정 정당을 지지하는 비율이 높게 나타났다'라고 해야 맞는 것이다.

이처럼 집단 단위가 제시하는 자료가 일반적인 편견과 일치할 때, 그것에 대한 결론을 개별 구성원에게 적용하여 해석하는 사례는 흔히 목격된다.

(2) 개별(개인)주의적 오류

개별주의적 오류(individualistic fallacy)는 생태학적 오류와는 반대로 '개인'을 단위로 분석한 조사 결과를 토대로 그 개인 단위가 속한 '집단'의 특성을 추론하는 오류를 말한다.

예를 들면, A대학교 재학생들에 대한 조사에서 분석단위는 개인이다. 조사 결과를 분석한 후 'A대학교는 ○○하다'라고 결론을 내리는 경우이다. 학생들 개개인의 특성에 대한 분석 결과를 토대로 학생들이 속한 집단(A대학교)의 특성을 추론하고 있기 때문에 개별주의적 오류를 범한 것으로 볼 수 있다.

이러한 개별주의적 오류는 연구결과에 매우 중대한 영향을 미친다. 왜냐하면 기관종사자 개인의 경제적 수준이 기관단위의 경제적 수준을 의미하지 않기 때문이다. 만약 기관단위의 직무만족도를 비교하고자 한다면 기관을 분석단위로 삼고 기관별 특성을 반영한 변수를 찾아 자료를 수집하여야 한다.

(3) 축소(환원)주의적 오류

축소주의적 오류(reductionism fallacy)는 환원주의적 오류라고도 하는데, 어떤 현상의 원인이라고 생각되는 개념이나 변수를 지나치게 제한하거나 한두 가지로 축소(환원)함으로써 발생하는 오류를 말한다(Rubin & Babbie, 2005). 사회현상의 원인은 매우 다양하기 때문에 사회현상을 연구하는 사회과학의 경우 단정적이 아닌 확률적인 결정을 내린다는 것을 과학의 특성을 통해 이해하였다. 사회조사는 인간의 경험적 인식의 제한으로 인해 사회현상의 원인을 모두 파악할 수 없기 때문이다.

따라서 사회현상을 연구할 때, 예측할 수 있는 다양한 변수들의 관계를 고려하여야 하지만, 간혹 연구자들의 인식의 한계 또는 관점과 가치가 반영됨으로 인하여 특정한 요인들로만 그 현상을 설명하는 경우가 발생한다.

예를 들면, 청소년 비행을 유발시키는 원인에 대한 연구를 진행하였을 때, 분야별로 해석의 초점이 달라질 수 있다. 즉, 교육학자의 경우 역기능적인 교육환경과 방식이 청소년 비행을 유발시킬 수 있다고 결론을 내릴 수 있으며, 가족학자의 경우 가족 내 갈등이나 역기능적인 구조 등으로 인해 청소년 비행이 발생한다고 결론을 지을 수 있다. 또한 심리학자의 경우 청소년 개인적인 특성에 초점을 맞추고 심리·정서적인 문제에서 그 원인을 찾을 수 있다. 이처럼 다양한 원인으로 인해 발생하는 사회현상에 대하여 설명을 시도할 때, 자신이 관여하고 있는 분야의 특성이나 연구자의 관점 및 가치 등이 반영되어 특정 요인으로 한정하여 해석한다면 이는 축소주의적 오류에 해당한다.

함께 풀어 봅시다!

1 사회조사의 유형에 관한 설명으로 옳은 것은?

① 횡단조사는 인과관계를 명확히 하는 것에 일정한 한계가 있다.
② 패널(panel)조사는 새로운 경향을 확인하기 위해 해마다 다른 표본을 선정한다.
③ 동년배(cohort)조사는 특정 하위모집단의 변화를 관찰하기 위해 매번 동일대상을 선정한다.
④ 종단조사는 장기간에 걸쳐 조사하는 연구로 질적 조사연구로는 이루어지지 않는다.
⑤ 경향(trend)조사는 패널연구보다 개인의 변화에 대해 더 명확한 자료를 제공한다.

2 종단적 조사에 관한 설명으로 옳지 않은 것은?

① 종단적 조사는 일정한 시간 간격을 두고 반복적으로 측정하여 자료를 수집한다.
② 종단적 조사는 장기간에 걸쳐 조사대상자와 상황의 변화를 조사할 수 있다.
③ 현지조사는 종단적 조사가 적합하지 않다.
④ 장시간 반복적 조사로 시간과 비용이 많이 든다.
⑤ 일정한 시간적 간격을 두고 측정하므로 동태적이다.

3 다음 양적 연구조사에서 일반적으로 사용되는 절차로서 (　　　)에 들어갈 알맞은 작업은 무엇인지 쓰시오.

연구문제 형성 → (　　　　　) → 조사설계 → 자료수집 → 자료분석 및 해석 → 조사보고서 작성

정답 및 해설

1
▶▶ ② 경향조사는 새로운 경향을 확인하기 위해 해마다 다른 표본을 선정한다.
③ 패널조사는 특정 하위모집단의 변화를 관찰하기 위해 매번 동일대상을 선정한다.
④ 종단조사는 장기간에 걸쳐 조사하는 연구로 양적 조사나 질적 조사 모두 가능하다.
⑤ 패널조사는 경향조사보다 개인의 변화에 대해 더 명확한 자료를 제공한다.

3
▶▶ 직접적인 관찰이나 심층면접을 중심으로 하는 현지조사는 종단적 조사에 적합하다는 장점이 있다.

가설 설정
▶▶ 가설 설정 단계에서는 둘 이상의 변수들 간의 관계를 구체적으로 진술한다. 이러한 선정된 연구문제에 대한 이론에 근거하여 경험적으로 규정된 변수들 간의 관계를 나타내는 단계이다.

4 다음 연구의 유형과 관련이 없는 연구는 무엇인가?

> 자원봉사 프로그램이 어르신들의 삶의 질을 높이는지 알아보기 위해 자원봉사 프로그램에 참여한 어르신들과 그렇지 않은 어르신들의 삶의 질 점수에 차이가 있는지를 비교하였다.

① 분석단위가 개인인 미시조사이다.
② 자원봉사 프로그램의 효과성을 평가하기 위한 평가조사이다.
③ 자원봉사와 노인의 삶의 질이라는 두 변수 간의 인과관계를 설명하는 설명적 조사이다.
④ 노인이라는 동년배를 조사하는 동년배집단조사이다.
⑤ 인과관계를 규명하기 위해 참여와 비참여 어르신들을 산출하여 비교하는 양적 조사이다.

❹
▶▶ 이 연구는 같은 주제의 연구를 여러 차례 반복하는 종단연구가 아니라 일회성으로 끝나는 횡단연구이기 때문에, 동년배집단조사는 종단연구에 속하므로 이 연구와 관련이 없다.

5 조사유형 중 사회현상에 대한 원인을 밝힘으로써 사건이나 현상을 설명하고자 하는 것을 목적으로 하는 조사는 무엇인가?

① 탐색적 조사 ② 기술적 조사
③ 설명적 조사 ④ 횡단적 조사
⑤ 종단적 조사

❸
▶▶ 설명적 조사는 변수들 사이의 인과관계를 밝혀내는 데 목적이 있다. 따라서 '만약 X라면 Y일 것이다' 등과 같은 가설을 설정하고 가설을 검증하는 과정을 통해 '왜' 그 현상을 유발시키는 데 특정 변수가 영향을 미치는지에 대한 설명을 시도하는 것이다.

04 CHAPTER

단일사례설계

CONTENTS

단일사례설계는 1960년대와 1970년대 행동수정주의자들에 의해 부각되었다. 이들은 특정한 표적 행동에 관심을 두고 개입의 효과를 측정하는 조직화된 연구설계로 단일사례실계를 활용하였다. 이러한 단일사례설계는 개입의 변화에 대해 시각적으로 보여줄 수 있는 객관적이고 실용적인 설계라는 점에서 사회복지실천현장에서 많이 활용하는 조사설계방법이다. 특히 클라이언트에 대한 즉각적인 연구가 필요할 때나 통제집단을 구하기 어려운 경우 적용될 수 있는 가장 효과적인 방법으로 알려져 있다.

이 장에서는 단일사례설계의 개념과 특성, 단일사례설계의 구조와 유형을 살펴보고 단일사례설계의 결과 분석에 대한 내용을 다룬다.

CHAPTER

04 단일사례설계

학/습/목/표
- 단일사례설계의 개념과 특성을 설명할 수 있다.
- 단일사례설계의 구조를 이해하고 유형을 분류할 수 있다.
- 단일사례설계의 결과분석방법을 이해하고 적용할 수 있다.

1 단일사례설계의 개념과 특성

1) 단일사례설계의 개념

단일사례설계(Single Subject Design: SSD)는 시계열설계의 논리를 개별 사례 또는 체계에 적용하여 단일한 사례를 대상으로 하여 개입(독립변수)의 효과성을 측정하는 조사설계방법이다(Rubin & Babbie, 2005). 여기에서 단일 사례란 개인, 가족, 소집단 등이 하나의 연구대상이 되는 것을 의미하며, 표본 수는 1(n=1)이 된다. 단일사례설계는 하나의 사례에서 발견되는 특정한 행동을 시계열적으로 반복 관찰하여 표적 행동을 변화시킬 수 있는 개입의 효과를 평가하는 방법으로, 사회복지실천 현장뿐만 아니라 교육 및 상담 분야 등에서 많이 사용한다. 여기에서 반복 관찰이란 하나의 사례에 대해 시간의 흐름에 따라 종속변수를 여러 번 반복해서 측정하는 것을 의미한다. 즉, 독립변수인 개입을 실시하기 이전에 종속변수인 특정 행동을 여러 번 반복해서 측정함으로써 일정한 경향을 발견하고, 독립변수의 개입 이후에 종속변수의 경향에 변화가 있다면 이를 독립변수의 효과로 추론하는 것이다. 단일사례설계에서 종속변수의 변화를 측정하는 방법으로는 직접관찰, 자기 보고식 척도, 표준화된 측정 도구 등이 있다.

2) 단일사례설계의 특성 및 장단점

단일사례설계는 하나의 사례를 대상으로 하여 사회복지사의 개입 전과 개입 후에 클라이언트의 상태를 비교함으로써 개입의 효과를 과학적으로 증명할 수 있다. 실험설계의 경우 사전검사와 사후검사를 한 번씩 시행하여 독립변수의 조작을 통해 종속변수의 변화를 확인할 수 있지만, 종속변수의 변화가 어느 시점에서 발생했는지에 대한 정보를 제공하지 못한다(Monette et al., 2011; 조학래, 2020 재인용). 반면 단일사례설계는 조사와 실천이 함께 이루어짐으로써 사회복지사의 개입을 과학적으로 증명할 수 있다는 점에서 사회복지실천현장에서 적용사례가 늘어나고 있다. 이러한 단일사례설계의 특성을 살펴보면 다음과 같다(김진숙, 2022; 조학래, 2020; 황성동, 2016).

첫째, 하나의 사례를 대상으로 한다. 하나의 사례란 개인, 가족, 소집단, 지역 등을 하나의 연구대상으로 하여 측정하는 것을 말한다.

둘째, 개입(독립변수) 전과 후 종속변수의 변화를 반복 측정함으로써 개입의 효과를 확인할 수 있다.

셋째, 클라이언트의 변화를 시각화하여 확인할 수 있다. 단일사례설계에서는 개입 전과 후 표적 행동의 변화를 관찰하고 그래프를 활용하여 비교함으로써 클라이언트의 변화를 즉각적이고 시각적으로 확인할 수 있다.

넷째, 조사와 실천을 통합할 수 있는 대표적인 설계방법이다. 단일사례설계는 사회복지실천의 효과성을 평가하기 위해 많이 사용하며, 조사과정에서 개입방법에 대한 즉각적인 피드백을 통해 개입의 효과가 없다고 판단되면 클라이언트와 협의하여 개입방법을 변경할 수 있다.

단일사례설계의 장점은 구조와 활용이 단순하여 사회복지실천현장에서 적용하기 유용하다는 것이다. 또한, 사회복지사의 개입 전후의 변화를 숫자, 그래프 등으로 명확하게 보여줌으로써 개입의 효과를 시각적으로 확인할 수 있다. 그리고 개입과정에서 사회복지사와 클라이언트 간의 지속적인 피드백이 가능하다. 마지막으로 반복측정으로 제3의 변수의 영향을 통제함으로써 내적타당도 높일 수 있다. 반면, 단일사례설계는 하나의 사례를 대상으로 하기 때문에 일반화가 어려워 외적타당도가 낮고, 개입의 효과를 확인하기 위해 임의로 개입을 중단하는 경우 윤리적 문제가 발생할 수 있다.

2 단일사례설계의 구조

단일사례설계는 특정 행동에 대한 개입의 효과를 평가하는 것으로 단일 사례에서 발생한 특정 행동을 표적 행동으로 규정하고, 개입이 이루어지기 전 특정 행동의 양상을 반복해서 관찰하는 기초선과 개입이 이루어지면서 정기적인 관찰을 통해 특정 행동의 변화를 평가하는 개입단계로 구성된다.

1) 표적 행동

단일사례설계의 목적은 클라이언트에게 나타나는 표적 행동(target behavior)에 대한 사회복지사의 개입이 얼마나 효과적인지를 분석하는 것이다. 여기에서 표적 행동이란 클라이언트의 문제행동을 말한다. 단일사례설계는 클라이언트가 호소하는 문제를 표적 행동으로 규정하고 이 행동을 변화시키기 위한 개입을 진행하기 때문에 표적 행동은 단일사례설계에서 종속변수가 된다. 따라서 표적 행동은 구체적이고 측정 가능하게 규정해야 한다. 예를 들면, 신경과민을 보이는 클라이언트의 경우 신경과민이라는 추상적인 개념보다는 '손톱 물어뜯기', '과식', '제산제의 과도한 남용' 등으로 표적 행동을 규정할 수 있다.

2) 기초선: A

기초선(baseline)은 개입이 이루어지기 전에 표적 행동이 어떤 경향을 보이는지를 관찰하는 기간으로 보통 'A'로 표시한다. 기초선에서는 개입 이전에 몇 차례에 걸쳐 표적 행동의 빈도, 강도, 시간 등에 대한 관찰이 이루어진다. 단일사례설계에서 기초선을 설정하는 이유는 사회복지사가 개입을 하지 않은 상태에서 클라이언트의 표적 행동 패턴을 파악함으로써 성숙 효과를 통제할 수 있고, 개입을 통해 표적 행동이 어떻게 변화하는지를 비교할 수 있기 때문이다. 일반적으로 기초선에서 관찰 횟수는 최소한 3회 이상으로 설정하며, 표적 행동의 패턴이 안정적일 때까지 반복하는 것이 좋다(조학래, 2020; 황성동, 2016; Barlow & Hersen, 1984). 그 이유는 개입 이전의 표적 행동이 안정적인 패턴을 보인다면, 개입 이후와 비교하여 클라이언트의 변화를 쉽게 확인할 수 있기 때문이다.

3) 개입단계: B

기초선의 관찰을 통해 클라이언트의 표적 행동에서 일정한 경향과 유형을 파악하면, 다음으로 사회복지사가 개입을 시작하고 관찰을 반복하는 개입단계가 진행되며 보통 'B'로 표시한다. 개입(intervention)은 클라이언트의 표적 행동을 변화시키기 위해 실시하는 실험적 자극, 특정 프로그램, 환경의 변화 등을 의미하며, 사회복지현장에서 이루어지는 개입은 클라이언트의 변화를 위해 사회복지사가 활용하는 실천기법이나 프로그램 등을 의미한다. 이러한 개입은 종속변수(표적 행동)에 영향을 미쳐 변화를 발생시키는 독립변수가 된다. 개입단계의 평가를 위한 관찰 횟수의 기준은 표적 행동과 상황에 따라 다르지만, 일반적으로 개입단계의 관찰 횟수는 기초선과 동일하게 측정하는 것이 바람직하다. 또한, 개입단계의 측정자, 측정 방법, 개입장소의 환경, 기타 조건 등을 기초선과 동일하게 적용해야 한다.

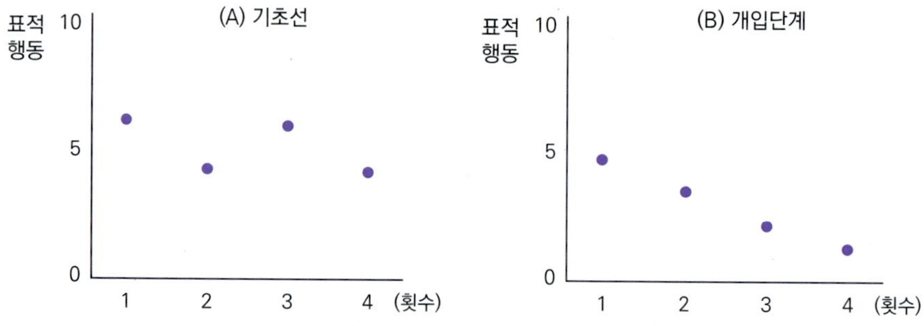

(A) 기초선은 개입 전 표적 행동의 패턴을 관찰하는 단계
(B) 개입단계란 표적 행동을 변화시키기 위해 실시하는 프로그램, 상담, 서비스 등 독립변수가 실시되면서 표적 행동의 변화를 관찰하는 단계

[그림 4-1] 단일사례설계의 구조

4) 개입에 대한 평가

표적 행동에 대한 개입의 효과를 평가하기 위해 단일사례설계는 기초선과 개입단계에서 반복하여 관찰하여 수집한 자료를 그래프를 활용하여 비교한다. 이때 그래프를 통해 확인되는 변화의 파동, 변화의 경향, 변화의 수준 등을 고려하여 개입의 효과를 평가한다.

3 단일사례설계 유형

1) AB설계

AB설계는 단일사례설계의 가장 기본적인 설계유형으로 하나의 기초선(A)과 하나의 개입단계(B)로 구성된다. [그림 4-2]와 같이 AB설계는 기초선에서 표적 행동의 빈도를 반복 관찰하고 개입으로 인한 클라이언트의 행동 변화를 기초선과 비교하여 제시한다. 예를 들면, 신경과민으로 인한 과도한 스트레스로 위장보호제인 제산제를 과다복용하는 문제를 가진 클라이언트에게 명상을 통한 스트레스 완화 프로그램(MBSR)을 실시하기 전 몇 차례에 걸쳐 제산제 복용횟수를 측정하고 MBSR 프로그램을 실시하면서 제산제 복용횟수의 변화를 측정하여 비교하는 것이다([그림 4-2]참조). AB설계는 여러 유형의 문제와 상황에 적용할 수 있지만, 사회복지사의 개입 외에 제3의 요인을 통제하기 어렵다. 즉, 클라이언트의 변화가 개입에 의한 것인지 제3의 요인에 의한 것인지 확신하는 데 한계를 가진다.

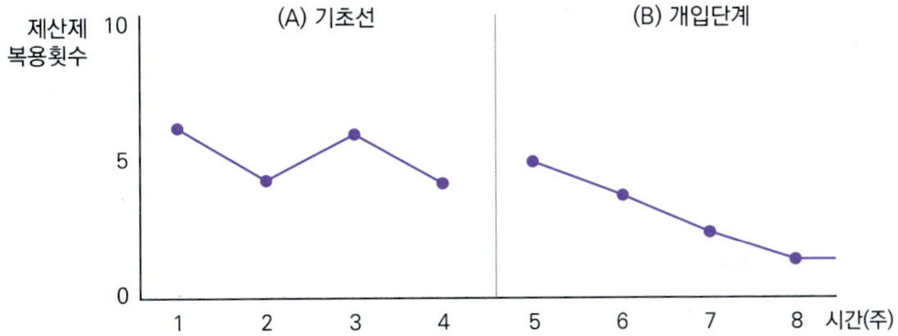

[그림 4-2] AB설계

2) ABA 및 ABAB 설계

ABA설계는 개입단계에서 제3의 요인으로 인해 개입의 효과를 정확히 파악하기 어려운 문제를 해결하기 위해 개입을 중단하고 다시 기초선을 실시하여 개입 후의 효과가 유지되는지를 관찰하는 설계유형이다. ABA설계는 [그림 4-3]과 같이 개입 효과를 검증하기 위해 일정 기간 두 번째 기초선을 설정하고 표적 행동의 변화를 관찰했을 때, ①과 같이 표적 행동의 변화가 개입의 결과로 유지되는 경우 종료된다. 이처럼 ABA설계는 표적 행동에 대한 개입 효과를 파악하는 데 유리하지만, 개입 효과를 파악하기 위해 개입을 임의로 중단함으로써 클라이언트를 다시 문제 상황에 빠트릴 수 있다는 점에서 윤리적인 문제가 발생할 수 있다.

두 번째 기초선에서 개입 후 효과가 없는 것으로 확인되는 ②의 경우 2차 개입이 필요하며, 이때 활용하는 설계유형이 ABAB설계이다. ABAB설계는 AB설계에 또 하나의 AB설계를 추가하여 외생변수를 효과적으로 통제하기 위한 설계로 반전설계(reversal design)라고도 한다. [그림 4-3]과 같이 개입단계에서 변화된 표적 행동이 두 번째 기초선에서 ②와 같이 이전상태로 회귀 된다면 이는 첫 번째 개입단계에서 발생한 변화는 개입보다는 제3의 요인에 의한 것일 확률이 높은 것을 의미한다. 이때 다시 개입을 실시함으로써 ③과 같은 결과가 나타난다면 개입을 종료한다.

ABAB설계는 외생변수를 통제함으로써 개입 효과에 대한 인과관계를 쉽게 파악할 수 있으며, 어떤 개입방법이 특정 문제를 가진 클라이언트에게 효과적이라는 것을 확인함으로써 해당 분야의 이론 축적에 기여할 수 있다. 반면, 기초선과 개입단계를 반복함으로써 노력과 시간이 많이 소요된다는 점에서 현실성이 떨어지며, 개입 효과를 확인하기 위해 개입을 일시적으로 중단한다는 것은 개입을 원하는 클라이언트의 욕구에 반하는 것이므로 윤리적 문제를 초래할 수 있다.

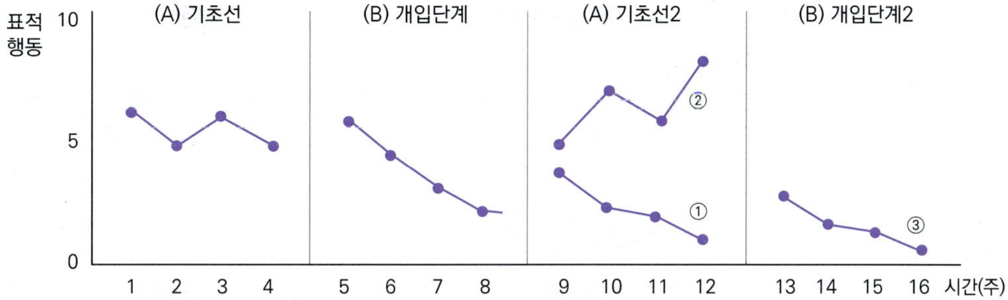

[그림 4-3] ABA 및 ABAB 설계

3) BAB설계

단일사례설계는 클라이언트의 표적 행동을 파악하고 개입 전과 후의 변화를 확인하는 과정을 이행한다. 하지만 클라이언트가 위기상황일 때 개입이 먼저 이루어지는 경우가 발생한다. 이때 적용할 수 있는 설계유형이 BAB설계이다. [그림 4-4]와 같이 BAB설계는 클라이언트의 표적 행동을 관찰하는 기초선 없이 개입부터 시행한 후 기초선과 개입단계를 순차적으로 적용하는 설계유형이다. 사회복지실천현장에서 위기개입이 필요한 경우 적용하기 유용한 설계로써, 개입과 동시에 클라이언트에게 나타나는 변화를 쉽게 측정할 수 있다.

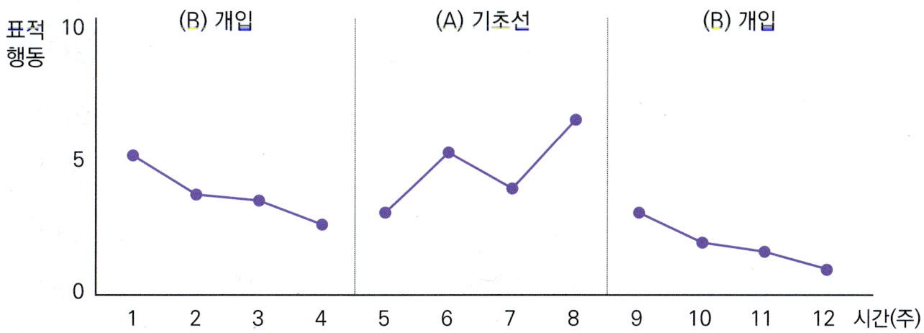

[그림 4-4] BAB설계

4) ABCD설계

ABCD설계는 한 번의 기초선 이후 복수의 개입과 그 효과를 검증하는 설계이다. 즉, 첫 개입에 대한 효과가 없거나 미미한 경우 다른 형태의 개입을 연속적으로 실시하거나, 개입 계획을 수립할 때 복수의 개입방법을 계획하여 진행하는 경우가 해당된다. 예를 들면, 정서적으로 불안한 비행청소년을 대상으로 기초선 측정을 시행한 후 개별상담(B)을 몇 회기 진행하고, 이어서 집단치료(C)를 실시하고, 마지막으로 가족치료(D)를 연속적으로 실시하는 것이다. 이 유형은 다양한 개입을 통해 치료 효과를 극대화하고자 할 때 실시하며, 클라이언트에게 적합한 새로운 개입방법을 적용해 볼 수 있다는 장점이 있다. 하지만 클라이언트가 두 가지 혹은 세 가지 개입을 함께 경험함으로써 개입의 효과가 누적되는 경향이 있고, 나중에 실시한 개입방법을 제일 먼저 실시하였을 때 개입의 효과가 달라질 수 있는 순서효과 등이 발생할 가능성이 있다.

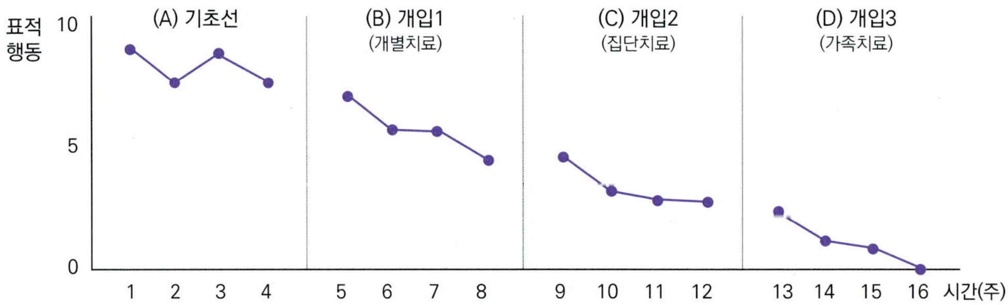

[그림 4-5] ABCD설계

5) 복수기초선설계

복수기초선설계(multiple-baseline design)는 하나의 개입방법을 다양한 문제나 대상, 상황에 적용하여 개입의 효과를 확인하는 방법으로 다중기초선설계라고도 한다. 복수기초선설계는 개입의 효과를 다차원적으로 확인하고 외생변수를 통제함으로써 인과관계를 확실하게 추정하는 방법이다. 이러한 복수기초선설계는 문제 간 복수기초선설계와 대상자 간 복수기초선설계로 구분할 수 있다.

(1) 문제 간 복수기초선설계

문제 간 복수기초선설계(multiple baseline across behaviors design)는 특정한 개입방법이 동일한 대상자의 다양한 문제를 해결하는 데 효과적인지를 평가하는 것이다. 이때 해결해야 할 문제는 상호독립적이어야 한다. 예를 들어 청소년 보호시설에 있는 철수는 15세로 다른 사람들과 쉽게 싸움을 하고 보호시설의 권위에 도전하며, 학교생활 적응의 문제를 가지고 있다. 이러한 철수에게 사회복지사는 대인관계 향상 집단프로그램을 통해 친구들과 좋은 관계를 유지하도록 개입을 하고, 보호시설의 권위에 도전하는 것이 아닌 자신의 권리를 지키고 보호시설의 규칙을 이행할 수 있도록 활동을 함으로써 학교생활에도 잘 적응하도록 순차적인 개입을 할 수 있다.

(2) 대상자 간 복수기초선설계

대상자 간 복수기초선설계(multiple baseline across subjects design)는 동일한 문제를 가진 여러 대상에게 다른 시점에서 하나의 개입방법을 적용할 때 효과가 있는지 평가하는 방법이다. 이때 기초선과 비교하여 개입단계에서 표적 행동의 변화가 있다면 우연한 사건을 통제함으로써 개입의 효과를 명확하게 평가할 수 있다. 예를 들어 학교생활 부적응이라는 동일한 문제를 가진 청소년 보호시설에 있는 세 명의 청소년을 대상으로 사회복지사는 개별상담을 통해 학교생활 부적응 문제에 개입하고자 한다. 이때 대상자 간 상호작용을 해소하기 위해 각각 기초선을 달리한다. 첫 번째 청소년에게 개별상담을 실시한 후 효과가 있다면 두 번째 청소년에게 개입을 하고, 마지막으로 세 번째 청소년에게 개입하는 방식으로 진행한다.

4 단일사례설계의 결과분석

단일사례설계에서 클라이언트의 문제에 대한 사회복지사의 개입 효과를 과학적으로 검증하는 방법은 다양하지만, 대표적으로 세 가지 방법을 통해 결과를 분석한다.

1) 시각적 분석

시각적 분석은 기초선과 개입단계에서 작성된 그래프를 시각적으로 확인하면서 개입 이전과 개입 이후 클라이언트의 표적 행동에 눈에 띌 만한 변화가 있는지를 평가하는 방법이다. 이는 단일사례조사의 가장 큰 장점으로 보편적인 분석방법으로 활용된다. 이때 시각적인 확인 기준은 표적 행동의 변화 파동, 변화 경향, 변화 수준 등을 고려하여 평가한다.

(1) 변화의 파동

변화의 파동은 관찰된 표적 행동의 특성이 시간의 흐름에 따라 파동을 일으키며 변화되는 정도를 말한다. 파동이 심하면 관찰 횟수가 많아야 변화의 일정한 유형을 판단할 수 있다. 기초선과 개입단계에서 변화의 파동이 적을수록, 그리고 관찰 횟수가 많을수록 개입 효과를 확실히 확인할 수 있다(최성재, 2005; 조학래, 2020).

(2) 변화의 경향

변화의 경향은 기초선과 개입단계의 변화 경향을 연결하여 검토한다. 기초선과 개입단계의 변화 경향의 방향이 상반되게 나타나는 경우 개입의 효과로 볼 수 있다.

(3) 변화의 수준

변화의 수준은 관찰된 표적 행동의 점수 위치를 말한다. 기초선의 표적 행동과 개입단계의 표적 행동 간의 빈도 차이가 클수록 개입효과에 대한 확신이 높아진다.

2) 통계적 분석

통계적 분석은 개입단계에서 관찰된 클라이언트의 표적 행동이 예상되는 변화의 파동과 어떻게 다른지를 통계적으로 분석하는 방법이다. 이 방법은 시각적 분석을 통해 명확한 해석이 어려울 때 활용하는 방법으로 평균비교법과 경향선 접근법을 통해 평가한다.

(1) 평균비교법

평균비교법은 클라이언트의 표적 행동이 기초선에서 비교적 안정적인 패턴으로 나타날 때 사용한다. 즉, 개입단계의 평균이 기초선의 평균보다 표준편차가 두 배 이상 차이가 나면 그 차이는 우연에 의한 것이 아닌 개입의 효과로 판단하게 된다.

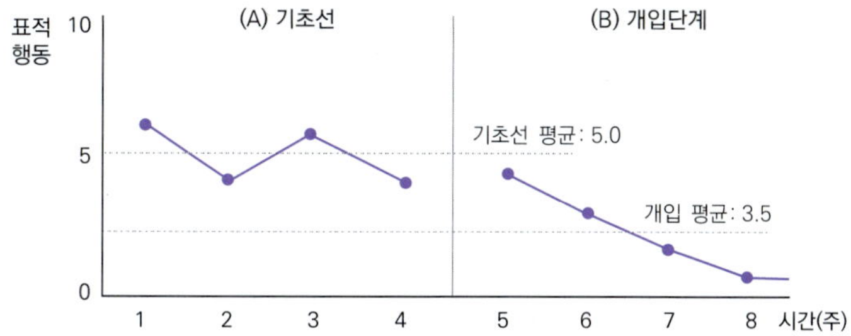

[그림 4-6] 평균비교법

(2) 경향선 접근법

경향선 접근법은 표적 행동이 기초선에서 불안정하게 형성될 때 사용하는 방법이다. 먼저 기초선을 두 개의 영역으로 나눈 후 각 영역 값의 평균을 구하여 두 영역의 평균을 연결하고 개입단계까지 직선으로 연장하면 경향선(celeration line)이 된다. 이때 개입단계의 관찰점이 모두 경향선 아래에 위치한다면 그 개입은 클라이언트의 표적 행동 변화에 효과적이라는 결론을 내릴 수 있다.

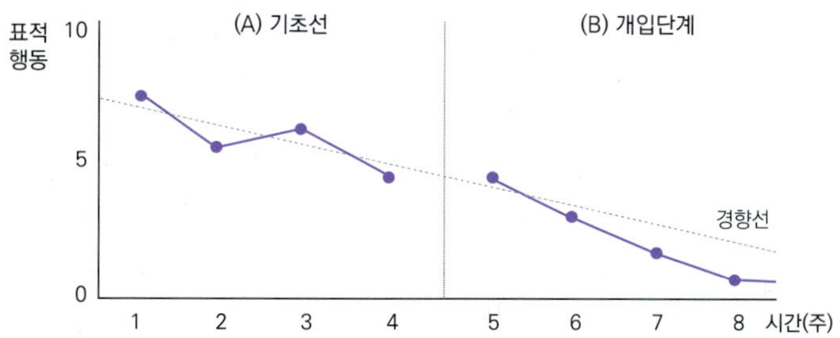

[그림 4-7] 경향선 접근법

3) 임상적 분석

임상적 분석은 개입 후 발생한 클라이언트의 변화에 대해 사회복지실천 측면에서 얼마나 의미가 있는 변화인지를 사회복지사가 임상적으로 판단하는 방법이다. 시각적 분석이나 통계적 분석을 통해 클라이언트의 변화가 확인되었더라도 실천적 의미에서 볼 때 개입의 정당성을 보장할 수 있는지에 대한 판단이 임상적 분석이라고 할 수 있다. 하지만 임상적 분석은 사회복지사의 주관적 판단에 의존하기 때문에 객관성에 문제가 있을 수 있다.

함께 풀어 봅시다!

1 단일사례설계에 대한 설명으로 옳지 않은 것은?

① 하나의 사례로서 개인, 가족, 단체 등을 분석 대상으로 한다.
② 외적타당도가 높다.
③ 기초선으로 성숙효과를 통제할 수 있다.
④ 개입의 효과에 대한 즉각적인 피드백이 가능하다.
⑤ 여러 명의 조사 대상자들에게 개입 시기를 다르게 하면 우연한 사건효과를 통제할 수 있다.

2 단일사례설계의 기초선 단계에 대한 설명으로 옳은 것은?

① 개입이 없는 상태에서 문제 정도를 파악하기 위해 실시한다.
② 많이 시행할수록 좋다.
③ 기호로는 B를 사용한다.
④ 기초선의 관찰 횟수는 개입단계보다 많아야 한다.
⑤ 사회복지사가 실시하는 특정 프로그램이 진행되는 단계이다.

3 자해 가능성이 있어 신속한 개입을 요하는 클라이언트가 의뢰되었다. 개입의 효과를 평가하기 위해 단일사례설계를 사용한다면 가장 적절한 설계 유형은?

① AB설계 ② ABA설계
③ BAB설계 ④ ABAB설계
⑤ ABCD설계

정답 및 해설

1 ❷
▶▶ 단일사례설계의 대상은 개인이나 가족, 집단이나 조직 등이 하나의 사례가 된다. 하나의 사례에서 얻은 결과는 다른 사례에 일반화시키는 데 한계가 있으므로 외적타당도 또한 낮아지게 된다.

2 ❶
▶▶ 기초선 단계는 개입 전 클라이언트의 문제가 어느 정도인지 그 패턴을 확인하는 단계로 'A'로 표시한다. 기초선의 관찰은 보통 3회 정도로 측정하며, 개입단계의 관찰 횟수와 동일하게 적용하는 것이 좋다.

3 ❸
▶▶ BAB설계는 위기개입이 필요한 클라이언트에게 적용하는 설계 유형이다..

4 **다음 〈보기〉 중 개입의 효과를 평가하기 위하여 개입을 중단하는 것에 윤리적 문제가 따르는 단일사례설계 유형을 모두 고르시오.**

ㄱ. AB설계	ㄴ. ABA설계	ㄷ. BAB설계
ㄹ. ABAB설계	ㅁ. ABCD설계	

① ㄱ, ㄷ　　② ㄴ, ㄹ
③ ㄷ, ㅁ　　④ ㄱ, ㄴ, ㄷ
⑤ ㄷ, ㄹ, ㅁ

❷
▶▶ ABA 및 ABAB설계는 개입단계에서 제3의 요인으로 인해 개입의 효과를 정확히 파악하기 어려운 문제를 해결하기 위해 개입을 중단하고 다시 기초선을 실시하여 개입 후의 효과가 유지되는지를 관찰하는 설계 유형으로 개입효과를 확인하기 위해 개입이 필요한 클라이언트에게 임의적으로 개입을 중단하는 것은 윤리적 문제가 제기될 수 있다.

5 **다양한 개입을 통해 치료 효과를 극대화하고자 할 때 실시하는 단일사례설계 유형은?**

① AB설계　　② ABA설계
③ BAB설계　　④ ABAB설계
⑤ ABCD설계

❺
▶▶ ABCD설계는 한 번의 기초선 이후 복수의 개입과 그 효과를 검증하는 설계 유형으로 클라이언트의 표적 행동에 대한 변화를 극대화하고자 할 때 사용한다.

05 CHAPTER

인과관계와 조사설계

CONTENTS

연구문제에 따른 가설을 설정한 후, 가설검정을 위해 자료를 수집하고 분석하는 계획을 수립하는 과정을 조사설계라고 한다. 조사설계의 타당도가 높다는 의미는 해당 조사설계가 가설이나 연구문제를 얼마나 잘 정확하게 검증할 수 있는가를 말하는 것으로, 실험과정에서 외생변수들의 영향을 통제해야 한다. 조사설계를 타당하게 하려면 두 가지 차원을 고려해야 한다. 조사설계를 통해 첫째, 가설에서 세운 독립변수와 종속변수 간 인과관계를 확실하게 증명할 수 있어야 하며(내적 타당도), 둘째, 그렇게 확인된 결과는 조사대상이나 범위를 넘어서도 일반화시킬 수 있어야 한다(외적 타당도). 즉, 조사설계가 타당하려면 조사대상이나 범위 '내'에서도 인과관계를 잘 확인할 수 있어야 하며, 나아가 조사대상이나 범위 '외'까지도 그 결과를 일반화시킬 수 있어야 한다.

이 장에서는 조사설계의 의미와 목적에 대해 살펴보고, 조사설계의 내적 타당도와 외적 타당도의 개념과 저해요인, 그리고 이를 통제하는 방법을 학습한다. 또한 인과관계 성립을 위해 충족해야 하는 요건에 대해 살펴보도록 한다.

CHAPTER

05 인과관계와 조사설계

학/습/목/표

- 인과관계 성립을 위해 충족해야 하는 요건을 이해한다.
- 조사설계의 의미와 목적에 대해 이해할 수 있다.
- 조사설계의 내적 타당도 저해요인과 이에 대한 통제방법을 설명할 수 있다.
- 조사설계의 외적 타당도 저해요인과 이에 대한 통제방법을 설명할 수 있다.

1 인과관계

사람들은 "너 지난주 사회복지조사론 강의에 왜 결석했니?", "약속 시간에 왜 늦었니?"와 같이 일상생활 속에서 인과관계를 추론한다. 이와 같은 질문들의 경우 결과의 원인들은 쉽게 찾을 수 있지만, 일반적으로 어떤 현상의 원인을 찾기란 쉬운 일이 아니다. 예로부터 많은 학자들이 우주와 사물, 그리고 인간의 궁극적인 원인을 찾으려고 애써 왔으며, 현대의 자연과학은 물론 사회과학에서도 어떤 현상을 일으키는 원인을 찾아 현상을 설명하고 나아가 앞으로의 변화 방향에 대해 예측하려고 노력하고 있다. 인과관계는 지식이나 이론의 발전에 크게 기여하기 때문이다.

인과관계(causal relation)란 어떤 변수가 원인(cause)으로 작용해서 다른 변수에 영향을 미치는 결과(effect)로서 나타나는 관계를 말한다. 사회복지조사 역시 대부분 인과관계의 검증을 통하여 이루어지기 때문에 인과관계에 대한 명확한 이해가 필요하다. 사회현상과 사회구성원의 문제를 발견하고, 원인-결과 관계를 규명함으로써 사회복지조사의 목적인 정책수립이나 실천이론의 형성이 가능해진다.

사회과학에서의 인과관계는 일반적인 의미의 인과관계와는 다소 차이가 있다. 사회과학의 인과관계는 결정론적(deterministic)으로가 아니라 확률적(probabilistic)으로 표현된다. 즉,

“X가 Y의 원인이다.”가 아니라 “X라는 원인이 Y의 결과를 발생시킬 수 있다.”는 방식으로 인과관계를 표현한다. 왜냐하면 종속변수에 영향을 미칠 수 있는 변수는 연구문제에서 설정한 독립변수 외에 여러 가지 변수가 있을 수 있으며, 더욱이 이러한 여러 독립변수들의 영향을 통제할 수도 없으므로 인과관계를 명확하게 결정론적으로 밝히기 어렵기 때문이다.

예를 들어, 경제상황이 나빠지면서 자살률이 높아지는 현상이 관찰되었다고 해서 경제불황이 자살률 증가의 원인이라고 단정 짓기가 어렵다. 자살 충동을 야기하는 다른 문화적·사회적 요인들 예를 들어, 인터넷 발달에 따른 자살정보의 상호교류, 자살을 개인의 명예를 지키는 수단으로 여기는 사회적 분위기의 확산 등 다른 여러 가지 요인들이 자살에 영향을 미치기 때문에 어떤 것이 원인인지 결정적으로 밝히기는 쉽지 않다. 그래서 사회과학에서는 명확하고 결정론적인 표현보다는 확률적인 표현을 많이 사용한다(박창제 외, 2020).

인과관계를 증명하는 문제는 아직도 인식론이나 방법론에서 많은 논쟁이 따르고 있다. 따라서 여기에서는 현재 사회과학을 연구하는 입장에서 필요한 인과관계의 존재를 확인하기 위한 조건에 대해 살펴보도록 한다. 일반적으로 원인과 결과 사이에 인과관계가 정립되기 위해서는 ① 공변성(경험적 상관관계), ② 시간적 우선성, ③ 통제성(외생변수의 통제, 허위관계의 배제)이라는 세 가지 요건을 만족시켜야 한다. 가설에서 설정한 변수 간 인과관계를 검증하는 조사설계의 질은 결국 조사설계에 이 세 가지 요건을 확인하는 장치가 얼마나 잘 고안되어 있느냐에 달렸다.

첫째, 공변성(covariation)이다. 공변성(공변관계)이란 A가 증가하면 B도 증가하거나(정적 관계), A가 증가하면 B는 감소하거나(부적 관계), A가 개입되면 B가 변화하는 등과 같이 두 변수가 일정한 방식으로 같이 변하는 것을 의미한다. 가설에서 설정한 독립변수와 종속변수 사이에 인과관계가 성립하려면 독립변수와 종속변수 사이에 공변관계가 성립되어야 한다. 두 변수 사이의 공변성은 상관관계를 나타내주는 상수관계(γ)를 통해 확인할 수 있다. 이처럼 인과관계의 검증에 필요한 일차적인 조건은 원인으로 추정되는 변수와 결과로 추정되는 변수가 동시에 존재하며, 상호연관성을 가져야 한다. 즉, 인과관계를 확인하기 위해서는 변수 간에 공변성이 반드시 존재해야 한다. 한 변수가 변화할 때 그와 관련된 변수도 따라서 변하면 두 변수 사이에 공변성이 있다고 할 수 있다. 예를 들어, ‘고학력자일수록 소득이 높다.’는 가설이 있다면, 교육수준의 변화가 있을 때 반드시 소득수준의 변화도 일어나야 공변성이 존재한다고 할 수 있다. 인과관계의 존재 여부를 떠나서도, 두 변수가 어떤 식으로든 관계되어 있다고 하기 위해서는 이러한 공변성에 대한 경험적 입증이 일차적으로 필요하다.

둘째, 시간적 우선성이다. 시간적 우선성이란 시간상 독립변수가 먼저 변화하고 종속변수는 그 후에 변화하는 것이어야 함을 의미한다. 독립변수(원인)가 종속변수(결과)를 야기한 원인이 되려면 시간적 우선성이 성립되어야 한다. 한 변수가 변화할 때 다른 변수도 변화하는 공변성이 나타나더라도 이것은 단지 두 변수 간에 어떤 식으로든 관계가 있음을 보여주는 것에 불과하다. 따라서 변수 간의 인과관계를 증명하기 위해서는 공변성의 확인에 덧붙여 두 변수의 변화 간에 시간적으로 무엇이 앞서고 무엇이 뒤선다는 것을 보여줄 수 있어야 한다. 가령 '날씨가 더워지면 팥빙수 판매가 증가한다.'는 명제가 있다고 하자. 그러면 날씨가 더워지는 것이 원인이므로 팥빙수 판매량 증가보다 시간적으로 앞서야 한다는 것이다. 반대로 팥빙수 판매가 늘었으니 날씨가 더워진다는 경우도 존재한다면 인과관계의 추론이 불가능하다.

셋째, 통제성이다. 통제성이란 관찰된 독립변수와 종속변수 간 경험적 관계가 어떤 다른 변수의 영향으로 인한 것이라고 설명되어서는 안 됨을 의미한다. 공변성도 있고 시간적 선후가 분명하다고 해서 두 변수 사이에 인과관계가 성립한다고 확신할 수는 없다. 두 변수 사이의 공변관계가 독립변수 이외의 다른 외생변수 때문에 발생한 허위관계일 가능성이 여전히 남아 있기 때문이다. 즉, 인과관계의 확인을 위해서는 외생변수(extraneous variable)가 존재하지 않아야 한다. 외생변수란 독립변수와 종속변수 각각에 밀접하게 관계되어 두 변수 사이에 인과관계가 있는 것처럼 보이게 하는 제3의 변수를 말한다. "까마귀 날자 배 떨어진다."는 속담에서 까마귀가 나는 현상과 배가 떨어지는 현상에서 인과관계가 성립되지 않는다. 그 이유는 다른 원인이 개입되어, 예를 들자면 바람이 불어서 두 가지 현상이 동시에 일어날 수 있기 때문이다. 또 '출동한 소방차가 많을수록 화재 피해액이 크다.'는 가설에서 실제로 '화재 규모'라는 제3의 변수(외생변수)가 독립변수(출동한 소방차 수)와 종속변수(피해액)에 동시에 영향을 미친 결과라면 이 두 변수 간에는 인과관계를 입증할 수 없다. 따라서 외생변수를 통제해야 한다.

사회과학에서 인과관계는 위와 같은 조건의 충족을 전제로 하여 성립한다. 사회복지조사는 이와 같은 인과관계를 확인하는 조건을 바탕으로 변수 간의 관계를 파악하여 가설을 설정하여 검증하는 과정을 거친다.

2 조사설계의 의미와 목적

조사설계(research design)란 연구문제에 대한 경험적인 결론을 유도하는 방법에 관한 것으로, 연구설계, 연구디자인, 조사계획이라고도 번역되어 사용된다. 조사설계는 연구문제의 답을 얻기 위한 조사연구의 계획, 구조, 전략 등을 포괄하는 것으로서 조사의 전반적인 과정을 의미한다. 즉, 조사설계는 연구문제와 가설이 설정된 이후 가설을 검증하기 위해 변수를 측정하는 방법과 대상의 선정, 자료수집과 분석의 방법, 외생변수의 통제방법 등을 결정하는 것이다.

조사설계는 건축에 있어서 설계도면에 비유할 수 있다. 즉, 좋은 설계도면이 있어야 좋은 건축을 할 수 있듯이 조사설계는 조사에서 매우 중요한 역할을 한다. 연구문제가 변수 간의 인과관계를 설정하는 것이라면, 조사설계는 연구문제와 관련된 가설을 논리적·경험적으로 검증할 수 있는 방법을 제시한다. 다양한 유형의 조사설계들이 존재하며, 연구문제나 자료의 성격 혹은 현실적인 여건에 적합한 조사설계가 조사연구를 위해 선택된다.

3 조사설계의 타당도

1) 내적 타당도와 외적 타당도

"조사설계를 잘 했다."는 말은 조사론 용어로 표현하면 "조사설계가 타당하다." 혹은 "조사설계의 타당도가 높다."와 같다. 조사설계의 타당도을 판단하는 기준으로는 내적 타당도와 외적 타당도가 사용된다. 내적 타당도란 인과관계를 확인하는 데 필요한 충분한 경험적 조건을 조사설계가 제시할 수 있는지를 말하며, 외적 타당도는 조사에서 확인된 연구결과를 연구환경 외부에서도 일반화할 수 있을지를 의미하는 개념이다.

내적 타당도는 타당도의 적용범위가 수집된 표본자료에 한정된다. 대부분의 연구에서는 비용과 시간적 제약으로 인해 연구대상이 되는 전체 집단(population, 모집단)에 관한 자료를 수집하지 않고 표본(sample)을 추출해 조사하고, 그 결과를 갖고 전체 집단을 추론하는 방법을 사용한다. 이러한 표본자료들 내에서 인과성이 어느 정도 검증될 수 있는지를 다루는 것이 내적 타당도이다. 반면에 표본조사의 결과를 그 연구의 조건을 넘어서서 전체 집단에 대해 확대 적용할 수 있는지를 판단하는 것이 외적 타당도이다.

2) 내적 타당도 저해요인

내적 타당도(internal validity)란 종속변수(결과)에서 나타나는 변이(variation, 변화 차이)가 독립변수(원인)의 변이 때문에 발생했는지의 여부를 정확하게 기술하고 있다고 확신하는 정도를 의미한다. 즉, 독립변수의 변화가 실제로 종속변수의 변화를 야기하는 정도 혹은 실험적 조작이 유의할 만한 차이를 가져오는 정도를 말한다. 따라서 인과성에 대한 추론 가능성이 얼마나 큰지를 나타내는 것이 내적 타당도이다. 한 조사설계의 내적 타당도가 높다는 것은 인과성에 대한 경험적 검증 능력이 강하다는 것을 의미한다. 즉, 공변성, 시간적 우선성, 통제의 기준들이 적절히 충족되는 조사설계라는 뜻이다. 반대로 내적 타당도가 낮다는 것은 인과관계의 검증 능력이 약하다는 것을 의미한다(김영종, 2008).

공변성과 시간적 우선성이 전제된다면, 내적 타당도는 주로 대안적 설명들에 대한 통제성 여부를 통해 판단한다. 어떤 조사가 얼마나 외부의 설명들을 통제할 수 있는가의 여부에 따라, 조사의 인과관계에 대한 검증 효과가 그만큼 커질 수 있다. 역으로 말하면, 인과성 추론의 세 가지 기준이 충족되지 않는 정도에 따라 변수 간의 인과적 관계에 대한 검증이 그만큼 약해질 수밖에 없다. 조사설계의 내적 타당도를 저해하는 요인들은 크게 내적 요인과 외적 요인으로 구분된다. 내적 타당도가 높은 조사설계를 하려면, 다음과 같은 인과성 저해요인이 배제되어야 한다.

(1) 내적 요인(실험 실행과정에 직접 관련되는 요인)

① 외부사건(우연한 사건, 역사 요인)

조사연구의 과정에서 사전검사와 사후검사 사이에 통제 불가능한 외부적인 사건(history)들이 발생하여 연구결과에 영향을 미칠 수도 있다. 조사기간 중에 조사에 영향을 미치는 사건이 발생할 경우, 그 영향 때문에 실험집단의 특성이 변할 수 있기 때문이다. 따라서 조사기간이 길수록 외적 사건의 영향을 받을 가능성이 커진다. 만약 외부사건들에 대한 통제가 제대로 이루어지지 않는다면, 기존의 설명에 대한 무수히 많은 수의 대립적인 설명들을 통제할 수 없게 된다.

예를 들어, 금연율을 높이기 위한 특별 금연 프로그램을 실시했다고 하자. 프로그램 실시 후 효과성을 검증하기 위해 프로그램 실시 전과 후의 금연율 차이를 검증하려고 하였다. 이 차이를 비교하여 금연율이 프로그램 실시 전에 비해서 높아져 있다면, 이를 근거로 프로그램이 효과적이라는 것을 입증하려고 한다. 즉, 프로그램이라는 독립변수가 금연이라는 종속변수에 대해 인과관계를 형성한다고 설명하려는 것이다.

자료를 수집해서 분석한 결과, 예상했던 대로 금연 프로그램 실시 후에 흡연율이 낮아졌다는 결과가 나타났다고 가정하자. 그렇다면 이것으로 프로그램과 금연율에 대한 인과관계를 입증할 수 있겠는가? 그렇지 않다. 비록 위의 조사설계에서 인과관계를 설명하기 위한 공변성, 시간적 우선성은 확인할 수 있지만, 외부적인 사건들에 대한 설명을 배제할 수 있는 방법(통제)이 없다. 예를 들어 금연 프로그램이 진행되는 동안 다른 일들, 즉 국가적 차원의 대대적인 금연 캠페인이나 담배가격 인상이 있었을 수도 있고, 유명 연예인이 흡연으로 사망한 사건 등이 발생하여 금연에 영향을 미칠 수도 있다. 어떤 것이 되었든 이런 사건들의 가능성에 따른 설명을 이 조사설계에서는 배제해 낼 방법이 없다.

단지 변화가 있었다는 것만으로 다른 요인들을 도외시하고 오직 프로그램 때문만이라고 주장하는 것은 잘못이다. 실제로 많은 사회복지 프로그램들의 효과성 논의들에서 이런 잘

못들이 되풀이되고 있다. 그 결과 프로그램의 효과성, 즉 프로그램이라는 원인이 금연율 증진이라는 결과를 초래했다는 인과관계에 대한 입증은 그만큼 약화될 수밖에 없을 것이다. 비록 통제의 효과를 보여주기에 적절한 조사설계를 계획하기가 어렵다는 현실적인 이유가 있겠지만, 무지나 의도적인 이유에서 이런 형태의 조사설계로 효과성을 입증하려는 것은 잘못이다(김영종, 2008).

② 성숙효과(성장, 시간의 경과)

인간은 고정되어 있지 않으며, 시간이 경과함에 따라 자연적으로 성숙(maturation)하는 측면들이 많은데, 이러한 자연적인 성장들이 마치 서비스나 실험적 개입의 효과인 것처럼 여기는 경우들이 많다. 즉, 성숙효과란 연구기간 중에 발생하는 조사대상자의 신체적·심리적·인구통계적·사회적 발달 혹은 변화로 인해 종속변수에 영향을 미치는 결과를 말한다. 종속변수의 변화는 어떤 특별한 일 때문이 아니라 '그 시기의 특성상' 혹은 '시간이 어느 정도 흘렀기 때문에' 발생한 것으로 의심되는 경우를 말한다.

예를 들어, 초등학생을 대상으로 한 농구교실 프로그램이 아동의 신장에 미치는 효과를 연구했다면, 농구교실이 아동의 성장에 미치는 효과도 있지만 연구기간 동안 아동의 자연성장의 결과일 수도 있다. 또 다른 예로 노인병원 장기입원 환자를 대상으로 1년 동안 신체적·정서적 건강증진 프로그램을 실시하여 효과성을 알아보기 위한 조사를 한다고 하자. 동일한 대상을 조사한 결과 노인들의 1년 전 건강상태와 1년 후의 건강상태에 변화가 없었다면, 이 경우 프로그램의 효과가 없다고 단정할 수 있을까? 노인들의 경우 고령에 따른 자연스러운 건강악화(퇴행)라는 성숙효과를 감안한다면, 오히려 이 프로그램은 효과성이 있었다고 할 수도 있다.

성숙의 정도는 실험기간에 의해서도 많은 영향을 받지만, 조사대상자가 놓인 실험적 상황에 따라 순간적으로 그 특성이 변화될 수 있다. 이로 인해 조사결과는 상당히 달라질 수 있으므로 조사기간이 짧다고 이를 무시해서도 안 되고, 특히 길다면 반드시 고려해야 한다. 이처럼 시간적 경과나 자연적인 성숙효과 등이 조사연구에서 의도하는 변수 간 인과관계의 설명에 개입할 수 있으므로, 조사설계에서 이를 적절하게 통제하는 것이 필요하다.

③ 검사효과(테스트 요인, 측정효과, 시험효과)

검사효과(testing effect)는 두 번 이상의 검사를 실시하는 조사연구들에서 나타나는 현상이다. 즉, 독립변수의 개입 여부와 관계없이 사전검사가 사후검사에 영향을 미치게 되어 종속변수의 변화를 초래하는 것을 검사효과 혹은 시험효과라고 한다. 첫 번째 측정 결과로 인해 두 번째 측정에서는 조사대상자가 더욱 익숙해지고, 경우에 따라서는 향상된 결과를 초래할 수도 있다. 일반적으로 사전검사와 사후검사 사이의 간격이 작을수록 검사효과가 더 크게 개입될 수 있다.

예를 들어, 동일한 IQ검사를 2회 실시하였을 때 두 번째 검사점수가 첫 번째 검사점수에 비해 높아지기 쉽다. 이는 피실험자들의 첫 번째 IQ검사에 대한 기억들이 두 번째 IQ검사에 작용할 수 있기 때문이다. 이렇듯 검사효과가 작용한다면, 과연 얼마만큼이 순수하게 프로그램에 의한 효과인지를 구분해 내기가 어렵게 된다. 따라서 내적 타당도를 높이려면 조사설계가 검사효과를 적절히 통제할 수 있어야 한다.

검사효과(testing)를 통제하는 세 가지 방법

- 서로 다른 도구로 사전·사후검사를 실시하는 방법: 이 경우 검사효과는 통제되지만 도구효과가 발생하는 문제가 있다.
- 사전검사 없이 사후검사만 한 번 실시하는 방법: 통제집단 사후검사 설계가 여기에 해당된다.
- 동일도구로 사전·사후검사를 실시하는 집단(집단A)과 사후검사만 실시하는 집단(집단B)의 점수를 비교하여 검사효과가 어느 정도로 작용했는지를 계산한 후 집단 A의 종속변수 변화량에서 그만큼을 제거하는 방법: 솔로몬 4집단 설계가 여기에 해당한다.

④ 도구효과

동일한 검사를 반복해서 실시했을 경우에 나타나는 문제가 검사효과인 데 비해, 도구효과(instrumentation effect)는 사전-사후의 검사에 있어서 조사도구가 바뀌거나 측정도구 자체가 신뢰도가 낮아 같은 응답항목이라도 전후 조사에서 다르게 응답할 때 발생하는 내적 타당도 저해요인이다.

예를 들어, 검사효과를 우려하여 사전·사후검사를 각기 다른 종류의 우울증 검사 도구를 선택하였다고 하자. 사전·사후검사 결과 우울증 점수가 차이를 보였다면, 과연 그 차이가 측정도구가 다르기 때문인지 아니면 개입(프로그램)의 효과성으로 인한 것인지를 구분하기가 힘들다. 따라서 종속변수의 변화가 있더라도 이것이 독립변수의 영향인지를 명확하게 구분하기가 어렵다.

⑤ 통계적 회귀

실험대상 집단을 잘못 선정하여 측정하고자 하는 종속변수의 수준이 아주 높거나 아주 낮은 상태에 있다면, 독립변수의 영향을 정확히 측정하기 어려운 경우가 나타날 수 있다. 즉, 실험집단을 평균치보다 지나치게 낮은 수준의 사람들을 대상으로 선정하여 프로그램이나 연구개입을 실시한다면, 그 측정결과는 프로그램의 효과에 관계없이 사전검사(프로그램 실시 전의 상태)보다 사후검사(프로그램 실시 후의 상태)의 측정결과가 더 높게 나타나게 된다.

이는 통계학에서 흔히 말하는 평균 회귀의 원칙, 즉 같은 현상을 몇 번 측정하면 그 값들이 평균치로 수렴하려는 특성으로 설명할 수 있다. 사전검사에서 극단적으로 높은 점수를 보인 조사대상자들이 사후검사에서는 점수가 낮아지고, 반대로 극단적으로 낮은 점수를 보인 조사대상자들이 사후검사에서는 점수가 높아지는 경향을 말한다. 즉, 측정치의 값들이 평균치로 돌아오려는 특성을 통계적 회귀(statistical regression)라고 한다. 예를 들어, 한 중학교에서 영어성적이 매우 낮은 학생들을 대상으로 '방과후 영어 프로그램'을 실시하여 사전·사후검사를 할 경우, 사전검사보다는 사후검사의 성적이 높게 나타나기 쉽다. 학업성적의 향상은 프로그램 실시의 효과일 수도 있지만, 더 이상 학업성적이 낮아질 수 없는 학업부진 학생을 실험집단으로 삼았기 때문이다.

이처럼 통계적 회귀의 성향은 프로그램 개입과 관련한 인과관계를 흐리게 한다. 따라서 특히 정상치에서 심하게 벗어난 인구 집단을 대상으로 하는 서비스나 프로그램들에서는 그것들의 효과를 밝히는 데 있어서 통계적 회귀의 성향을 배제할 수 있는 적절한 조사설계를 갖추는 것이 필요하다.

⑥ 실험대상자 상실(탈락)

실험대상자의 상실(experimental mortality)은 실험조사설계에서 종종 나타나는 문제들이다. 실험대상자들은 이사, 사망, 질병, 싫증 등 여러 가지 이유로 실험 도중에 그만둘 수 있다. 실험에서 중도 탈락하는 사람들은 나름대로 특성들을 가지고 있으며, 그것을 배제한 상태에서 사전시험과 사후시험의 결과를 비교하는 것은 문제가 된다.

예를 들어, 노인을 대상으로 우울증 완화 프로그램을 실시하여 그 효과성을 알아보려고 한다. 조사대상 노인 20명에게 프로그램 실시 전 우울증 검사를 실시하고 15회 프로그램을 실시하였다. 프로그램 실시 도중에 5명의 노인은 도중 탈락하고 15명만 끝까지 프로그램에 참여하였다. 프로그램을 이수한 15명에게 우울증 검사를 하여 프로그램에 대한 효과를 입증할 수 있는가? 만약 5명의 노인들이 프로그램 참여를 통해 자신의 우울증 문제가 전혀 개선되지 않는다고 생각해서 중도에 프로그램 참여를 중단했다면, 사전검사보다 사후검사의 결과가 낮게 나타나 우울증이 완화된 것으로 나타날 가능성이 크다. 왜냐하면 사후검사에서는 프로그램이 효과가 있다고 느끼는 노인들만 남을 수도 있기 때문이다.

이처럼 실험 도중 탈락 효과는 원인과 결과변수 사이의 인과관계를 밝히는 데 중요한 장애 요인으로 작용할 수 있다. 실험에 잔류한 사람들과 탈락한 사람들의 특성을 적절하게 선별해 내는 방법이 없다면, 실험조사설계에서는 이러한 효과들이 인과관계를 어지럽히는 역할을 한다.

⑦ 선택과의 상호작용

선택과의 상호작용이란 내적 타당도를 저해하는 내재적 요인들이 외재적 요인인 편향된 선별 문제와 상호작용을 일으켜 내적 타당도를 위협하는 것을 말한다. 선택과의 상호작용 요인은 다음과 같이 두 가지로 구분할 수 있다.

첫째, 선택과 외부 사건(역사)의 상호작용이다. 즉, 실험집단의 효과가 연구대상자의 선택과 역사가 상호작용하여 다른 결과를 초래한 경우이다. 예를 들어, 국민기초생활수급자를 대상으로 직업훈련 프로그램을 실시하였는데 취업효과(종속변수)가 미미하게 나타났다. 나중에 그 이유를 분석한 결과 해당 지역이 불경기에 직면하고 있었다. 따라서 직업훈련 프로그램이 효과가 없는지, 아니면 직업훈련 프로그램은 효과가 있는데 선택과 역사(지역의 불경기)가 상호작용하여 그런 결과가 나타났는지 구별하기 어렵다.

둘째로 선택과 시간적 경과(성숙효과)의 상호작용이다. 아동들 가운데 남아를 통제집단으로 여아를 실험집단으로 구분하여 영어 프로그램을 실시한 후, 사후검사를 하였더니 남아보다 여아가 효과가 더 높게 나타났다. 그래서 영어 프로그램은 여아에게 더 효과적이라고 결론을 내렸다. 그러나 아동기에 남아보다 여아가 인지발달 속도가 빨라서 그런 결과가 나타났는지 아니면 여아에게 프로그램이 효과적인지 구별하기 어렵다.

⑧ 인과적 시간-순서(인과관계 방향의 모호성)

인과적 시간-순서(causal time-order)가 적절히 통제되지 않는다는 것은 시간적 우선성이 불확실하다는 것을 의미하는데, 이는 인과관계에 대한 설명을 곤란하게 만든다. 즉, 독립변수와 종속변수 간에 어느 것이 원인인지 불확실해서 인과관계의 방향을 결정하기가 곤란한 경우가 있다.

예를 들어, 약물남용 치료 프로그램을 마친 클라이언트가 중도에 포기한 클라이언트보다 약물남용을 할 가능성이 작다는 것을 발견했다. 이때 치료 프로그램을 완수해서 약물남용을 하지 않는지, 약물을 남용하지 않기 때문에 치료 프로그램을 완수했는지 인과관계의 방향이 모호할 수 있다.

특히 시간적인 우선성을 경험적으로 보여줄 수 없는 비실험적인 조사설계에서는 상관관계 조사설계 같은 것들이 대표적이다. 이러한 조사에서는 독립변수와 종속변수로 추정되는 모든 변수들을 일시에 수집하므로, 직접적인 경험에 의한 시간적 우선성 확인은 불가능하다.

원인변수와 결과변수 사이의 인과관계 방향을 결정하기가 곤란할 때가 많다. 인과관계의 설명을 위해서는 최소한 시간적 우선성에 대한 경험적 근거를 제시할 수 있어야 한다. 그것 없이는 인과관계를 뒤집는 대립 설명의 가능성이 언제나 열려 있기 때문이다. 이처럼 인과적 시간-순서가 통제되지 않은 조사설계는 인과관계의 입증이 어렵고, 내적 타당도는 낮아진다.

⑨ 개입(치료)의 확산 혹은 모방(diffusion or imitation of treatment)

분리된 집단들을 비교하는 조사에서 적절한 통제가 부재할 경우 종종 나타나는 문제이다. 실험집단에 실시되었던 프로그램이나 특정한 자극들에 의해서 실험집단의 사람들이 효과를 얻게 되고, 그 효과들이 다른 집단의 사람들(통제집단)에게 전파될 수 있다. 이 경우에 실험집단에서 나타났던 효과를 통제집단과의 비교를 통해 알아보고자 했다면, 개입 효과의 확산으로 인해 통제집단도 이미 실험집단의 성격을 띠고 있기 때문에 비교가 어렵게 된다.

이 경우에는 모방이나 확산 효과를 우선적으로 의심해 볼 필요가 있다. 따라서 모방이나 확산 효과(diffusion or imitation of treatment)란 피실험자들 간의 상호작용이나 모방으로 인해서 처음에 의도했던 집단 간의 차이가 불분명해지게 되는 것을 말한다(김영종, 2008).

예를 들어, 한 노인복지관에서 색다른 인지기능 증진 프로그램을 개발하여 이를 몇 년 간에 걸쳐 실시하였다. 최근에 이 프로그램의 효과성을 알아보기 위해 다른 노인복지관의 노인집단과 비교해 보았는데, 조사결과 다른 노인복지관의 노인들과 별 차이가 없는 것으로 나타났다. 이때 다른 노인복지관들도 새로운 프로그램을 뒤따라 도입해서 확산 또는 모방의 효과로 두 집단의 차이가 줄어들었을 가능성이 크다.

(2) 외적 요인

앞서 살펴본 내적 요인들은 실험을 진행하는 도중에 발생하여 내적 타당도를 저해하는 요인이다. 반면에 외적 요인은 실험연구 설계의 실행과정과 관계없이 발생하는 요인으로 실험을 시작하기 전 실험대상자를 실험집단과 통제집단으로 나눌 때 발생하는 내적 타당도 저해요인이다. 즉, 실험 실행 이전에 실험집단과 통제집단으로 나눌 때 발생한다. 내적 타당도를 저해하는 외적 요인에는 편향된 선별이 있다.

① 편향된 선별(선택의 편이)

편향된 선별(selection bias)은 집단들의 비교에서 종종 발생하는 내적 타당도 저해요인이다. 이는 조사설계의 과정과 관계없는 요인으로 실험을 시작하기 전 실험대상자를 실험집단과 통제집단으로 나눌 때 발생한다. 즉, 프로그램 실시 후에 실험집단과 통제집단의 결과를 측정해 본 결과 차이가 발생한 경우, 그 차이가 프로그램의 영향에 의한 것일 수도 있으나 어떤 경우에는 프로그램 시작 전부터 두 집단이 이질적이었기 때문에 차이가 발생할 수도 있다. 이처럼 통제집단과 실험집단의 최초의 상태가 상이함으로써 실험효과의 왜곡현상이 나타날 수도 있는데, 이를 표본의 편향된 선별이라고 한다. 즉, 실험집단과 통제집단이 동질적으로 구성되지 못하고 특정 속성이 어느 한 집단으로 편향되도록 구성(예: 실험집단은 여학생들로, 통제집단은 남학생들로 구성)되는 것이다. 표본의 편향된 선별에 의한 내적 타당도를 방지하기 위해서는 무엇보다도 무작위적인 표본추출과 집단배정이 이루어져야 한다.

예를 들어, 대학생들의 자원봉사 참여도를 높이기 위한 프로그램 효과성을 알아보기 위해 프로그램 참여집단과 비참여집단을 대상으로 자원봉사 인식도를 비교해 보았다고 가정해 보자. 그 결과 프로그램에 참여했던 대학생들이 자원봉사 인식도가 높았다고 할 때, 그것이 과연 프로그램의 효과라고 할 수 있는가? 이 사례는 최초의 집단이 이미 비교될 수 없는 집단이라고 할 수 있다. 자원봉사 프로그램에 참여한 대학생들은 이미 자원봉사에 대한 관심이 높고 활동에 긍정적인 태도를 가졌을 가능성이 크기 때문이다.

이처럼 유사하지 않은 성격을 가진 집단들을 대상으로 서비스의 효과를 측정하려고 할 때, 이러한 성향들이 나타난다. 비교되는 집단들이 '비교될 수 없는' 성격을 가졌을 때, 이들을 서로 비교하는 것은 별 의미가 없다. 집단 간 비교를 시도하는 연구에서는 이러한 편향된 선별에 따른 효과를 얼마나 통제할 수 있는지가 조사설계의 내적 타당도에 큰 영향을 미친다.

3) 내적 타당도를 높이는 방법

지금까지 조사설계의 내적 타당도를 저해하는 요인들에 대해 살펴보았다. 이러한 요인들은 일상적인 사고로는 쉽게 파악되지 않으므로, 내적 타당도를 높이기 위해서는 내적 타당도 저해요인들이 실험 과정에 개입되지 않도록 적절히 통제해야 한다.

(1) 내적 요인 통제방법

내적 타당도를 저해하는 내적 요인들은 대부분 실험집단과 병행해서 통제집단을 설정함으로써 제거할 수 있다. 통제집단을 실험집단과 유사한 속성으로 무작위화(무작위 할당)하면 내적 요인의 영향을 두 집단이 비슷하게 받기 때문에 역사, 성장, 검사, 도구, 통계적 회귀 등의 영향도 같은 정도로 받게 된다.

(2) 외적 요인 통제방법

내적 타당도를 저해하는 외적 요인들은 무작위 할당, 배합, 혹은 사후에 통계적으로 통제하는 방법 등을 통해 제거(통제)할 수 있다.

① 무작위 할당(random assignment)/무작위화(randomization)

무작위화 할당(무작위화)은 연구대상자들을 실험집단과 통제집단에 무작위로 배정하는 방법이다. 이 방법은 실험집단과 통제집단 사이의 이질성을 줄여, 즉 동질성을 높임으로써 독립변수 이외의 다른 외생변수의 영향력을 유사하게 만드는 것으로 사회과학에서 외생변수를 가장 효과적으로 통제하는 방법이다. 무작위적으로 표본을 추출하고 배정할 때 표본의 크기가 크면 클수록 두 집단은 더 유사해진다.

② 배합/짝짓기(matching)

연구주제에 영향을 미칠 것으로 여겨지는 속성을 실험집단과 통제집단에 동일하게 만드는 방법으로 일명 짝짓기 혹은 배합(matching)이라고 부른다. 이것은 종속변수에 영향을 미칠 수 있는 외생변수를 알고 있는 경우에 사용할 수 있는 방법이다. 실험집단과 통제집단에 같은 외생변수가 작용하도록 하거나 동등한 외생변수가 이미 작용하고 있는 집단을 대상으로 선정하여 실험집단과 통제집단이 실험변수를 제외하고는 모든 면에서 같게 만드는 방법이다.

예를 들어, 연구대상이 중학생 10명, 고등학생 10명이라고 하자. 중학생은 남학생 4명, 여학생 6명, 고등학생은 남학생 6명, 여학생이 4명이다. 연구대상 20명 전체를 무작위 할당(무작위화)으로 실험집단과 통제집단으로 나눌 수도 있지만, '중·고생', '남·녀'라는 속성이 보다 고르게 분포하기 위해서는 [그림 5-1]과 같이 연구와 관련 있는 특성들로 구성한 할당행렬(quota matrix)을 만들고 각 특성이 동일한 사람들을 무작위로 두 집단에 배정한다.

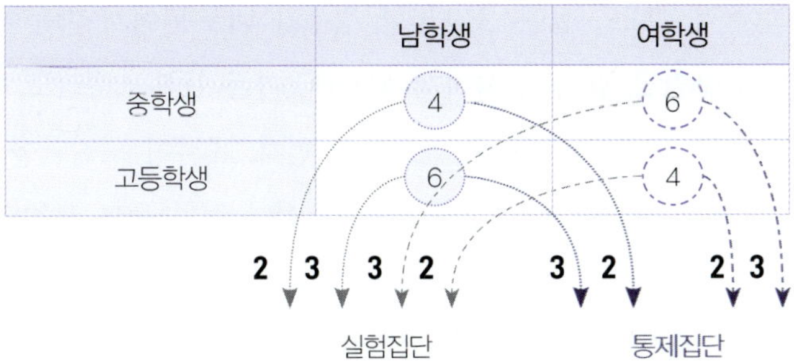

[그림 5-1] 할당행렬에 의한 배합(matching)

③ 통계적 통제(statistical control)

앞서 살펴본 두 가지 방법이 외생변수가 개입할 수 있는 소지를 미리 예방하는 사전적인 조치라면, 이 방법은 실험이 끝난 후 통계적인 여러 기법을 통해서 외생변수의 개입을 막는 일종의 사후통제 방법이다. 즉, 통제해야 할 변수들을 독립변수로 간주하여 조사설계에 포함하고, 실험을 실시한 후 통계적으로 그 영향을 통제한다.

4) 외적 타당도 저해요인

외적 타당도란 표본에서 얻어진 연구의 결과를 두고 연구조건을 넘어선 환경이나 다른 집단들에까지 확대해석하거나 일반화할 수 있는 정도를 말한다. 내적 타당도가 표본자료에 한정시켜 결과를 해석하는 것이라면, 외적 타당도는 표본자료의 결과가 얼마만큼 일반화될 수 있는 것인지를 다루는 것이다. 연구자료의 내적 타당도가 높다고 해서, 그것이 저절로 일반화될 수 있는지를 결정하는 것은 아니다. 내적 타당도는 외적 타당도를 위한 필요조건이지, 충분조건은 되지 않는다. 일반화의 가능성, 즉 표본자료에서 발견된 사실들이 일반적인 환경들에도 적용할 수 있는지를 알아보기 위해서는 외적 타당도를 고려해야 한다. 외적 타당도를 저해하는 요인들은 다음과 같다.

(1) 연구표본, 환경, 절차 등의 대표성

대부분 조사연구의 경우, 모든 연구대상자를 상대로 경험적인 조사를 할 수는 없다. 비용도 문제이지만, 현실적으로도 실현 불가능한 경우가 대부분이기 때문이다. 따라서 전체 연구대상자 중에서 일부만을 뽑아 조사하게 되는데, 이를 표본조사라고 한다. 표본조사에서 발견된 특정한 사실들이 일반화될 수 있으려면 먼저, 표본이 모집단을 적절하게 대표하는 것이어야 한다. 그리고 표본뿐만 아니라 연구환경이나 절차 등도 모집단을 대표할 수 있어야 한다.

예를 들어, 우울증 환자가 있는 가족 가운데 가족환경이 어떠한지 조사하기 위해 제주도의 10개 병원에 입원 중인 환자의 가족을 선별하여 조사하였다면, 이를 대한민국 전체로 확대하여 적용하는 데에는 한계가 있다.

(2) 조사반응성

조사대상자가 자신들이 특정한 조사연구의 대상이 되고 있음을 인식한다면, 그에 따른 반응이 생겨날 것이다. 그 결과 그러한 특정한 인식과 반응을 하게 되는 집단들에서 나타나는 결과들은 그렇지 않은 일반 집단들에게서 나타나는 결과들과는 다를 가능성이 커진다. 이것을 조사반응성(research reactivity) 혹은 호손효과(Hawthorne effect)라고 하는데, 이는 내적 타당도와 외적 타당도를 위협하는 요소이다. 인간이 관찰대상이 되는 대부분의 조사연구에서는 피조사자들이 가지는 이러한 조사반응성의 문제가 조사 결과의 일반화에 많은 지장을 초래한다. 실험적인 환경이나 서베이 조사 환경 등에서 피조사자들은 질문의 의도를 파악하려 하고, 그에 대한 적절한 반응들을 보이려 하게 된다. 이러한 반응들은 자연스러운 상태에서의 반응들이 아니므로, 조사연구의 결과들이 일반화되는 데 문제가 발생하는 것이다.

(3) 플라시보 효과(가실험 효과)

플라시보 효과(placebo effect)는 일명 위약효과라고도 하는데, 약물실험 등에서 종종 문제가 되는 효과이다. 플라시보 효과는 일종의 조사반응성의 효과인데 실제로는 실험처치나 개입이 이루어지지 않았는데도 불구하고 그것을 받은 것과 유사한 효과가 나타나는 경우를 말한다. 이는 조사대상자들이 스스로 조사에 대해 반응하고 있기 때문에 나타나는 것이다.

지금까지 살펴본 조사환경과 표본자료의 대표성이나 혹은 조사대상자들의 조사반응성 등은 표본결과들을 일반화하는 데 문제로서 작용할 수 있는 요소들이다. 따라서 조사설계의 외적 타당도를 높이기 위해서는 이러한 문제의 소지들을 적절하게 통제할 수 있어야 한다.

외적 타당도를 높이기 위해서는 첫째, 확률표집 방법으로 연구대상을 선정하거나 표본의 크기를 크게 하여 표본의 대표성을 확보해야 한다. 둘째, 플라시보 효과가 개입되는 것을 막기 위해 실험참여자에게 조사상황을 알려주지 않거나, 솔로몬 실험집단설계를 해야 한다.

5) 외적 타당도를 높이는 방법

외적 타당도를 높이기 위해서는 확률표집방법으로 연구대상을 선정하거나 표본의 크기를 크게 함으로써 표본의 대표성을 높이거나, 플라시보 효과(가실험효과)를 제거하기 위해 가실험 통제집단 설계 등의 방법을 사용할 수 있다.

(1) 표본의 대표성

선정된 조사대상자가 얼마나 전체 모집단을 잘 대표하느냐의 정도를 표본의 대표성이라고 한다. 가능하면 조사대상을 확률적 표집 또는 무작위 표집으로 선정하는 방식으로 표본의 대표성을 높일 수 있다.

실험조사에서 이 방법을 사용하기에는 큰 비용이 들고 실험참여 거절 등이 발생할 수 있어 실제 적용하는 데 다소 제약이 있다.

(2) 가실험 통제집단 설계

가실험효과가 개입되는 것을 예방하거나 통제하기 위해서는 피실험자에게 조사상황을 미리 알려주지 않거나, 플라시보 통제집단을 설정하여 진위를 파악하는 방법(가실험 통제집단 설계)을 사용할 수 있다.

4 내적 타당도과 외적 타당도의 딜레마

표본집단에서 아주 확실한 인과관계가 발견되었더라도 외적 타당도가 결여되었다면 이 인과관계의 검증은 일반화되지 못하고 특수한 조건에만 한정된다. 따라서 이러한 인과관계의 입증은 일반화된 현상의 설명을 의도하는 과학적 이론에 기여할 수 없다. 내적 타당도를 높이기 위해 조사설계가 각종 인위적인 통제를 실시할 경우, 일반적인 환경조건과 동떨어지게 되어 외적 타당도는 오히려 저해되는 결과를 초래할 수도 있다.

어떤 조사설계가 내적 타당도가 높다고 해서 외적 타당도가 저절로 높아지는 것은 아니다. 특정 연구조건에서 인과관계가 아무리 높게 나왔더라도, 연구환경 외부에서의 일반화 가능성이 크다는 것과는 별개의 문제이기 때문이다. 따라서 조사설계를 고려할 때에는 내적 타당도과 함께 조사설계의 외적 타당도를 높이려는 노력과 관심이 필요하다.

함께 풀어 봅시다!

1 다음 내용과 관련하여 A 사회복지사가 간과하고 있는 인과관계의 조건은?

> 아동보호전문기관의 A 사회복지사는 지역사회의 아동학대 발생을 줄이기 위해 예방 프로그램을 실시하였다. 프로그램을 시행한 후 지역사회의 아동학대 발생 비율을 조사한 결과, 그 비율이 줄어들었음을 발견하고 예방 프로그램이 효과적이라고 판단하였다.

① 공변성 ② 논리성
③ 간결성 ④ 통제성
⑤ 시간적 우선성

2 조사설계의 내적 타당도에 관한 설명으로 <u>옳지 않은</u> 것은?

① 내적 타당도의 핵심이 '인과관계'라면, 외적 타당도의 핵심은 '일반화'이다.
② 검사효과는 동일한 측정도구를 사용하여 두 번 이상 검사를 실시하는 경우 나타난다.
③ 조사기간이 길수록 우연한 사건이라는 내적 타당도 저해요인의 영향을 받는다.
④ 연구대상자들을 실험집단 및 통제집단에 무작위로 배치하여 내적 타당도 저해요인을 통제할 수 있다.
⑤ 내적 타당도를 높이기 위해서는 표본의 대표성을 높이는 것이 가장 중요하다.

정답 및 해설

1. ④
▶▶ 인과관계의 3대 조건은 공변성, 시간적 우선성, 외생변수의 통제이다. 두 변수 간 인과관계를 규명할 때 두 변수 간 관계에 영향을 미칠 수 있는 제3의 변수(외생변수)를 통제했는가의 문제는 통제성 조건에 관한 것이다. 이 사례의 경우, 해당 지역의 아동학대 발생 비율에 영향을 주었을 다른 변수는 그 어떤 것도 통제하지 않았으므로 인과관계의 3대 조건 중 통제성을 간과하고 있다.

2. ⑤
▶▶ 표본의 대표성을 높이는 것은 외적 타당도(일반화)를 높이는 방법에 해당한다. 내적 타당도를 높이기 위한 방법으로는 무작위 할당, 배합(짝짓기), 통계적 통제 등이 있다.

3 다음 연구의 내적 타당도에 영향을 미칠 수 있는 요인은?

> 아동학대 예방을 위한 부모교육의 효과성 검증을 위해 아동보호전문기관을 통해 교육참여를 희망하는 부모를 모집하고 교육을 실시하였다. 교육종료 후 1년 동안, 교육을 받은 부모집단과 받지 않은 부모집단에서 아동학대 사례로 확인된 부모의 비율을 조사하였다.

① 통계적 회귀　② 편향된 집단선택
③ 반복된 검사　④ 동시타당도
⑤ 인과관계 방향의 모호함

❷
▶▶ 편향된 집단선택은 조사대상을 실험집단과 통제집단으로 나눌 때 종속변수에 영향을 미칠 수 있는 요인이 어느 한 집단으로 편향되는 경우를 말한다. 보기의 내용은 실험집단에 교육참여를 희망하는 부모를 배치하면 아동학대 예방에 의지나 적극성이 더 높은 사람들이 편향되어 있으므로 내적 타당도의 문제를 야기한다.

4 외적 타당도에 관한 설명으로 옳지 않은 것은?

① 연구환경과 절차 등이 모집단의 일반적인 상황과 동떨어질 경우 외적 타당도가 낮아질 수 있다.
② 연구대상자가 자신이 연구대상임을 의식하여 평소와는 다른 행동을 하는 경우 외적 타당도가 저해될 수 있다.
③ 예외적인 실험상황에서 나온 결과를 일반화하는 데 한계가 있다.
④ 외적 타당도는 표본의 대표성을 향상함으로써 높일 수 있다.
⑤ 실험대상자들이 여러 가지 이유로 실험 도중 그만두는 경우가 생기면 외적 타당도가 저해될 수 있다.

❺
▶▶ 중도탈락의 경우 내적 타당도 저해요인에 해당한다.

5 외적 타당도의 저해요인으로 옳은 것을 모두 고른 것은?

> ㄱ. 연구환경과 절차가 일반적인 상황과 동떨어지면 외적 타당도가 떨어진다.
> ㄴ. 표본의 대표성이 떨어지면 외적 타당도가 떨어진다.
> ㄷ. 가실험효과가 발생하는 경우 외적 타당도가 떨어진다.
> ㄹ. 조사대상자가 자신이 실험에 참여하고 있다는 것을 의식하면 외적 타당도가 떨어진다.

① ㄱ　② ㄴ　③ ㄷ, ㄹ
④ ㄱ, ㄴ, ㄷ　⑤ ㄱ, ㄴ, ㄷ, ㄹ

❺
▶▶ 외적 타당도 저해요인으로는 연구환경과 절차, 표본의 대표성, 가실험효과(플라시보 효과), 실험조사에 대한 반응성이 있다.

Research Methods for Social Welfare

06 CHAPTER

조사설계의 유형

CONTENTS

1. 실험설계의 의의
2. 순수실험설계
3. 유사실험설계
4. 전실험설계
5. 비실험설계

연구문제가 선정되고 가설을 설정한 후에는 가설을 검증하기 위한 방법을 계획해야 하며, 이를 조사설계라고 한다. 조사설계에서 가장 중요한 것은 연구대상이 되는 변수를 조작하는 것과 가설에 표현된 변수 외의 제3의 변수를 통제함으로써 검증하고자 하는 인과관계를 명확히 확인하는 것이다. 인과관계를 가장 정확히 확인하는 방법이 실험으로, 조사설계의 유형은 얼마나 실험에 가까운 방식으로 조사설계를 하는지에 따라 구분된다.

이 장에서는 실험설계의 개념과 특성 및 실험의 기본 요소를 살펴보고, 실험의 기본 요소를 충족하는 정도에 따라 분류되는 실험조사설계의 유형의 특성과 세부유형을 구체적으로 학습하고자 한다.

CHAPTER

06 조사설계의 유형

학/습/목/표
- 실험의 개념과 실험의 기본 요소에 대해 이해할 수 있다.
- 순수실험설계의 종류를 구분하여 간략히 설명할 수 있다.
- 유사실험설계의 종류를 구분하여 간략히 설명할 수 있다.
- 전실험설계와 비실험설계를 이해하고 연구방법의 차이점을 설명할 수 있다.

1 실험설계의 의의

1) 실험설계의 개념

사회과학에서의 실험은 자연과학에서의 실험의 원리를 도입하여 사회현상에 대한 인과관계를 과학적으로 탐구하고자 하는 조사방법이다(이창희 외, 2007). 이러한 사회과학의 실험은 자연과학과 같은 실험실 환경보다는 기관 또는 생활환경에서 진행되는 경우가 많다.

실험설계(experimental design)는 내적 타당도에 대한 위협을 최대한 통제하여 변수 간의 인과관계를 검증하고자 하는 조사설계이다. 따라서 인과관계를 추정하거나 다른 상황에까지 결과를 일반화시키는 데 한계를 가진다(Rubin & Babbie, 20053; 황성동, 2016). 실험설계는 사회복지실천 현장에서 제공하는 프로그램이나 서비스의 효과성을 객관적으로 평가할 때 사용한다.

[그림 6-1]은 기본적인 실험설계의 진행과정을 도식화한 것이다. 실험설계의 진행절차는 먼저 일반적으로 실험설계는 두 개의 집단, 즉 실험집단과 통제집단을 동질적으로 구성한 후 실험자극이 되는 프로그램을 두 집단 중 인과관계를 검증하기 위해 설정한 실험집단에만 개입을 진행시키고, 제3의 변수를 통제하기 위해 설정한 통제집단에는 개입을 시키지 않

는다. 그리고 연구문제에서 규정한 문제행동이나 현상이 되는 종속변수에 대해 개입 전과 후에 측정을 하여 두 집단에서 나타난 결과를 비교하게 된다.

[그림 6-1] 기본적인 실험설계의 도식

출처: Rubin & Babbie(2005), 사회복지조사방법론, 성숙진 외 역, p.333.

2) 실험설계의 기본요소

실험설계는 변수 간의 인과관계를 규명하기 위해 주로 사용하는 방법이다. 일반적으로 실험설계는 다음의 기본요소를 통해 내적 타당도를 저해하는 요인들을 상당부분 통제할 때 종속변수의 변화가 독립변수로 인해 발생했다는 것을 확신할 수 있다.

(1) 독립변수의 조작

독립변수를 조작한다는 의미는 연구의 초점이 되는 현상 가운데 원인이 되는 변수인 독립변수를 연구자가 인위적으로 한 집단에는 개입시키고 나머지 한 집단에는 개입시키지 않는다는 것이다(이창희 외, 2007; 황성동, 2016).

실험설계에서 독립변수는 현상을 변화시킬 수 있도록 실시하는 프로그램이나 서비스 등으로 개입(intervention) 혹은 실험처치(experimental treatment)라고 한다. 또한 종속변수는 실험조건을 통해 변화를 확인하고자 하는 대상자의 행위나 태도, 심리적·정서적·사회적 상태, 사회현상 등이 해당된다. 예를 들어, 자원봉사 교육 프로그램이 청소년의 공동체 의식에 어떤 영향을 미치는지 알아보기 위해 학생들을 무작위 배정을 통해 실험집단과 통제집단에 배정한 후 실험집단에는 교육프로그램을 실시하고 통제집단에는 교육프로그램을 실시하지 않고 두 집단의 공동체 의식의 변화를 확인하였다면 교육프로그램이 독립변수가 되며 공동체 의식이 종속변수가 된다. 실험설계에서 독립변수를 조작하여 의도적으로 하나의 집단에만 독립변수를 개입시키는 이유는 설정한 두 집단 중 하나의 집단에만 프로그램을 실시하고 나머지 한 집단에는 실시를 하지 않은 채 사전과 사후에 변화하는 종속변수를 비교한다면 보다 명확한 인과관계를 확인할 수 있기 때문이다. 또한 원인이 되는 독립변수가 종속변수의 변화를 유발시킨다면 인과관계의 기본 전제인 시간적 우선성을 확인할 수 있게 된다.

(2) 외생변수의 통제

실험설계가 다른 연구 설계와 결정적으로 차이 나는 부분은 통제 능력에 있다. 다른 연구 설계에서는 대개 외부 변수들이 종속변수에 미치는 효과를 분리해 내기 힘들다. 독립변수(실험개입, 프로그램)가 종속변수에 미치는 영향을 평가하려면 독립 변수만의 효과를 보아야 하는데, 다른 외부 변수들에 대한 통제가 적절히 이루어지지 못하면 성취되기 힘들다.

외생변수는 독립변수와 종속변수의 인과관계를 방해하는 변수를 말한다. 실험설계에서는 한 집단에만 독립변수를 개입시키는 조작을 통해서 전후 결과를 비교하여 조작된 변수의 영향력을 확인하는 방법도 있지만, 종속변수가 독립변수에 의해 변화되었는지를 비교하고자 하는 목적으로 통제집단을 설정한다(황성동, 2016).

(3) 무작위 배정

실험집단과 통제집단을 비교한다는 것은 통제집단의 경우 실험집단이 자극에 노출되지 않았을 때의 상태를 나타낸다는 것을 전제한다(Rubin & Babbie, 2005). 이러한 조건을 만들기 위한 방법이 무작위 배정(random assignments)이다. 무작위 배정은 집단 간 비교를 위해 두 집단의 조건을 처음부터 동일하게 선정하는 것이다(원석조, 2017).

무작위 배정은 실험의 내적 타당도를 증가시키기 위한 도구이다(Rubin & Babbie, 2005). 즉, 연구대상이 모집단을 대표하도록 하는 것보다는 실험에 참여하는 대상자들이 실험집단과 통제집단에 들어갈 확률을 동일하게 만들어 주는 것을 의미한다.

예를 들어, 연구자가 연구대상을 어느 집단으로 할당할 것인지를 결정할 때, 두 가지 색깔의 공을 보이지 않는 통에 넣어 선택하게 하거나 번호표를 부여하고 제비뽑기를 통해 홀수와 짝수로 구분하여 두 집단으로 할당하는 방법이 있을 것이다. 참여자의 수가 적은 실험의 경우 사다리 타기 등을 통해 집단을 구분하는 방법도 무작위화를 통한 배정에 속한다.

이상에서 살펴본 실험의 기본요소를 어느 정도 충족하는지에 따라 실험의 유형은 순수실험설계(pour experimental design), 유사실험설계(quasi-experimental design), 전실험설계(pre-experimental design)로 구분된다. 반면 실험설계를 적용할 수 없는 사회현상이나 문제에 대한 분석이나 설명적 조사가 수행되어야 하는 경우가 있다. 이러한 경우 비실험설계(non-experimental design)를 활용하여 조사가 이루어진다.

3) 사회복지 분야에서 예상되는 실험의 한계

첫째, 실험설계는 가능한 한 다른 변수들의 영향을 통제한 상태에서 독립변수와 종속변수의 인과관계를 검증하는 데 유리하여 높은 내적 타당도를 갖고 있지만, 엄격한 통제의 조건을 갖추어야 하는 조건의 인위성 때문에 외적 타당도를 낮추는 결과로 나타난다.

둘째, 사회복지 분야에서는 프로그램 효과성을 검증하기 위해 실험설계의 형태를 적용하는 경우가 많이 있다. 이 경우 통제집단의 유지에 대한 윤리적 문제가 제기될 수 있다.

셋째, 사회복지조사는 인간을 대상으로 하기 때문에 독립변수를 조작하는 것에 어려움이 존재한다. 예를 들어, 이혼이 아동정서에 미치는 영향을 검증하기 위해 대상자들을 이혼시킬 수는 없는 것이다. 이처럼 실험을 목적으로 개인의 일상적인 삶에 의도적으로 개입하는 것에 대한 문제와 그 이후에 발생하는 후유증이 예상된다면 실험의 수행은 불가능해진다.

넷째, 대부분의 사회복지실천 현장에서는 프로그램에 참여하고자 신청한 사람이나 특정기관에서 의뢰된 대상자를 중심으로 프로그램을 실시한다. 따라서 실험의 주요 조건인 무작위 배정을 통해 집단을 구성하는 것은 실제 사회복지실천 현장에서는 적용하기 어려운 한계를 가진다.

2 순수실험설계

순수실험설계(pure experimental design)는 진실험설계(true experimental design)라고도 하며, 실험의 기본 요소인 독립변수의 조작, 외생변수의 통제, 무작위 배정을 모두 충족함으로써 실험설계 중 인과관계를 확인할 수 있는 가장 이상적인 방법이다(황성동, 2016). 즉, 연구대상을 무작위 배정으로 실험집단과 통제집단으로 배정하고 독립변수를 실험집단에만 도입하고 통제집단에는 도입하지 않고 두 집단 간 종속변수의 변화를 비교하여 인과관계를 확인하는 것이다(이창희 외, 2007).

순수실험설계는 내적 타당도의 저해요인에 대한 통제가 가능하여 매우 이상적인 설계유형이지만 사회복지실천 현장에서는 독립변수의 조작 등으로 인한 윤리적 측면을 비롯하여 통제집단과 실험집단을 무작위로 배정하는 것의 어려움 등 현실 적용의 한계가 존재한다(황성동, 2016; 원석조, 2017).

1) 통제집단 사전사후검사 설계

통제집단 사전사후검사 설계(control-group pretest-posttest design)는 인과관계 추정을 위한 가장 전형적인 방법으로 연구대상을 실험집단과 통제집단에 무작위로 배치하고 실험집단에 독립변수를 도입하기 전에 양 집단에 사전검사를 실시한다. 다음으로 실험처치 이후 양 집단에 사후검사를 실시하여 두 결과 간의 차이를 비교하는 설계유형이다(Rubin & Babbie, 2005).

통제집단 사전사후검사 설계의 과정은 [그림 6-2]와 같이 이루어진다. 그림 중앙의 실선은 집단 간 확산이 이루어지지 않는다는 것을 의미하며, 실험집단과 통제집단은 무작위로 배정이 됨으로 인해 최초의 상태가 동일한 상태이기 때문에 두 집단 간 교류나 결과의 확산이 통제될 수 있다.

		사전검사	개입	사후검사	
R	실험집단(de)	O_1	X	O_2	$de=O_2-O_1$
					$D=de-dc$
	통제집단(dc)	O_3		O_4	$dc=O_4-O_3$

R: 실험집단과 통제집단을 무작위 배정하는 것
X: 독립변수의 도입(개입)
O: 종속변수의 관찰
D: 독립변수의 영향

[그림 6-2] 통제집단 사전사후검사 설계

위의 도식에서 실험의 효과를 계산하는 방법은 다음과 같다.

① $de=O_2-O_1$: 실험집단의 전·후 검사 점수 차이를 계산한다.

② $dc=O_4-O_3$: 통제집단의 전·후 검사 점수 차이를 계산한다.

③ $Ex=de-dc=(O_2-O_1)-(O_4-O_3)$: 개입의 효과를 계산한다.

이 설계유형은 내적 타당도가 높은 설계유형이나 사전검사에 의한 검사효과가 발생할 수 있어 내적 타당도를 저해할 수 있으며, 상호작용 시험효과로 인해 일반화시키기 어려운 외적 타당도 문제가 발생할 수 있다는 한계를 가진다(황성동, 2016).

예를 들어, 우울감 완화 프로그램에 참여한 대상자가 사전조사 결과, 다른 대상자에 비해 자신의 우울감 점수가 매우 높다는 것을 알았다고 하자. 이후 프로그램에 참여하면서 자신의 우울감 점수를 낮추기 위해 다른 대상자들보다 더 열심히 참여하였으며, 사후검사에서 의식적 반응을 일으켜 우울증 점수가 현저하게 낮아졌다면, 이는 우울증 완화 프로그램의 효과라기보다는 사전검사와 대상자의 반응성이 상호작용을 함으로써 결과에 영향을 미친 것으로 볼 수 있다. 이처럼 대상자의 반응성은 연구결과의 외적 타당도를 저해하는 요인으로 작용하여 일반화 가능성을 낮추게 된다.

2) 통제집단 사후검사 설계

통제집단 사후검사 설계(control-group posttest design)는 통제집단 사전사후검사 설계의 검사효과와 상호작용 시험효과를 배제하기 위해 사전검사를 실시하지 않고 실험집단에 바로 독립변수를 도입한 후, 양 집단에 사후검사를 실시하여 두 결과 간의 차이를 비교하는 설계유형이다. 즉, 실험집단과 통제집단의 유일한 차이는 개입 여부가 되기 때문에 두 집단 간 차이는 개입의 차이라고 볼 수 있다. 예를 들어, 장애인복지관을 이용하는 50명의 장애아동을 무작위 배정으로 25명씩 두 집단으로 구분한 후 실험집단에만 사회적응 프로그램을 5주간 시행한 다음 두 집단 모두 사후검사로 사회적응도를 측정하여 그 결과를 비교하였다. 그 결과 통제집단보다 실험집단의 사회적응도 점수가 높게 나왔다면 이는 독립변수인 사회적응 프로그램 때문으로 해석할 수 있다(조학래, 2020).

이 설계 유형은 두 집단을 무작위 배정함으로 선택의 편의도 통제 가능하여 내적 타당도를 높일 수 있지만, 사전검사를 하지 않음으로 인해 종속변수의 변화를 최초의 상태와 비교할 수 없는 한계를 가진다. 통제집단 사후검사 설계의 과정은 [그림 6-3]과 같이 이루어진다.

		개입	사후검사
R	실험집단(de)	X	O_1
	통제집단(dc)		O_2

[그림 6-3] 통제집단 사후검사 설계

3) 솔로몬 4집단 설계

솔로몬 4집단 설계(solomon four group design)는 통제집단 사전사후검사 설계와 통제집단 사후검사 설계를 혼합한 형태이며, 내적 타당도가 가장 높은 설계유형이다(김영종, 2015). 이 설계방법은 통제집단 사전사후검사 설계에서 발생하는 검사효과, 상호작용 시험효과를 통제집단 사후검사 설계를 혼합하여 적용함으로써 통제할 수 있으며, 기타 외생변수로 인한 효과를 배제하여 개입의 순수한 효과를 검증하는 데 유리한 설계이다(황성동, 2016).

[그림 6-4]에서와 같이 실험대상자들은 4집단으로 무작위 배정되고, 각각의 집단은 각기

다른 경로로 실험이 진행되며, 무작위 배정으로 집단 간 교류는 엄격하게 통제된다. 집단 1과 2는 통제집단 사전사후검사 설계의 방법으로, 집단 3과 4는 통제집단 사후검사 설계의 방법으로 실험이 이루어진 후 각 집단들의 변화를 계산하여 순수한 독립변수의 효과를 검증하고자 한다.

		사전검사	개입	사후검사
	실험집단 1(*de1*)	O_1	X	O_2
	통제집단 1(*dc1*)	O_3		O_4
R	실험집단 2(*de2*)		X	O_5
	통제집단 2(*dc2*)			O_6

[그림 6-4] 솔로몬 4집단 설계

솔로몬 4집단 설계는 사전검사효과를 통제함으로써 내적 타당도와 외적 타당도를 높일 수 있는 설계방법으로서 가장 이상적인 설계방법이다. 하지만 사회복지 현장에서 4개의 집단을 무작위 배정으로 구성하고 실행하는 것에는 현실적으로 어려움이 따른다. 또한 4개의 집단을 운영하고 통제하는 데 있어서 많은 비용이 소요되고 운영하기가 매우 복잡하다는 단점이 있다.

4) 플라시보 통제집단 설계

플라시보 통제집단 설계(placebo control group design)는 플라시보 효과가 강하게 의심되는 실험연구에서 많이 활용되는 설계유형이다. 플라시보 효과(placebo effect)란 특정 상황에 대한 사람들의 믿음으로 인해 나타나는 심리적 반응성을 의미한다. 예를 들어, 위장장애가 있는 환자에게 신빙성 있는 위장장애 신약이 개발되었다고 하고 비타민제를 복용하게 하였다고 하자. 참여한 환자가 비타민을 실제 위장장애를 치료할 수 있는 신약이라고 믿고 일정 기간 복용한 후에는 실제 위장장애 치료약을 복용한 효과와 같은 결과가 나타날 수 있다.

이는 비타민제를 위장장애를 치료할 수 있는 신약이라고 믿는 심리적 반응성으로 인한 효과라는 것이다.

플라시보 통제집단 설계에서는 실험집단과 통제집단에 플라시보 효과를 확인할 수 있는 집단을 하나 더 추가 배치하게 된다. 실험 후 플라시보 통제집단의 결과는 플라시보 효과가 나타난 결과로 본다. [그림 6-5]는 플라시보 통제집단의 검증과정이다.

		개입	사후검사	
	실험집단	X	O_1	실험효과 $E=O_1-O_2$
R	통제집단		O_2	플라시보효과 $E_p=O_3-O_2$
	플라시보 통제집단	X_p	O_3	순수실험효과 $E-E_p=O_1-O_3$

[그림 6-5] 플라시보 통제집단 설계

〈표 6-1〉 순수실험설계의 유형과 특징

유형	무작위 배정	통제 집단	사전 검사	사후 검사	특징
통제집단 사전사후검사 설계	○	○	○	○	• 인과관계를 추정하는 가장 전형적인 방법 • 사전검사를 실시하기 때문에 검사효과와 상호작용 시험효과 발생 가능
통제집단 사후검사 설계	○	○	×	○	• 사전검사를 실시하지 않기 때문에 검사효과와 상호작용 시험효과 발생하지 않음
솔로몬 4집단 설계	○	○	○	○	• 4개 집단으로 구성됨 • 사전검사를 하지 않고 사후검사만 하는 집단 2개, 사전검사와 사후검사를 모두 하는 집단 2개 • 플라시보 효과 통제 가능

3 유사실험설계

유사실험설계(quasi-experimental design)는 실험설계의 기본 요소인 종속변수의 비교, 독립변수의 조작, 외생변수의 통제, 그리고 집단의 무작위 배정 중 한두 가지가 결여된 설계유형이다. 이 설계유형은 무작위 배정이 어려운 경우 대안적인 방법[1]을 통해 통제집단의 효과를 갖도록 하는 설계방법이다(원석조, 2017).

유사실험설계는 실험집단과 통제집단을 구분하지 않음으로 인해 집단 간 동질성을 담보하지 못하기 때문에 내적 타당도를 확보하기 어렵다는 한계를 가지지만 실험에 대한 통제가 비교적 적기 때문에 순수실험설계에 비해 외적 타당도는 높은 편이다. 또한 사회복지 분야에서 무작위 배정을 적용하기 어려운 경우에 대안적 방법으로 활용되고 있다.

1) 시계열 설계

시계열 설계(time-series design)는 통제집단을 두지 않고 실험집단을 대상으로 독립변수를 도입하기 전후에 일정 기간을 두고 몇 차례 종속변수를 측정하여 점수 또는 경향을 조사하는 방법이다(황성동, 2016; 원석조, 2017).

예를 들어, 안전벨트 착용 의무화 정책의 정착을 위해 경찰청에서 안전벨트 착용 의무화에 대한 홍보 및 캠페인과 함께 안전벨트 착용 현황 조사를 주 1회 4주 동안 실시한 후 한 달 동안 안전벨트 미착용에 대한 집중단속을 실시하였다. 이후 주 1회 4주 동안 안전벨트 착용에 대한 조사를 한 결과 안전벨트 착용률이 향상된 것을 확인하였다면 이는 시계열 조사에 해당한다.

시계열 설계는 개입 이전에 변화가 일어나지 않고 개입시점 이후부터 변화가 나타난다는 것을 보여 줌으로써 내적 타당도를 저해하는 일부 요인을 통제한다고 전제한다. 하지만 오랜

1) 유사실험설계에서는 실험집단과 통제집단의 무작위 배정이 곤란할 경우 두 집단이 유사해질 수 있도록 각종 변수들을 통제하는 배합(matching)의 방법을 활용한다. 예를 들어, 연구대상이 중학생 10명, 고등학생 10명 중에서 중학생은 남학생 4명과 여학생 6명이고, 고등학생은 남학생 6명과 여학생 4명인 경우에 배합을 통해서 두 집단으로 구분하고자 한다면, 두 집단에 각각 (중학생 남 2명+여 3명)+(고등학생 남 3명+여 2명)=10명으로 구분하여 배정하는 것이다(Rubin & Babbie, 2005).

조사기간으로 인해 발생할 수 있는 우연한 사건과 반복되는 검사로 인한 측정효과나 도구효과로 내적 타당도를 저해할 수 있다. [그림 6-6]은 시계열 설계의 과정을 도식화한 것이다.

	사전검사	개입	사후검사
단일집단	O_1 O_2 O_3	X	O_4 O_5 O_6

[그림 6-6] 시계열 설계

2) 복수 시계열 설계

복수 시계열 설계(multiple time-series design)는 단순 시계열 설계의 우연한 사건 등에 의한 내적 타당도 문제를 해결하기 위하여 통제집단을 추가한 설계유형으로, 시계열 설계에 비동일 통제집단 설계를 가미한 설계이다(Rubin & Babbie, 2005).

이 설계는 무작위로 배정하는 설계만큼 좋지는 않지만 통제집단과의 비교 없이 시계열 자료를 평가하는 것보다는 개선된 형태라고 볼 수 있다. 따라서 통제집단을 사용함으로써 내적 타당도 저해요인을 크게 감소시킬 수 있지만, 무작위 배정을 하지 않음으로써 실험집단과 통제집단이 이질적일 가능성이 크다는 한계를 가진다. [그림 6-7]은 복수 시계열 설계의 과정을 도식화한 것이다.

	사전검사	개입	사후검사
실험집단(*de*)	O_1 O_2 O_3	X	O_4 O_5 O_6
통제집단(*dc*)	O_7 O_8 O_9		O_{10} O_{11} O_{12}

[그림 6-7] 복수 시계열 설계

3) 비동일 통제집단 설계

비동일 통제집단 설계(non-equivalent control group design)는 순수실험설계의 통제집단 사전사후검사 설계와 유사하지만 무작위 배정을 하지 않은 점에서 차이가 있다. 무작위 배정이 어려운 경우 가능한 범위 내, 즉 배합의 방식 등을 활용하여 실험집단과 통제집단을 유사하게 구성하게 된다(황성동, 2016).

비동일 통제집단 설계는 사회복지 현장에서 프로그램의 효과성을 평가하는 데 많이 활용된다. 그 이유는 사회복지 현장에서 실시하는 프로그램 참여자는 참여하기를 원하는 신청자이거나 특정 기관에서 의뢰가 된 경우가 많고, 사회복지 현장의 현실적인 여건으로 인해 무작위 배정에 의해 집단을 배치하는 데 한계가 있기 때문이다.

이 설계는 연구실행 환경에 비교적 쉽게 적용할 수 있다는 장점이 있지만 무작위 배정이 이루어지지 않아 두 집단의 초기 상태가 동일하지 않을 가능성이 크다. 따라서 이러한 표본의 편중이 [그림 6-8]에서 나타난 실험집단과 통제집단 사이의 점선과 같이 두 집단 간의 교류를 명확하게 통제하지 못하여 실험집단의 결과가 통제집단으로 확산되는 것을 통제하지 못한다. 또한 우연한 사건, 성숙효과 등으로 인해 내적 타당도를 저해할 수 있으며, 사전검사로 인한 상호작용 시험효과로 인해 외적 타당도가 저해될 수 있다(이근석, 2016).

		사전검사	개입	사후검사
임의적 할당	실험집단(*de*)	O_1	X	O_2
	통제집단(*dc*)	O_3		O_4

[그림 6-8] 비동일 통제집단 설계

〈표 6-2〉 유사실험설계의 유형과 특징

유형	무작위 배정	통제집단	사전검사	사후검사	특징
단순 시계열 설계	×	×	○	○	실험처치 전후로 수차례의 사전검사와 사후검사 실시
복수 시계열 설계	×	○	○	○	통제집단이 존재, 무작위 배정 ×, 수차례의 사전검사와 사후검사 실시
비동일 통제집단 설계	×	○	○	○	무작위 배정을 제외하고는 통제집단 사전사후검사 설계와 유사

4 전실험설계

전실험설계(pre-experimental design)는 원시실험설계라고도 하며, 무작위 배정을 하지 않고 조사대상자를 선정하고 통제집단을 갖추지 못하는 상황에서 선택하는 가장 낮은 수준의 설계유형이다(Cambell & Stanley, 1963; 황성동, 2016:).

이 설계는 내적 타당도와 외적 타당도를 거의 통제하지 못하기 때문에 인과적 추론에 한계를 가진다(이근석, 2016). 하지만 이러한 한계에도 불구하고 현실적으로 순수실험설계나 유사실험설계를 활용할 수 없을 때 대안적인 방법으로 활용된다.

전실험설계의 종류에는 일회 사례 설계, 단일집단 사전사후검사 설계, 정태적 집단 비교 설계가 있다.

1) 일회 사례 설계

일회 사례 설계(one-shot case study)는 단일집단에 실험개입을 실시한 후 사후검사에 종속변수를 측정하는 설계유형이다. 예를 들어, 사회적 기능 향상을 위한 프로그램을 전달하고 나서 서비스대상자의 사회적 기능을 측정할 수 있을 것이다.

이 설계는 사전검사를 실시하지 않고 통제집단도 설정하지 않기 때문에 사회적 기능의 수준이 처음보다 얼마나 높아졌는지 또는 서비스를 받지 않은 사람들보다 기능이 높아졌는지 객관적으로 확인할 방법이 전혀 없다. 따라서 선험적 경험이나 전문가의 판단에 의존할 수밖에 없다. 따라서 이 설계의 경우 어떤 내적 타당도도 통제하지 못하기 때문에 인과관계를 검증한다는 것은 불가능하다.

	개입		사후검사
단일집단	X	⟶	O

[그림 6-9] 일회 사례 설계

2) 단일집단 사전사후검사 설계

단일집단 사전사후검사 설계(one-group pretest-posttest design)는 일회 사례 설계에 사전검사를 추가한 것으로서 조사대상자에게 사전검사를 실시하고 독립변수를 개입한 후 사후검사를 실시하는 설계유형이다(Cambell & Stanley, 1963; Rubin & Babbie, 2005; 김영종, 2015).

이 설계에서 효과를 측정하는 방법은 사후검사의 결과를 사전검사의 측정값과 비교하고 차이가 있으면 개입의 효과라고 보는 것으로서, 사전검사를 통해 사후검사의 비교기준을 제시하고 있다는 점에서 일회 사례 설계에 비해 최소한의 내적 타당도 조건을 충족한다고 할 수 있다. 하지만 이 설계는 내적 타당도 저해요인 중 우연한 사건, 상호작용 시험효과, 성숙 및 검사효과, 통계적 회귀 등을 통제하지 못한다(이창희 외, 2007).

예를 들어, 새로 개발한 수업방식이 학생들의 학습능력 향상에 효과적인지 알아보고자 할 때, 학기 시작 전과 학기를 마친 후에 학습능력을 측정하고 사후검사의 결과가 향상되었다면 개발한 수업방식이 효과가 있다고 주장하고 싶다고 하자. 이때, 사후검사의 결과가 새로운 수업방식의 순수한 효과라고 확신하기 위해서는 수업방식 이외에 결과에 영향을 미치는 요인들, 즉 교사의 수용적인 태도, 학기 중 교실의 환경, 다른 수업의 영향, 학교생활 외부의 영향 등이 개입했을 가능성을 배제해 낼 수 있어야 한다. 하지만 단일집단 사전사후검사 설계는 이러한 영향력을 통제하지 못한다.

	사전검사		개입		사후검사
단일집단	O_1	$\longrightarrow$	X	$\longrightarrow$	O_2

[그림 6-10] 단일집단 사전사후검사 설계

3) 정태적 집단 비교 설계(비동일집단 사후검사 설계)

정태적 집단 비교 설계(statistic group comparison design)는 비동일집단 사후검사 설계(posttest only design with nonequivalent groups)라고도 하며, 조사대상을 두 개의 집단으로 나누어 실험개입을 하는 집단과 그렇지 않은 집단으로 구분하여 사후 측정결과를 비교하는 설계유형이다(이근석, 2016). 이러한 방식은 순수실험설계의 통제집단 후 비교설계와 유사하지만 무작위 배정을 하지 않는다는 점에서 차이가 있다.

이 설계는 무작위 배정이나 배합이 이루어지지 않는다는 점에서 두 집단의 최초의 상태가 동일한지 확인할 수 없어 선택의 편의가 발생할 수 있고, 종속변수의 변화가 이질적인 집단 특성이 반영된 것인지 아니면 실험개입으로 인한 것인지 확인하기 어렵다(Cambell & Stanley, 1963; 이창희, 2007). 또한 선택의 편의가 독립변수의 조작과 상호작용을 하는 경우 내적 타당도와 외적 타당도가 낮아진다.

		개입	사후검사
임의적 할당	실험집단(*de*)	X	O_1
	통제집단(*dc*)		O_2

[그림 6-11] 정태적 집단 비교 설계

5 비실험 설계

비실험 설계(non-experimental design)는 실험적 요소들을 사용하지 않는 연구 설계이다. 실험설계는 독립변수의 조작과 다른 조건(독립변수로 작용할 수 있는 다른 변수)의 통제를 통해 인과관계 검증력을 높이지만, 비실험 설계는 독립변수 조작도, 외생변수 통제도 할 수 없어 내적 타당도가 가장 크게 떨어지는 설계이다. 즉, 이를 근거로 인과관계를 추정하는 것은 위험성이 크다. 비실험 설계는 크게 횡단적 조사설계와 종단적 조사설계로 구분된다.

(1) 횡단적 조사설계

횡단적 조사설계(cross-sectional design)에는 일원적 설계(univariate design)와 상관관계 설계(correlation design=교차분석 설계, cross-classification design)가 있다.

① 일원적 설계

일원적 설계는 주어진 현상의 특성을 기술하려고 할 때 사용하는 조사설계로, 어떤 사회현상의 특성을 한 번 조사하여 개개 변수들의 분포(비율, 백분율 등)를 알아보는 데 적용한다. 두 변수 이상의 관계를 규명하는 것은 아니다.

② 상관관계 설계

상관관계 설계는 서베이에서 가장 많이 이용되는 설계이다. 자료분석 과정에서 통계적 기법을 통하여 실험조사 설계의 통제집단 사후검사 설계와 비슷한 효과를 얻으려는 설계이다. 독립변수로 간주되는 변수가 도입된 집단과 그렇지 않은 집단을 구분하여 모든 표본에 포함시켜 동시에 관찰한 후, 자료를 분석할 때 독립변수로 간주되는 변수가 도입된 집단과 그렇지 않은 집단의 특성(종속변수에서의 차이)을 통계적 기법(카이자승, t-검정 등)을 통하여 비교한다.

(2) 종단적 조사설계

종단적 조사설계에는 3장의 조사의 유형과 절차에서 종단조사의 3가지 유형으로 제시했던 패널조사, 경향조사, 동년배집단조사 설계가 포함된다.

패널조사는 매 조사 시점에서 동일한 사람들을 조사하는 설계이며, 경향조사는 매 시점 조사 대상이 동일한 사람도 동일한 집단도 아닌 조사설계이다. 마지막으로 동년배집단조사는 매 조사 시점에서 동일한 사람일 필요는 없지만 동일한 집단에 속한 사람들을 조사하는 설계이다.

함께 풀어 봅시다!

1 다음 보기에서 설명하는 조사 설계는 무엇인가?

- 비교를 위한 두 개의 집단이 있다.
- 외부요인의 설명 가능성을 배제하기 어렵다.
- 집단 간 동질성 보장이 어렵다.

① 정태적 집단 비교(statistic group comparison) 설계

② 다중시계열(multiple time-series) 설계

③ 일회검사사례(one shot case) 설계

④ 플라시보 통제집단(placebo control group) 설계

⑤ 통제집단 사후검사(posttest control group) 설계

2 다음에서 설명하는 조사설계 유형은 무엇인가?

- 실험집단과 통제집단이 무작위로 배치되지 않는다.
- 사전-사후검사를 실시한다.
- 통제집단 사전사후검사 설계와 유사하다.

① 비동일 통제집단 설계 ② 통제집단 사후검사 설계

③ 솔로몬 4집단 설계 ④ 단순시계열 설계

⑤ 단일집단 사전사후검사 설계

정답 및 해설

❶

▶▶ 정태적 집단 비교 설계의 경우 무작위 할당과 사전검사를 실시하지 않기 때문에 종속변수의 변화가 독립변수의 개입으로 인한 효과라고 설명하기 어렵다. 따라서 인과관계를 추론하기 어렵고, 상관관계의 확인에 초점을 둔다

❶

▶▶ 유사실험설계 중에서 비동일 통제집단 설계에 대한 설명이다. 무작위 할당이 아닌 임의적인 방법으로 실험집단과 통제집단을 선정하고 사전-사후검사를 실시하여 종속변수의 변화를 비교한다.

3 **솔로몬 4집단 설계에 관한 설명으로 옳지 않은 것은?**

① 집단 간 교류는 엄격히 통제된다.
② 사전검사만 하는 집단은 1개이다.
③ 통제집단 사전사후검사 설계와 통제집단 사후검사 설계가 결합된 형태이다.
④ 실제 사용하기는 매우 어렵다.
⑤ 검사효과를 통제할 수 있으며, 내적 타당도가 가장 높은 설계유형이다.

❷
▶▶ 사전검사만 하는 집단은 없다.

4 **이것 (　　　)연구는 사회복지실천현장에서 제공하는 프로그램이나 서비스의 효과성을 객관적으로 평가할 때 사용하는 연구방법으로 변수 간의 인과관계를 검증하고자 할 때 사용하는 조사 설계를 말한다. (　　　)에 알맞은 말을 쓰시오.**

실험조사
▶▶ 실험설계(experimental design)는 내적 타당도에 대한 위협을 최대한 통제하여 변수 간의 인과관계를 검증하고자 하는 조사 설계이다.

5 **다음 실험설계 유형 중 성격이 다른 것은?**

① 단순시계열 설계
② 복수시계열 설계
③ 비동일 통제집단 설계
④ 단일집단 사전사후검사 설계
⑤ 분리표본 사전사후검사 설계

❹
▶▶ 전실험설계로 내적 타당도와 외적 타당도 저해요인을 거의 통제하지 못한다. 다른 보기들은 유사실험설계로 순수실험설계에 비해 내적 타당도는 떨어지지만 외적 타당도는 높은 경우가 많다.

07 CHAPTER

측정과 척도

CONTENTS

사회복지조사를 객관적으로 수행하기 위해서는 추상적 개념을 경험적으로 관찰할 수 있는 것으로 바꾸는 작업이 필요한데, 이런 과정을 '측정'이라고 부른다. 척도는 측정을 위해 사용하는 도구를 말한다. 사회과학에서는 어떤 개념을 한 문항으로만 측정하기 어려운 경우가 많아 보통 다수의 문항으로 구성된 척도를 사용해서 측정하게 된다.

이 장에서는 측정의 개념을 살펴보고 측정을 네 가지 수준으로 나누어 척도화의 유형에 대해 구체적으로 살펴보도록 하겠다. 또한 여러 가지 척도 구성 절차와 표준화된 척도에 대해 학습하고자 한다.

CHAPTER

07 측정과 척도

학/습/목/표

- 측정의 개념을 정의하고 측정의 역할을 설명할 수 있다.
- 측정수준의 종류와 그 각각에 대해 간략히 설명할 수 있다.
- 척도의 개념을 이해하고 설명할 수 있다.
- 척도의 종류를 구분하여 각각에 대해 설명할 수 있다.

1 측정의 개념

1) 측정의 정의

측정(measurement)은 규칙에 따라서 대상이나 사건에 수치(numerals)나 수를 배정하는 것을 말한다. 그러므로 측정의 정의에는 '수치나 수'와 '배정'이라는 두 가지 요소가 포함되어 있음을 알 수 있다. 여기서 수치는 대상이나 사건과 관련은 있지만 계량적 의미는 가지고 있지 않는 상징을 말한다. 따라서 수치를 가지고는 사건의 횟수나 양의 정도를 알 수 없다(Mark, 1996).

컬링거(Kerlinger, 1986)는 측정이란 일정한 규칙에 따라 어떤 대상(object)이나 사건(event)에 대하여 숫자(number)를 부여하는 것이라고 정의하고, 스티븐(Steven, 1951)은 측정이란 대상, 사건, 또는 사람들에게 어떤 규칙에 따라서 숫자를 부여하는 것이라고 정의하고 있다. 사회복지에서 대상의 속성이나 특성은 구체적이라기보다는 추상적이고, 양적이라기보다는 질적인 측면이 많으며, 외면적인 측면과 함께 내면적인 측면이 있다. 측정이란 일정한 규칙에 따라 이러한 대상의 특성이나 속성에 대해 어떤 경험적 상징을 체계적으로 부여하는 과정이다(김영종, 1999; Rubin & Babbie, 1993).

측정에 있어 중요한 것 가운데 하나는 측정의 규칙을 세우는 것이다. 규칙은 우리가 무엇을 해야 하는가에 대하여 설명해 주는 지침, 방법, 명령이다. 측정에 있어서 숫자나 수치를 부여하는 규칙이란, 측정하려는 사람에게 어떻게 측정할 것인가를 가르쳐 주는 가이드의 역할을 한다. 즉, 측정의 규칙은 측정하려는 대상이나 사건에 대하여 그것을 측정하기 위한 수치를 어떻게 배열하느냐 하는 것을 결정해야 하는 것이다. 이러한 규칙은 추상적인 관념세계의 현상이 경험적인 세계의 현상과 정확히 일치할 수 있는 가능성을 높이기 위해 설계된 것이다. 예를 들어, 선호도에 따라 1에서 5까지 숫자를 부여하는데 만일 가장 선호하는 경우에는 5, 가장 싫어하는 경우에는 1을 부여하라고 규칙에서 정했으며, 이 사이에 있는 경우에는 1과 5의 숫자를 부여하라는 뜻이다(김기원, 2016). 또 다른 예로서 성을 측정할 경우에, “남성으로 응답한 사람에게는 1을 배정하고, 여성으로 응답한 사람에게는 2를 배정한다”는 식으로 규칙을 정할 수 있다. 그러므로 좋은 측정을 하기 위해서는 수치나 수를 배정하는 규칙이 정확하여야 한다.

일부 변수는 측정과 관련된 규칙이 단순하기 때문에 측정하기가 쉽다. 이런 변수의 예로 나이, 소득, 계급, 인종 등이 있다. 그러나 사회복지에서 관심을 가지는 변수들 중에는 복잡한 변수가 많다. 예를 들어, 자아존중감의 수준, 우울의 정도, 클라이언트의 만족도와 같은 변수들을 측정하는 것과 관련된 규칙을 파악하고 적용하는 것은 간단하지 않다. 하지만 이런 경우에도 규칙을 정확하게 잘 정하여야 한다(Mark, 1996).

측정과 관련된 주요한 규칙으로 동일 구조의 규칙(rule of isomorphism)이 있다. 동일 구조의 규칙은 측정의 대상이 되는 개념의 구조와 수치를 부여하는 구조를 같이 하는 것을 말한다.

2) 측정의 역할 및 의의

(1) 측정의 역할

과학적 조사연구에서 측정이 중요시되는 것은 측정이 다음과 같은 역할을 하기 때문이다(남세진·최성재, 1996).

첫째, 측정은 가장 표준화된 묘사의 방법이다. 어떤 대상이나 사건을 가장 적절하고 일관성 있게 묘사해 줄 뿐만 아니라, 다른 방법에 의해서는 표현이나 묘사가 불가능한 것도 묘사를 할 수 있도록 해준다.

둘째, 측정은 가장 간편한 묘사의 방법이다. 측정은 주민등록번호나 전화번호와 같이 대상이 무엇인지 또는 어디에 속하는지를 식별하거나, 대상의 크고 작음 그리고 많고 적음을 간편하게 묘사할 수 있도록 해준다.

셋째, 측정은 자료를 수집하고 조작화하는 데 있어 기본적인 단계로서, 통계적으로 분석될 수 있도록 자료를 처리하는 필수적 절차이다.

측정은 대상의 속성이나 특성에 대하여 통계적 처리를 가능하게 해줌으로써 그 속성이나 특성을 요약해 정리할 수 있도록 해주고, 상관성을 파악하여 인과관계를 확인함으로써 통계적 처리방법을 통해 직접 측정하지 아니한 사건이나 현상까지도 추정하여 밝혀낼 수 있다. 또한 현재 존재하지 않는 미래 사건이나 현상에 대해서도 예측하도록 한다.

넷째, 측정은 관념적 세계와 경험적 세계 간의 교량 역할을 해준다. 측정은 조사문제나 가설상의 추상적인 개념을 경험적으로 인식하도록 해줌으로써 조사문제에 대한 해답을 제공하고 가설을 경험적으로 검증해 주는 중요한 역할을 한다.

다섯째, 측정의 절차는 연구자가 측정하고자 하는 실제 현상과 가능한 한 동일한 형태가 되어야 한다. 이것을 '현실동형의 원칙(reality isomorphism principle)'이라 한다. 만일 측정을 통해 실제를 경험적인 수치로 바꾸지 못한다면 그 연구는 현실과 동떨어진 연구 결과를 낳게 될 것이다.

측정은 경험적 세계와 논리적 세계를 이어 주는 역할을 한다. 그러므로 측정하는 과정이 없을 경우에는, 사회복지조사를 실시하지 못할 수 있다(Mark, 1996).

(2) 측정의 의의

측정을 통해서, 사회복지조사를 객관적이고 표준적으로 수행할 수 있게 된다. 측정과 관련된 의의를 몇 가지 살펴보면 다음과 같다.

첫째, 측정은 수치나 수를 배정하는 것인데, 이런 측정을 통해서 조사자는 실제 세계를 더 정확하게 측정할 수 있다.

둘째, 과학적 방법이 가지는 중요한 특성의 하나는 각각의 조사자가 수행한 조사를 다른 조사자가 재현해서 증명할 수 있다는 점이다.

셋째, 측정방법을 구체적으로 제시할 경우에는, 서로 다른 조사자는 동일한 방식으로 변수를 측정할 수 있다. 이렇게 되면 각각의 조사자가 조사를 해서 얻은 결과를 비교할 수 있다.

2 측정의 수준

1) 측정수준의 종류

측정이란 일정한 규칙에 따라 대상의 특성이나 속성에 수치나 기호를 부여하는 것이다. 규칙은 사용될 측정의 수준과 척도의 종류를 규정한다. 측정과정에서 어떤 변수에는 수치를 배정하고, 어떤 변수에는 수를 배정한다. 우선, 일부 변수를 측정할 경우에는 수치를 배정한다. 이런 변수의 예로 '성'이 있다. 즉, 이런 변수의 경우에는 양적 의미가 없는 상징을 배정한다. 그리고 일부 변수를 측정할 경우에는 수를 배정한다. 이런 변수의 예로 가족의 소득이 있다. 즉, 이런 변수의 경우에는 양적 의미가 있는 상징을 배정한다. 따라서 이런 수는 양을 나타낸다.

이런 예는 측정의 '수준(level)'과 관련된다. 사회과학에서는 측정과 관련해 명목(nominal)수준, 서열(ordinal)수준, 등간(interval)수준, 비율(ratio)수준을 제시하고 있다.[1]

1) 측정의 수준을 '측정'이라는 표현 대신에 '변수'나 '척도'라는 표현으로 설명하는 경우도 많다. 예를 들어 명목 수준에서 측정된 변수를 명목변수라고 부른다. 이 부분은 본 책의 2장에서 간단히 언급한 바 있다.

〈표 7-1〉 측정수준에 따른 척도의 특성 비교

척도 \ 특성	목록-범수	순위	등간격	절대 영점	비교방법	수학	자료
명목척도	○	×	×	×	확인, 분류	=	비계량적 (non-metric)
서열척도	○	○	×	×	순위 비교	=, >, <	
등간척도	○	○	○	×	간격 비교	=, >, <, +, −	계량적 (metric)
비율척도	○	○	○	○	절대 크기 비교	=, >, <, +, −, ×, ÷	

2) 각 측정수준의 특성

(1) 명목수준의 측정

명목변수는 측정을 통해 얻는 수치가 단순히 서로 다른 범주를 분류하는 기능만 가지며, 명목변수의 수치에는 서열이나 양적 의미가 없다. 이는 가장 낮은 수준의 측정으로서 대상 자체나 대상의 특성이 이 과정을 통해 범주화되거나 분류되며 글자 그대로 이름을 부여하는 명목적인(nominal) 것을 뜻한다. 명목수준의 측정에서는 양적 의미가 없는 숫자(numeral)를 대상에게 부여하는 것이다. 변수를 하위분류로 다시 범주화하는 단계적 분류체계이기도 하다. 이런 수치는 대상이나 사건을 상호배타적이고 포괄적인 범주로 분리시켜 주는 표시일 뿐이다(Babbic, 2001). 그러므로 명목수준의 측정을 통해서, 조사자는 대상이나 사건이 어느 범주에 해당되는지를 알 수 있다.

그러나 명목수준의 측정을 통해서 조사자는 다음과 같은 것에 관해서는 어느 것도 알지 못한다(Mark, 1996).

첫째, 범주들의 상대적 서열을 알 수 없다.

둘째, 범주들이 서로 얼마나 떨어져 있는지를 알 수 없다.

명목수준의 측정에서 응답범주를 만들어 숫자를 부여할 경우에는, 다음과 같은 두 가지 요건을 충족하여야 한다(최성재, 2005).

첫째, 포괄성(exhaustiveness)의 원칙을 충족하여야 한다. 포괄성의 원칙은 모든 사례가 어느 범주에 속할 수 있도록, 응답범주가 충분한 수의 범주를 가지고 있는 것을 말한다.

둘째, 상호배타성(mutual cxclusiveness)의 원칙을 충족하여야 한다. 상호배타성의 원칙은 응답이 응답범주의 하나에 속하게 되면 다른 응답범주에는 속하지 않는 것을 말한다. 즉, 오로지 하나의 범주(only one category)에만 속해야 하며 둘 이상의 범주에 중복되지 않도록 범주가 확실히 차별화되고 구분되게 설정되어야 한다는 것이다. 그리고 문항 범주를 구성할 때는 범주 간 논리적 연관성이 있어야 한다.

예를 들어, 성(gender)의 경우, 모든 사람은 하나의 범주에 속하면서 오로지 하나의 범주(남자 또는 여자)에 속한다.

명목수준에서 측정된 변수를 분석하기 위해서는, 변수의 각 범주의 빈도를 계산하는 방법을 사용한다. 따라서 명목수준의 측정에서는 빈도와 관련된 통계를 사용할 수 있다. 그러나 명목수준의 측정에서는 덧셈이나 뺄셈, 곱셈, 나눗셈을 할 수 없다.

요컨대 명목수준의 측정은 가장 단순한 형태의 측정이다. 그러므로 명목수준의 측정은 측정의 수준이 가장 낮다. 왜냐하면 명목수준의 측정에서는 가장 적은 양의 정보를 제공하기 때문이다. 그러나 명목수준의 측정이 가장 단순한 형태의 측정일지라도, 사회복지조사자들이 관심을 가진 변수들 중에는 명목수준에서 측정되는 변수가 많다.

예

성별(남자, 여자), 종교(기독교, 천주교, 불교, 기타), 계절(봄, 여름, 가을, 겨울), 지역 등

(2) 서열수준의 측정

서열변수는 명목변수보다 측정수준이 한 수준 높은 변수로, 서열수준에서 측정된 수치는 범주를 구분(분류)하는 기능에 더하여 범주 간의 대소관계(순서, 서열)까지 나타낸다. 그러므로 서열수준의 측정은 다음과 같은 특성을 가지고 있다.

첫째, 서열수준에서 측정된 변수는 명목수준에서 측정된 변수의 특성을 모두 가지고 있다.

둘째, 서열수준의 측정에서는 변수의 범주들에 대해 서열을 정할 수 있다. 따라서 서열수준의 변수들의 경우, 조사자는 해당 특성에 따라 서열을 정할 수 있다. 그러나 서열수준의 측정을 통해서는, 변수의 범주들 사이의 간격은 동일하지 않기 때문에 얼마나 떨어져 있

는지에 관해서는 알 수 없다(등간격이 아니다).

서열수준에서 측정되는 변수의 예로 경제수준(상층, 중층, 하층의 범주로 구분)이 있다. 이 경우 경제수준을 '하층 < 중층 < 상층' 식으로 정할 수 있다.

서열수준에서 측정된 자료를 분석하기 위해, 여러 가지 통계기법을 사용한다. 이런 통계기법은 덧셈이나 뺄셈이나 곱셈이나 나눗셈을 하기보다는 서열을 정하는 데 그 목적이 있다. 그리고 서열변수 역시 범주로 구성되므로 범주 구성 시 포괄성과 상호배타성의 원칙을 지켜야 한다.

사회과학에서 사용하는 복잡한 변수들 중에는 서열수준에서 측정된 변수가 많다.

예 학점 등급(A, B, C, D, F), 반등수(1등, 2등, 3등…), 학력(무학, 초졸, 중졸…) 등

(3) 등간수준의 측정

등간변수는 서열변수보다 한 단계 더 높게 측정되는 변수이다. 등간수준의 측정에서는 응답속성들이 서열화되어 있고 속성들 사이의 간격이 같다. 그러므로 등간수준의 측정은 다음과 같은 특성을 가지고 있다.

첫째, 등간수준의 측정은 명목수준의 측정이 가지는 특성(즉, 범주화)과 서열수준이 가지는 특성(즉, 서열화)을 모두 가지고 있다.

둘째, 등간수준의 측정에서는 수학적 동일한 거리를 가지기 때문에, 측정하는 범주들 사이에 동일한 간격(등간격)의 의미 또한 갖는다.

이와 같이 등간수준의 측정은 동일한 간격이라는 특성을 지니기 때문에, 등간수준의 측정에서는 변수들 범주 사이의 차이를 제시할 수 있다. 등간변수의 예를 들어 온도를 설명하면 1℃와 2℃의 차이는 10℃와 11℃의 차이와 동일하다. 주목할 점은 등간변수에서 측정값 0은 해당 속성이 '없다'는 의미에서의 0이 아니라는 점이다. 등간변수에서의 0은 임의로 설정된 것으로, 온도가 없어서 0℃라고 하는 것이 아니라 '물이 얼기 시작하는 온도'를 임의로 0℃라고 설정한 것이다.

등간변수는 사칙연산 중에서 덧셈과 뺄셈은 가능하지만 곱셈과 나눗셈은 불가능하다.

따라서 5℃보다 10℃가 5도 더 높다고 말할 수는 있지만, 2배 더 덥다고 말할 수는 없다.

예) 도덕지수(MQ), 지능지수(IQ), 온도, 물가지수, 사회지표 등

(4) 비율수준의 측정

비율변수는 측정수준이 가장 높은 변수이다. 비율수준의 측정에서는 명목·서열·등간수준의 측정이 지니는 모든 특성이 존재하고, 여기에 추가해서 절대 0점(true zero point)이 존재한다. '0'이 실제적 의미를 가지고 있기 때문에 임의로 설정된 값이 아니라 해당 속성이 '없다'는 의미를 갖는다. 따라서 모든 사칙연산이 가능하다. 비율척도의 숫자는 속성의 실제 양을 나타낸다. 그러므로 비율수준의 측정은 다음과 같은 특성을 가지고 있다.

첫째, 비율수준의 측정은 명목수준의 측정이 가지는 특성(즉, 범주화), 서열수준의 측정이 가지는 특성(즉, 서열화), 등간수준의 측정이 가지는 특성(즉, 동일한 간격)을 모두 가지고 있다.

둘째, 비율수준의 측정은 자연적 0점(절대 0점)을 가진다. 이것은 비율수준의 측정에서 0점은 측정하고 있는 특성이 완전히 존재하지 않은 상태에 해당된다는 것을 의미한다.

비율수준의 측정은 절대 0점을 가지기 때문에, 비율수준에서 측정된 변수에서는 곱셈과 나눗셈을 할 수 있다. 따라서 비율수준에서 측정된 자료를 가지고는, 모든 종류의 수학적 계산(덧셈, 뺄셈, 곱셈, 나눗셈)을 할 수 있다.

예) TV 시청률, 투표율, 고용률, 국민연금 가입율, 길이, 높이, 서비스 횟수, 자녀수, 가격 등

3) 합성 측정

(1) 합성 측정의 개념과 의의

일부 개념은 분명하기 때문에 하나의 문항으로 나타낼 수 있다. 예를 들어, 나이는 손쉽게 하나의 문항으로 나타낼 수 있다. 예컨대 나이는 '귀하의 나이는 만으로 몇 살입니까'라는 문항을 통해 질문함으로써, 응답자의 나이를 비교적 정확하게 알 수 있다. 하지만 어떤 변수는 너무 복잡하거나 여러 가지 측면을 가지고 있어서, 설문지에서 한 가지 문항만 가지

고 측정하기 어려울 수 있다(Rubin & Babbie, 2007). 사회복지 분야에서 다루기 어려운 복잡한 변수의 예로 우울, 삶의 질, 생활만족도와 같은 것이 있다. 예를 들어, 한 가지 문항만 사용해서는 응답자의 삶의 질을 정확하게 파악하기 어렵다.

이 경우, 이런 복잡한 변수를 측정하기 위해 사용하는 것이 합성(복합) 측정(composite measures)이다. 합성 측정은 두 개 이상의 지표(indicator)로 구성된 측정도구를 말한다. 여기서 지표는 개념을 구체적으로 관찰할 수 있게 하는 것을 가리킨다.

일반적으로 합성 측정은 다음과 같은 의의가 있다(Babbie, 2001; Rubin & Babbie, 2007).

첫째, 한 가지 문항으로만 측정하면 해당 변수를 잘못 대표할 가능성이 있다. 그러나 합성 측정에서는 여러 문항을 포함하기 때문에, 한 가지 문항만을 사용할 경우에 나타나는 문제를 크게 줄일 수 있다.

둘째, 합성 측정을 사용하면, 변수를 더 많은 범주로 구분할 수 있다. 한 가지 문항만을 사용할 경우에는 범주의 범위가 작다. 그러나 여러 문항을 사용할 경우에는 범주의 범위가 커진다. 따라서 합성 측정에서는 더 세련된 서열수준의 측정이 가능해진다. 예를 들어, 0점이나 1점만을 부여하는 단일 문항의 경우에는, 응답자를 두 가지 범주(0점과 1점)로 구분할 수 있을 뿐이다. 그러나 3개의 문항일 경우에는, 응답자를 네 가지 범주(0점, 1점, 2점, 3점)로 구분할 수 있게 된다.

(2) 합성 측정의 형태

합성 측정의 형태에는 지수(index)와 척도(scale)가 있다. 지수나 척도는 두 개 이상의 지표로 구성된 것을 말한다. 하지만 지수와 척도를 구분하는 것에 대해서는 학자들 사이에 의견이 완전하게 통일되어 있지 않다. 그러나 일반적으로 지표가 객관적 성격을 지니는지 아니면 주관적 성격을 지니는지를 근거로 해서, 지수와 척도를 구분하는 경우가 많다.

지수는 몇 가지의 특정한 관찰치를 요약하고 순위를 정해서 더 일반적인 차원을 보여 주는 합성 측정을 말한다. 일반적으로 지수는 경험적으로 쉽게 파악할 수 있는 지표들로 구성된 합성 측정을 가리키는 경우가 많다. 이 경우, 지수는 측정하고자 하는 개념이 덜 추상적이고 그 속성이 양적인 특성을 지니고 있다.

지수의 예로 유엔의 인간개발지수(Human Development Index: HDI)가 있다. 인간개발지수는 유엔개발계획(UNDP)에서 각국의 교육수준, 개인당 국민소득, 기대 수명에 대한 통계를 토대로 해서 인간의 능력이 개발되는 정도를 평가하는 지수이다(UNDP, 2007).

그리고 척도는 논리적 구조나 경험적 구조를 가지는 여러 문항들로 구성된 합성 측정을 말한다. 일반적으로 척도는 사람의 태도와 같은 내면적 측면과 관련된 지표들로 구성된 합성 측정을 가리키는 경우가 많다. 이 경우, 척도는 측정하고자 하는 개념이 더 추상적이고, 지수보다 훨씬 더 다양한 지표로 구성되어 있다(Babbie, 2001; 최성재, 2005; 김영종, 2007).

3 척도의 개념

사회과학에서는 어떤 개념을 한 문항으로만 측정하기 어려운 경우가 많아 보통 다수의 문항으로 구성된 척도를 사용해 측정하게 된다. 척도(scale)는 광의의 의미로는 '측정도구'를 말하며, 협의의 의미로는 측정도구 중에서도 둘 이상의 지표(문항)로 구성된 도구를 말한다. 유사한 용어로 지수가 있다. 지수와 척도라는 용어를 구분하는 기준은 명확하지 않아 혼용하기도 하는데, 지수와 척도는 둘 다 한 개념을 복수 지표로 측정한다는 점에서 공통점을 갖는다. 그러나 경험적으로 쉽게 인식할 수 있는 보다 객관적인 지표[2]들로 구성된 것을 '지수(指數)[3]'라고 하고, 사람들의 태도 등 주관적인 변수를 측정하기 위한 것은 '척도(尺度)'라고 하는 경우가 많다.

척도란 측정대상의 개별적 속성들을 종합적으로 측정함으로써 변수와 관련된 여러 차원을 측정하고 각각의 차원에(각각의 지표에) 점수를 할당하여 항목 간(지표 간)에 서열을 가릴 수 있도록 한다. 대부분 척도는 단일 차원성(unidimensionality)의 원칙에 근거해 만들어진다. 단

2) 지표(指標, indicator): 변수의 속성을 나타내는 요소이다. 사회복지의 속성은 삶의 기본 요소, 사회경제적 요소, 사회정치적 요소, 사회문화적 요소 등으로 표현된다. 이들 요소 하나하나가 사회복지라는 변수의 지표에 해당된다. 예를 들어, 사람들의 사회경제적 지위는 그 사람의 소득, 학력, 직업, 종교 등의 지표를 통해 파악된다.

3) 지수(指數, index): 지수는 다의적이고 복합적인 특성을 갖고 있는 개념을 양적으로 측정하기 위해 고안된 다수의 지표들을 하나로 묶어 단일 수치로 표현한 것이다. 예를 들어, 사회지표, 소비자물가지수, 생산성지수, 행복지수 등을 들 수 있다.

일 차원성의 원칙이란 척도의 구성 항목(문항, 지표)이 단일한 차원을 반영해야 한다는 뜻이다. 예를 들어, '자존감'을 측정하기 위해 10문항짜리 척도를 구성하는 경우 이 자존감 척도의 10문항은 모두 하나의 차원(자존감)을 반영해야 한다. 만일 자존감을 측정하는 척도 안에 자아통합이나 행복감 등 다른 개념(혹은 차원)을 측정하는 문항이 포함되어 있다면 이는 단일 차원성의 원칙에 위배되는 것이다.

자연과학에서는 측정대상이 주로 물질적이기 때문에 척도는 온도계, 체중계, 자, 저울 등이지만 사회복지와 같은 사회과학에서는 측정대상이 대부분 비물질적이기 때문에 기술적으로 좀 더 복잡하고 다양한 기법을 요하는 척도를 사용하는 데에는 몇 가지 이유가 있다.

먼저 척도는 하나의 단순지표로서는 제대로 측정하기 어려운 복합적인 개념들을 측정할 수 있다. 그리고 여러 개의 지표를 하나의 점수로 나타냄으로써 자료의 복잡성을 덜어 주고, 변수에 대한 양적 측정치를 제공함으로써 정확성을 높일 수 있다. 특히 단일 문항보다 다수의 문항이 본래 의도한 속성을 정확히 측정하고, 보다 일관성 있는 결과를 제공한다는 측면에서는 측정치나 측정도구의 오차를 줄이고 타당도와 신뢰도를 높이기 때문에 많이 활용된다고 할 것이다.

척도의 작성과정은 다음과 같다.

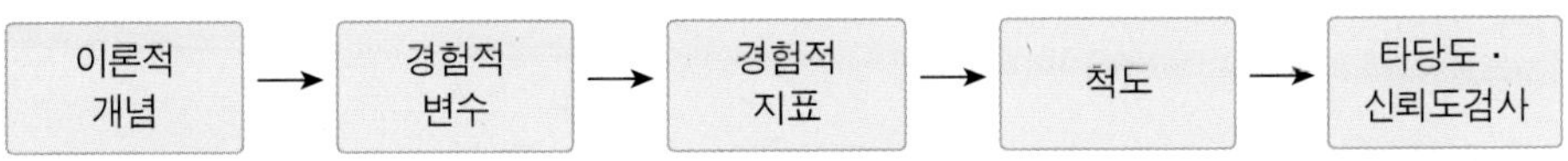

첫째, 문제에 관한 속성을 인지하고, 이것을 표현하는 이론적 개념을 형성한다.
둘째, 이론적 개념의 내용을 특정화하여 경험적 관찰이 가능한 변수로 전환한다.
셋째, 변수(개념)의 속성을 파악하기 위해 경험적 지표를 선정한다.
넷째, 선정된 지표를 활용하여 지수와 척도를 작성한다.

사회복지전문가들은 사회복지 환경이나 클라이언트의 욕구 및 문제를 정확하게 기술하고 문제의 변화과정을 통해 전문적 개입의 효과성과 효율성을 상세하게 파악하기 위해 과학적인 척도를 사용한다. 이때 전문적 척도를 사용하기 위한 지침은 다음과 같다.

① 척도는 과학적이어야 한다. 즉, 체계적이고 논리적이어야 한다.

② 척도는 실용적이어야 한다. 사용하기 쉽고 편리하게 응답자가 쉽게 완성할 수 있어야 한다.

③ 척도는 변화를 시도하는 욕구나 문제 자체를 측정할 뿐만 아니라 변화의 가능성과 그 결과에 대한 정보를 제공해야 한다.

④ 척도는 신뢰성과 타당도가 있어야 한다.

4 척도화의 유형

척도화(尺度化, scaling)는 숫자나 기호를 우리가 측정하고자 하는 특정 개념의 다양한 수준에 맞춰 의미를 부여(allocation)하는 과정이다. 척도화 방법(scaling methods)은 세 가지 측정수준에 따라 분류하면 명목척도화, 서열척도화, 등간-비율척도화로 구분된다. 그리고 대부분의 척도를 구성할 때 적용되는 원칙은 단일 차원성(unidimensionality)의 원칙을 따라 배치되어야 한다.

1) 명목척도화

명목적 수준이란 각 범주에 부여된 숫자가 단지 서로 다름만을 의미하는 수준이다. 명목척도화(nominal scaling)는 명목적 수준에서 각 범주가 동질적이면서 상호배타적이고 포괄적이도록 문항의 응답지를 구성하면 된다. 이때 응답범주들은 논리적 연관성을 가지고 있어야 한다. 예를 들어, 단일 차원적 명목척도를 적용한 질문 '당신의 성은 무엇입니까'처럼 하나의 차원만 묻는다면 간단하지만, 다차원적인 명목척도화에서는 응답범주를 구성하는 것이 복잡하고 어려워진다. 그 예를 들어 보면 '당신의 성과 종교와 직업은 무엇입니까'라고 묻는다면 성별, 종교, 직업을 각기 모두 나열해야 하기 때문에 매우 복잡해질 것이다. 따라서 가능한 한 단일 차원적으로 명목척도를 형성하는 것이 바람직하다.

2) 서열척도화

서열척도화(ordinal scaling)는 측정된 값들 사이에 상대적 순서관계를 밝힐 수 있도록 숫자나 기호를 부여하는 과정이다. 서열척도에는 평정척도, 총화평정척도, 리커트척도, 거트만 척도 등이 있다.

(1) 평정척도

평정척도(rating scale) 또는 평급척도는 평가자가 측정대상의 연속성을 전제로 하여, 일정한 등급법(rating-method)에 따라 평가함으로써 대상의 속성을 구별하는 척도이다. 즉, 설정한 각 단계에 임의 수치를 부여하여 여기서 얻어진 수치의 합계 또는 평균을 측정대상이 가지는 척도점수로 가정한다. 평정척도에서는 평가자(judges), 대상(subject) 그리고 연속성(continuum)의 세 가지 요소가 있다. 평정척도는 대부분 서열척도나 항목 간 거의 비슷한 정도의 차이가 있다고 가정하면 등간척도로 간주할 수 있다.

예로서 특정 범주척도는 도표를 사용하지 않고 어떤 속성을 나타내는 문장이나 항목을 그 정도에 따라 범주별로 제시하고 그 가운데에서 가장 적합한 것을 고르게 하는 방법이다.

예

귀하가 거주하는 지역의 사회복지관에서 근무하는 사회복지사들은 얼마나 친절하다고 생각하십니까? (해당하는 곳에 'ㅇ' 표 해주세요)

- 매우 친절하다 ( )
- 친절하다 ( )
- 보통이다 ( )
- 불친절하다 ( )
- 매우 불친절하다 ( )

(2) 총화평정척도

총화평정척도(summated rating scale)에서 '총화'는 합한다는 의미이고 '평정'은 점수를 부여한다는 의미이다. 따라서 총화평정척도는 응답자가 응답하는 여러 문항(항목)에 각각 점수를 배점한 후 전체 점수를 총합(總合, summation)하여 계산하는 척도이다. 이때 각 문항에 대한 점수는 동일하게 배점(평정, rating)한다. 척도의 구성이 간단하고 점수 계산이 용이하다.

대부분의 경우 척도를 구성하는 문항은 '동의함'과 '동의하지 않음'으로 측정되는 것이 일반적이다. 총화평정척도는 구성이 간단하고 점수의 계산이 용이하지만 구성하는 문항들 사이에 존재할 수 있는 강도의 차이를 전혀 반영하지 않고 있다.

총화평정척도의 예로 베일리(Bailey)의 출산에 대한 태도 척도를 들 수 있다. 베일리는 10개 항목의 출산율 척도를 구성하고, 동의하는 경우는 1로서 부호화하고, 동의하지 않는 경우는 0으로 부호화하여, 척도상 10점은 응답자가 아기를 가져야 할 강한 책임감을 느끼는 경우이고, 반면 0점을 받은 응답자는 아이를 가질 책임감을 느끼지 않는 경우인 것으로 구성했다.

〈표 7-2〉 베일리의 출산에 대한 태도 척도

번호	질문내용	응답	
		동의함	동의 안 함
1	결혼하는 주된 이유 가운데 하나는 아이를 갖는 것이다.	1	0
2	아이가 하나이면 형제가 없어 외롭게 성장하기 때문에 아이를 하나만 갖는 것은 잘못이다.	1	0
3	아이를 출산하는 것은 여자로서 가질 수 있는 가장 심오한 경험이다.	1	0
4	동성의 아이들만을 갖는 것보다 다른 성의 아이를 적어도 하나 갖는 것이 좋다.	1	0
5	아이를 갖지 않는 여자는 완전한 성취감을 결코 가질 수 없다.	1	0
6	남자는 아이의 아버지가 될 때까지는 진정한 남자가 아니다.	1	0
7	임신에 이르지 않는 성적 행위는 도덕적으로 잘못된 것이다.	1	0
8	결혼하지 않거나 또는 아이가 없는 부부는 아마 동성애자일 것이다.	1	0
9	여자의 첫째 역할책임은 모성이고, 어머니로서의 역할을 방해하지 않을 경우에만 직업을 갖는 것이 옳다.	1	0
10	결혼하여 아이가 없는 부부는 가엽다.	1	0

(3) 리커트척도

리커트척도(Likert scale)는 각문항에 대해 찬반(그렇다/아니다, 예/아니요) 형식으로 측정하던 원래 형태의 총화평정 척도를 발전시켜 개발한 새로운 방식의 척도이다. 기존의 총화평정 척도가 각 문항이 같은 개념을 측정한다는 확신이 떨어지는 문제점을 개선하고자 리커트 척도는 변수의 값(응답범주)을 더 다양화함으로써 개념을 더욱 정밀하게 측정하고자 한다. 그러므로 리커트척도는 진술문을 제시한 후에 응답자가 이 진술에 대해 동의하는 정도를 질문하는 식으로 구성된다(Rubin & Babbie, 2007).

리커트척도의 특징은 서열척도에 해당되며, 척도의 구성과 활용이 비교적 용이하다. 하나의 개념을 측정하기 위해 여러 문항들을 이용하는 척도로서, 각 문항들은 동일한 응답범주를 사용하며 모두 동등한 가치를 부여받는다(각 문항에 가중치를 부여하지 않는다). 예를 들어, 응답범주가 동일한 5점 척도로 된 5문항으로 구성된 리커트척도가 있을 때 각 문항의 점수를 단순 합계한 총점에 따라서 서열이 매겨진다. 이런 점으로 인해 문항들 사이에 존재하는 강도의 차이를 충분히 표현하지 못한다는 지적도 있다.

그러나 위와 같은 관례에 대해 변형된 형식도 있다. 이런 예를 들면 다음과 같다.

첫째, 응답범주의 단어를 바꾸어 표시할 수 있다. 예를 들어, '동의한다' 대신에 '찬성한다'와 같은 단어를 사용할 수도 있다.

둘째, 어느 경우에는 응답범주를 추가할 수 있다. 예를 들어, '매우 동의한다', '동의한다' 대신에, '매우매우 동의한다', '매우 동의한다', '약간 동의한다'와 같은 식으로 해서 응답범주의 수를 늘일 수 있다.

리커트척도에서는 각 응답범주에 수를 부여하여 점수를 구한다.

응답범주는 먼저 긍정과 부정 혹은 높음과 낮음 등 두 극단으로 나누고, 그 사이의 간격을 보통 2~7부분으로 나누는데, 이때 각 부분 간의 거리 간격은 동일한 것으로 간주한다. 이 리커트척도는 서열측정에 속하며, 일반적으로 5점 척도가 가장 많이 사용되고 있다(표 7-3).

리커트척도의 성공 여부는 다른 척도와 마찬가지로 처음에 만들어지는 문항들에 의존하게 된다. 그리고 리커트척도는 재현성이 부족하다. 재현성이란 같은 총계점수를 갖는 두 응답자가 각 문항에 대하여 같은 응답을 하였는가 하는 점이다. 예를 들어, 두 명의 응답자의 총점이 동일하다 하더라도 각 문항에 대한 응답은 다를 수 있기 때문에 총점으로 각 문항에 대해 어떻게 응답했는지는 알기 어렵다는 의미이다. 이러한 단점에도 불구하고 리커트척도는 사용하기 쉽고, 직관적인 이해가 가능하며, 문항분석, 신뢰도분석, 요인분석 등을 통해서 성공 여부를 평가할 수 있기 때문에 사회조사에서 널리 사용되고 있다(김치영, 2007).

〈표 7-3〉 노인의 신체적 부양의식에 관한 리커트척도

척도 문항	전혀 아니다	아니다	보통 이다	그렇다	매우 그렇다
1. 부모님이 갑자기 편찮으시면 밤을 새워서라도 간호해 드릴 것이다.	①	②	③	④	⑤
2. 부모님이 거동이 불편하실 경우에 친척 집이나 친구 집에 방문하시고자 할 때 모셔다 드릴 것이다.	①	②	③	④	⑤
3. 부모님이 편찮으시면 정성껏 수발(세수, 목욕, 대소변 처리)을 해드릴 것이다.	①	②	③	④	⑤
4. 부모님이 가사 일을 도와주실 경우 일이 너무 과중하지 않은지 신경 쓸 것이다.	①	②	③	④	⑤
5. 부모님이 요구하는 잔심부름을 잘 해드릴 것이다.	①	②	③	④	⑤

※ 응답자의 점수를 모두 합하여 점수가 높을수록 노인(부모님)에 대한 신체적 부양의식이 높은 것을 알 수 있다.

(4) 거트만척도

거트만척도의 특징은 척도를 구성하는 문항들이 내용의 강도에 따라 일관성 있게 서열을 이루어 있어서 단일 차원, 문항의 서열화, 누적 척도라는 점이다. 이 척도의 기본 전제는 '보다 강한 정도를 측정하는 문항에 긍정적인 응답자는 그보다 약한 정도를 측정하는 문항에 당연히 긍정적일 것이다'라는 가정이다. 따라서 응답자가 가장 강도가 높은 문항에 긍정적인 응답을 보였다면, 그보다 약한 강도의 문항에 긍정적인 응답을 보일 것이라고 예측할 수 있다. 예를 들면, '친밀감'을 측정하는 리커트척도는 친밀감의 다양한 측면을 반영하는 문항들로 척도를 구성하지만, 거트만척도는 한 가지 차원을 중심으로 강한 친밀감 문항에서 약한 문항까지 친밀감 문항을 서열화한다는 것이다.

거트만척도의 일부 문항은 다른 문항보다 해당 변수를 더 강력하게 나타내는 지표임을 증명할 수 있다는 사실에 근거하고 있다(Babbie, 2001). 일반적으로 거트만척도를 구성하는 절차는 다음과 같다(김기원, 2001).

첫째, 척도를 구성하는 문항을 선정한다.

둘째, 척도를 구성하는 문항을 강도에 따라 누적적인 순서로 배열한다.

셋째, 응답자가 응답한 것을 척도 도식 용지에 적는다.

넷째, 응답 형태가 누적적이지 않은 오류를 찾는다.

다섯째, 재생계수(coefficient of reproducibility)[4]를 구한다.

여섯째, 척도를 구성하는 문항을 다시 조정하여 새로운 척도를 구성한다.

〈표 7-4〉 난폭운전에 관한 거트만척도

질문문항	그렇다	아니다
1. 다른 운전자에게 총을 쏜다.		
2. 차에서 내려 다른 운전자를 때린다.		
3. 차에서 내려 다른 운전자와 언쟁을 한다.		
4. 차를 이용해 갑자기 위협적인 자세를 보인다.		
5. 주먹으로 폭력을 행사하는 모습을 보여 준다.		
6. 자신의 차 옆을 지나는 운전자에게 소리 내어 욕을 한다.		
7. 마음속으로 다른 운전자를 비난한다.		

리커트척도와 거트만척도의 차이를 살펴보면 리커트척도의 각 문항들이 동등한 가치를 부여받으며, 총점에 따라 서열이 매겨진다면, 거트만척도는 각 문항들 간에 서열이 매겨진다는 점에서 차이가 있다.

4) 거트만척도에서 응답의 일관성을 검증하는 지표를 재생계수라 한다. 거트만척도의 경우, 옳게 예측한 비율을 재생계수라 부른다. 일반적으로 재생계수의 90%를 넘으면, 거트만척도는 큰 문제가 없다고 볼 수 있다(Babbie, 2001).

(5) 보가더스의 사회적 거리 척도

보가더스(Bogardus, 1933)의 사회적 거리 척도(Bogardus social distance)는 사람들이 다른 종류의 사람들과 사회적 관계를 맺으려는 정도를 파악하기 위한 측정도구이다.

보가더스는 인종적 편견의 강도를 측정하기 위해 제시한 척도로서, 개인 혹은 집단이 다른 인간이나 집단에 대하여 가지는 친밀감의 정도를 '사회적 거리'라는 개념으로 정의하고, 이를 측정하기 위한 몇 개의 하위문항으로 구성된다. 그래서 거트만척도와 같이 하나의 연속성을 가진 문항으로 구성되는 척도이다.

보가더스의 사회적 거리 척도의 경우, 사회적으로 관계를 맺으려는 정도가 질문문항에 따라 분명하게 차이가 나기 때문에, 이런 측정도구의 문항들 사이에 위계적 구조가 나타난다. 따라서 어떤 응답자가 어떤 종류의 사회적 관계를 허용할 경우에, 이 응답자는 이전 문항에 나타난 모든 사회적 관계를 허용할 가능성이 매우 크다.

보가더스의 사회적 거리척도는 단순히 사회적 거리의 원근(遠近)을 순위로만 표시한 것이지 민족 간의 친밀한 정도의 크기를 나타내지는 않는다. 〈표 7-5〉에서처럼 논리적으로 결혼해서 가족으로 받아들이겠다는 사람은 같은 직장에 근무하는 것에 반대하지 않을 것이다.

이처럼 응답자 자신과 다른 사회적 범주의 구성원 간에 인지되는 거리감 정도를 측정하는 이 척도는 등간적인 것 같으나 문항 간의 거리는 사실상 알수 없기 때문에 서열적 측정에 해당된다.

보가더스의 사회적 거리 척도는 매우 효율적인 측정도구이다. 왜냐하면 보가더스의 사회적 거리 척도를 사용하면, 자료가 원래 가지는 자세한 내용을 그대로 간직한 채, 여러 응답을 요약할 수 있기 때문이다.

〈표 7-5〉 보가더스의 사회적 거리척도의 예

점수	범주(관계를 맺을 용의도)	미국인	중국인	일본인	영국인
7	결혼하여 가족으로 받아들임				
6	친구로서 같은 모임에 받아들임				
5	이웃으로서 같은 동네에 받아들임				
4	직장에서 함께 일하는 것을 받아들임				
3	우리나라 국민으로 받아들임				
2	우리나라 방문객으로 받아들임				
1	우리나라에 들어오지 못하게 추방함				

(6) 의미분화척도의 구성

의미분화(Semantic Differential: SD)척도는 오스굿(Osgood), 수시(Suci) 그리고 탄넨바움(Tannenbaum)이 개발한 것으로, 어떤 개념에 대한 생각이나 느낌을 다양한 차원에서 평가하기 위해 그에 대한 형용사를 정하고, 양 극단에 서로 상반되는 형용사를 배치하여 그 속성에 대한 평가를 내리도록 하는 척도이다. 즉, 어떤 대상이나 개념에 대해 어떻게 느끼고 있는지 여러 형용사를 사용하여 간접적으로 측정하는 척도 구성방법이다. 의미분화척도는 가치와 태도와 같은 주관적인 개념 측정에 용이하다. 또한 쉽게 만들 수 있고, 비교적 적은 수의 문항으로 신뢰도를 확보할 뿐만 아니라 응답사가 간단하게 응답할 수 있다는 장점이 있다.

의미분화척도에서 주로 사용되는 측정 차원으로는 평가성, 잠재성, 활동성 차원으로 설명할 수 있다.

① 평가성 차원을 정의하는 척도들은 '유쾌한 – 불쾌한', '좋은 – 나쁜', '달콤한 – 신', '도움이 되는 – 도움이 안 되는' 등의 차원이다.

② 잠재성 차원을 정의하는 척도들은 '큰 – 작은', '강력한 – 무력한', '강한 – 약한', '깊은 – 얕은' 등이다.

③ 활동성 차원을 정의하는 척도는 '빠른 – 느린', '살아있는 – 죽은', '시끄러운 – 조용한', '젊은 – 늙은' 등이다.

겉으로 볼 때, 의미분화척도에서 응답자는 두 가지의 반대되는 입장들 사이에서 선택하여야 한다. 이 경우에, 두 개의 반대되는 형용사의 관점에서 질문하는 형태를 띤다(Babbie, 2001; 이종승, 2009).

예를 들어, 노인에 신체 이미지를 알아보기 위한 의미분화척도는 〈표 7-6〉과 같다. 노인의 신체 이미지에 대해 응답자가 느끼는 입장을 해당하는 수치(값)에 체크하여 해당 속성을 평가한다. 특정 주제에 대한 응답자의 '태도'가 아닌 특정 주제를 어떻게 '생각'하는지 알고자 할 때 주로 사용한다.

〈표 7-6〉 노인의 신체 이미지 개념에 관한 의미분화척도

느린	1	2	3	4	5	6	7	빠른
아픈	1	2	3	4	5	6	7	건강한
약한	1	2	3	4	5	6	7	강한
초라한	1	2	3	4	5	6	7	우아한
지저분한	1	2	3	4	5	6	7	깨끗한
게으른	1	2	3	4	5	6	7	부지런한

3) 등간-비율석도화

등간-비율척도화(interval-ratio scaling)는 개별 값들 간에 일정한 거리(등간 측정)와 절대 영의 기준점을 가지고 비율측정을 할 수 있는 것으로 서스톤척도(Thurstone scaling)와 요인분석(factor analysis)[5] 등이 사용된다(김영종, 1999).

서스톤척도의 구성을 살펴보면 다음과 같다.

등간척도를 구성하기 위해 고안된 하나의 기법이 서스톤의 등현간(等現間)방법(Thurstone's method of equalappearing intervals)이다. 서스톤척도화는 어떤 사실에 대하여 가장 긍정적인 태도와 가장 부정적인 태도를 나타내는 양 극단을 등간적으로 구분하여, 여기에 수치를 부

5) 요인분석(factor analysis)은 등간척도나 비율척도로 이루어진 대상을 분석한다. 요인분석은 여러 변수들 간의 공분산과 상관관계 등을 이용하여 변수들 간의 상호관계를 분석하고, 그 결과를 토대로 문항과 변수들 간의 상관성 및 구조를 파악하여 여러 변수들이 지닌 정보를 적은 수의 요인으로 묶어서 나타내는 분석기법이다(노경섭, 2015).

여함으로써 등간척도를 구성하는 방법이다.

거트만척도가 문항들에 서열성을 두어 척도 구성을 했다면, 서스톤척도는 서열문항들 간에 등간성까지 갖춘 척도이다. 좀 더 구체적으로 문항평가자들을 통해 사전평가를 시행하고 그 결과를 분석하여 각 문항에 대한 중앙값을 척도치로 부여한다(표 7-7).

서스톤척도화에서 평가자들(judges)이 여러 문항에 대해 가중치를 부여하는 절차는 다음과 같다(Babbie, 2001).

① 동일단 평가자에게 해당 변수의 지표라고 생각되는 문항을 1백 개 정도 제시한다.

② 각 평가자에게 각 문항이 해당 변수를 얼마나 잘 나타내는지를 평가하게 한다.

③ 평가자가 이런 작업을 마친 후에, 조사자는 모든 평가자가 각 문항에 부여한 점수들을 조사해서, 평가자들 사이에 의견이 가장 일치된 문항을 골라낸다. 이 경우, 평가자들 사이에 의견이 크게 차이가 나는 문항들은 모호하기 때문에, 이런 문항들은 척도에서 사용하지 않는다.

④ 이런 방식으로 선정된 문항들을 설문지에 포함시켜서 척도를 구성한다.

〈표 7-7〉 이타주의 평가에 대한 서스톤척도

문항	척도치	찬성
1. 시회 전체를 위해 개인의 행복을 회생시키는 것은 옳은 일이다.	4.5	
2. 아동복지시설이 우리 동네에 신축되는 것은 반가운 일이다.	5.4	○
3. 주말에 자원봉사를 하는 것은 그 시간에 돈을 버는 것만큼 즐거운 일이다.	9.2	○
4. 소득이 많을수록 높은 비율의 소득세를 내는 것은 바람직한 일이다.	3.8	
5. 장애인의무고용제도는 사회를 발전시키는 데 기여한다.	6.7	○
6. 건강보험 적자분을 세금으로 메우는 것은 옳은 일이다.	4.2	
7. 농어촌 출신 고등학생들의 우선입학제도는 바람직한 일이다.	5.6	

※ 응답자의 이타주의는 찬성한 문항의 척도치를 평균하여 산정한다.

그러므로 서스톤척도는 유사등간척도로서 등간-비율수준의 분석이 가능하다는 장점이 있다. 하지만 오늘날 서스톤척도는 자주 사용되지 않는다. 서스톤척도를 자주 사용하지 않는 주요한 이유는, 사회과학의 척도들이 엄격한 의미에서 등간-비율척도인가에 대한 논란이 있기 때문이다. 또한 평가자에 의존하기 때문에 여러 평가자의 편견이 개입될 여지가 있으며, 척도 개발에 따르는 상당한 시간과 에너지가 필요하기 때문이다.

5 표준화된 척도

앞에 제시한 척도 구성을 적용하여, 조사자는 척도를 직접 개발할 수 있다. 하지만 사회복지 영역의 조사자는 여러 가지의 표준화된 척도를 이용할 수 있다. 이런 척도에 대해서는 특정 집단을 대상으로 조사한 자료에서 얻은 신뢰도와 타당도에 관한 정보가 제시되어 있어야 한다(Mark, 1996).

조사자가 자기 나름의 측정도구를 고안하기 위해서는 시간이 필요하고 비용이 든다. 그러므로 조사자가 표준화된 척도를 사용하면, 조사자는 시간과 비용을 절약할 수 있게 된다.

표준화된 척도를 가장 잘 찾는 방법은 조사자가 측정하고자 하는 개념과 관련이 있는 문헌을 조사하는 것이다. 그리고 도서관 등에서 사회복지사에게 유용한 표준화된 척도들을 모아 놓은 자료를 찾아볼 수도 있다.

이 중에서도 표준화된 척도를 편리하게 찾는 방법 중 하나는, 표준화된 척도를 많이 수록하고 이를 설명한 척도집을 찾아보는 것이다. 국내의 임상 사회사업가들이 많이 쓰고 있는 표준화된 척도로는 MMPI IV(Minnesota Multiphasic Personality Inventory IV)가 있는데, 이것은 인성(personality)에 관한 다양한 측면을 하나의 테스트로 측정하는 도구로서 인성의 비정상 등을 발견하는 방법 등에 주로 사용된다. 그리고 FES(Family Environment Scale, 가족환경척도)는 가족의 환경을 측정하는 도구이고, 이것 역시 국내 번역과 그에 대한 타당도와 신뢰도에 대한 검증이 이루어지고 있는 상태이다. 국내의 다수 논문과 학술지에 사용된 척도들을 취합한 척도집들 또한 외국의 척도를 번역하여 사용하다 보니 번역하는 데 한계점을 가지고 있다.

표준화된 척도를 선택하고자 하는 경우에, 조사자가 고려하여야 할 기준으로는 다음과 같은 것이 있다.

첫째, 척도의 길이를 따져 볼 필요가 있다. 즉, 척도의 내용이 얼마나 되는지를 살펴볼 필요가 있으며, 조사대상자가 척도를 완성하는 데 시간이 너무 많이 걸리는 것은 아닌지를 살펴볼 필요가 있다.

둘째, 척도가 조사대상자가 완성하기에 너무 어렵지 않은지를 따져 볼 필요가 있다. 예를 들어, 척도가 조사대상자에게 너무 복잡하게 표현되어 있는지를 살펴볼 필요가 있다.

셋째, 시간에 따른 변화를 측정하고자 할 경우에는, 비교적 짧은 기간 동안의 작은 변화에 민감한 척도를 선택할 필요가 있다.

넷째, 척도의 신뢰도와 타당도를 살펴볼 필요가 있다. 표준화된 척도를 모아놓은 척도집에서는 척도의 신뢰도와 타당도를 제시하는 경우가 많다. 주로 외국에서 사용하는 척도를 번역하여 사용하는 만큼 더욱 엄격히 신뢰도와 타당도의 검증이 필요하다. 조사자가 연구하는 대상이나 연구환경이 척도집에 수록된 척도를 사용한 연구의 대상이나 연구환경과 다를 경우에는, 척도집에 수록된 원래의 척도가 조사자의 연구에는 적절하지 않을 수도 있다. 그러므로 이런 경우에는 척도집에 해당 척도가 아무리 신뢰도가 있고 타당도가 있다고 설명되어 있을지라도, 조사자는 해당 척도를 조사자의 연구에 맞게 수정해 사용하거나 아예 사용하지 말아야 한다(Rubin & Babbie, 2007).

함께 풀어 봅시다!

1 다음 측정수준에 관한 설명으로 옳은 것은?

① 성별, 인종, 종교 등은 등간척도에 해당한다.
② 서비스에 대한 만족도를 서열척도로 측정할 경우에 만족도의 정확한 양과 차이를 비교할 수 있다.
③ 200kg은 50kg보다 4배 무겁다고 할 수 있어 무게는 비율척도이다.
④ 온도계로 측정했을 때 20℃의 온도는 비율척도이다.
⑤ 비율척도는 절대 영점이 존재하지 않는다.

2 한 연구에서 사용된 "소득(단위: 원)" 변수에 관한 설명으로 옳지 않은 것은?

① 1만 원과 2만 원의 차이는 100만 원과 101만 원의 차이와 동일하다.
② 0은 실제적 의미가 있는 절대 영점이다.
③ 사칙연산이 가능하다.
④ 표준편차를 계산할 수 없다.
⑤ 명목척도로 변환할 수 있다.

정답 및 해설

1 ③
▶▶ 무게는 비율척도에 해당된다. ① 명목척도 ② 서열척도로 측정할 경우 정확한 양이나 차이를 비교할 수는 없다. ④ 등간척도 ⑤ 비율척도는 절대 영점이 존재한다.

2 ④
▶▶ 비율척도는 모든 통계기법의 활용이 가능하며, 표준편차를 계산할 수 있다. 표준편차란 자료의 흩어진 정도를 의미한다.

3 척도에 관한 설명으로 옳지 않은 것은?

① 보가더스의 사회적 거리 척도는 누적척도의 한 종류이다.
② 의미분화(semantic differential)척도는 한 쌍의 반대가 되는 형용사를 사용한다.
③ 리커트척도의 각 문항은 등간척도이다.
④ 거트만척도는 각 문항을 서열적으로 구성한다.
⑤ 서스톤척도를 개발하는 과정은 리커트척도와 비교하여 많은 시간과 노력이 요구된다.

❸
▶▶ 리커트척도는 서열척도이다.

4 명목수준의 측정에서 응답범주를 만들어 숫자를 부여할 경우에는, 두 가지 원칙을 충족해야 하는데 무엇인가?

(① , ②)

❶ 포괄성의 원칙
❷ 상호배타성의 원칙
▶▶ 포괄성의 원칙은 모든 사례가 어느 범주에 속할 수 있도록, 응답범주가 충분한 수의 범주를 가지고 있는 것을 말하고, 상호배타성의 원칙은 응답이 응답범주의 하나에 속하게 되면 다른 응답범주에는 속하지 않는 것을 말한다.

5 거트만척도에 대한 설명으로 옳지 않은 것은?

① 단일차원적이고 누적적인 척도이다.
② 서열척도이다.
③ 응답을 전혀 예측할 수 없다.
④ 재생계수가 1일 때는 완벽한 척도 구성 가능성을 가진다.
⑤ 문항이 많을 경우 재생계수를 검증하는 절차가 복잡하다.

❸
▶▶ 응답자가 가장 강도가 높은 문항에 긍정적인 응답을 보였다면, 그보다 약한 강도의 문항에 긍정적인 응답을 보일 것이라고 예측할 수 있다.

Research Methods for
Social Welfare

08 CHAPTER

측정의 타당도와 신뢰도

CONTENTS

조사자가 어떤 특성을 측정할 경우, 측정도구가 원래 의도한 것을 측정하고 있는지를 파악할 필요가 있고, 또한 측정도구의 결과가 일관성이 있는지를 파악할 필요가 있다. 이와 관련되는 것이 타당도와 신뢰도이다.

이 장에서는 타당도와 신뢰도의 개념과 의의를 살펴보고, 타당도와 신뢰도를 구하는 방법에 대해 알아본다. 그리고 타당도와 신뢰도 사이의 관계를 살펴보고자 한다. 마지막으로 타당도와 신뢰도에 영향을 미치는 요인인 측정오류에 대해 학습하고자 한다.

CHAPTER

08 측정의 타당도와 신뢰도

학/습/목/표
- 타당도의 개념을 이해하고 그 측정방법을 설명할 수 있다.
- 신뢰도의 개념을 이해하고 그 측정방법을 설명할 수 있다.
- 타당도와 신뢰도의 관계를 이해할 수 있다.
- 측정과정에서 발생할 수 있는 측정오류를 구분하여 설명할 수 있다.

1 타당도의 개념과 측정방법

1) 타당도의 개념

측정도구의 타당도(validity)는 측정도구가 원래 측정하려고 의도한 것을 측정하는 정도를 가리킨다. 그러므로 타당도는 측정도구가 측정하려고 하는 개념을 측정도구가 정확히 반영하는 정도를 일컫는다. 예를 들어, 지적 능력의 경우, 컴퓨터 게임을 하는 시간의 양을 재는 측정도구보다는 지능지수(IQ)를 재는 측정도구가 타당도가 더 있는 측정도구일 것이다(Babbie, 2001; Mark, 1996).

조사자가 측정하고자 하는 것을 측정도구가 제대로 측정하지 못한다면, 측정한 결과는 의미가 없게 된다. 그러므로 사회복지조사에서는 타당도가 있는 측정도구를 사용하여야 한다.

일반적으로 사회복지조사에서 다루는 특성들은 직접적으로 측정하기가 어려운 것이 많다. 예를 들어, 소득은 직접 측정하기가 쉬우나 자아존중감은 직접 측정하기가 쉽지 않다. 사회복지에서 관심을 가지는 특성들이 복잡하기 때문에 간접적으로 측정할 수밖에 없으며, 측정하는 방법이 더 간접적일수록 타당도와 관련된 문제가 더 심각해진다(Mark, 1996).

2) 측정의 타당도

측정(측정도구 혹은 척도)의 타당도(validity)란 측정하고자 하는 바를 정확히 측정해내는 정도(측정도구가 의도하는 개념의 실질적 의미를 반영하는 정도)를 의미한다. 측정의 타당도를 검증하는 방법에는 내용타당도, 기준타당도, 개념타당도(구성체 타당도)의 세 가지 유형이 있다. 타당도 검증이 어느 정도 쉬운가를 말하는 용이성은 내용타당도>기준타당도>개념타당도 순서이다. 내용타당도 확보 방법은 비교적 쉬워서 가장 많이 활용하지만, 세 가지 방법 중 가장 주관적인 방법이기 때문에 신중을 기하는 것이 좋고, 가능하면 개념타당도 방법을 택하는 것이 바람직하다.

각 타당도의 특성과 이를 측정하기 위한 방법은 다음과 같다.

(1) 내용타당도

내용타당도(content validity)란 측정도구에 포함된 설문 문항들이나 관찰내용들이 측정하려고 하는 개념이나 속성을 얼마나 대표성 있게 포함하고 있는가를 전문가들이 척도의 내용을 검토하여 측정의 타당도를 확인하는 방법이다. 측정하고자 하는 개념을 측정하기 위해서 올바른 질문이나 관찰들이 측정도구에 포함되어 있는지를 조사자나 연구자가 주관적인 판단에 의존한다.

내용타당도는 액면타당도(face validity)라고 불리기도 하는데 측정도구에 대한 타당성의 평가는 척도가 실제로 측정한 것을 검증하는 것은 아니다. 즉, 내용타당도는 측정의 타당도를 확인하는 방법으로서는 가장 기본적이지만, 그것은 주관적인 판단에 의존하는 것이지 실증적으로 검증된 것은 아니므로 편견이나 오류의 가능성을 배제하기 어렵다.

일반적으로 내용타당도와 액면타당도를 같은 개념으로 사용하지만 교재에 따라서 두 개념을 다음과 같이 구분해 제시하기도 한다.

① 액면타당도(face validity)

'개념을 측정하는 지표(문항, 항목)들이 액면 그대로 보아(외견상) 그 개념을 적절히 측정하고 있는가?'에 주안점을 두고 전문가가 척도의 타당성을 검토하는 방법이다. 조사자나 전문가의 주관적 판단에 의존하고 전문가를 선정하는 것도 조사자의 주관이 따르기 때문에 객관성을 확보하는 네 어려움이 있다. 이로 인해 가장 낮은 수준의 타당도 검증방법으로 간주한다.

> 예 연구자가 주관적 판단으로 종교모임에 참석하는 횟수를 가지고 사람의 신앙심을 측정하는 것

② 내용타당도(content validity)

'측정하고자 하는 개념을 골고루(혹은 균형 있게) 대표하는 지표(문항, 항목)들을 잘 선정했는가?'에 주안점을 두고 척도의 타당도를 판단하는 방법이다. 이 역시 전문가의 판단에 의존하며, 측정도구의 문항들이 측정하려는 개념의 속성을 골고루 반영해야 타당도가 확보된다고 판단한다.

> 예 연구자가 수학적 능력을 검사하기 위해 덧셈, 뺄셈, 곱셈, 나눗셈과 같이 모든 수학 계산 능력을 포함하여 측정하는 것

(2) 기준타당도

기준타당도(criterion-related validity)란 타당도를 검증하고자 하는 측정도구와 이미 타당도를 확보하고 있다고 믿을 수 있는 다른 측정도구나 기준을 같은 대상에게 적용하여 산출한 결과 사이의 상관관계를 통해 타당도를 확인하는 방법이다. 두 결과 사이의 상관관계가 높으면 타당도가 확보되었다고 판단한다. 기준타당도의 핵심은 이미 타당하다고 볼 수 있는 어떤 기준이 있어야 한다는 점이다. 사용하는 기준이 무엇인가에 따라 예측타당도와 동시타당도로 구분한다.

① 예측타당도(predictive validity)

예측타당도는 현재의 상태로부터 미래의 차이를 예측해내는 측정도구의 능력이 어느 정도인가를 통해 타당도를 진단하는 방법이다.

예
대학에서의 학업능력을 예비적으로 파악하는 측정도구인 수능시험에서 A가 B보다 점수가 높은 학생이 실제로 대학입학 후 학점이 B보다 현저히 높았다면 이 수능시험의 예측 타당도를 확보한 것으로 본다.

② 동시 타당도(concurrent validity)

어떤 측정도구의 예측타당도가 확보되는지를 확인하려면, 예측 결과를 확인하는 추후조사까지 시간을 두고 기다려야 한다. 즉, 타당도를 검증하는 데 시간이 많이 소요된다. 하지만 동시타당도는 타당도를 검사하고자 하는 측정도구가 이미 타당도가 확보된 측정도구를 동일 대상에게 적용하여 산출한 측정결과 간 비교를 통하여 상관관계가 높으면 타당도가 높다고 판단하는 방법이다.

예
기존 타당도가 높은 것으로 확인된 '결혼 만족도' 척도의 측정결과와 새로 개발된 '부부관계' 척도를 사용하여 측정한 결과를 비교하여 이 두 척도 사이의 상관관계가 높다면 새롭게 개발된 '부부관계' 척도 또한 타당도가 높은 것으로 판단한다.

(3) 개념타당도

개념타당도(구성체타당도, 구성타당도, 구성개념타당도, construct validity)는 이론(혹은 이론적 관련성)을 토대로 측정도구의 타당도를 판단하는 방법이다. 따라서 개념타당도는 측정도구가 이론체계 내에서 예상되는 바대로 다른 변수들과 관련을 맺는 정도를 파악하여 이론을 검증하는 것이라고 볼 수 있다.

개념타당도를 검증하는 절차는 다음과 같다.

첫째, 측정하고자 하는 개념을 포함한 이론에 근거하여 그 개념이 포함된 가설을 세운다.

둘째, 측정도구의 측정결과가 이론적 예측과 잘 들어맞는지를 확인하다.

셋째, 측정결과와 이론적 예측 사이의 일치도가 높을수록 측정도구의 타당도가 확보된 것으로 판단한다.

개념타당도는 이해타당도, 수렴타당도, 판별타당도로 구성되어 있는데, 이 세 가지 타당도가 높아야 개념타당도가 높다고 할 수 있다.

① 이해타당도

이해타당도(법칙타당도, nomological validity)란 측정도구가 이론적 기대에 들어맞는지를 확인하여 측정도구(척도)의 타당도를 검증하는 방법이다. 여러 개념을 체계적으로 이용한 이론이나 측정도구가 이해타당도가 높다고 할 수 있다.

예) 지능의 경우 창조력, 문제해결능력, 판단력, 순발력 등 다양하게 정의할 수 있는데, 이를 모두 측정도구에 적합하게 담고 있다면 이해타당도는 높다고 할 수 있다.

② 수렴타당도

수렴타당도(집중타당도, convergent validity)는 동일 개념을 측정하는 서로 다른 측정도구의 측정값 간에는 상관관계가 높아야 하는데, 이를 확인함으로써 타당도를 검증하는 방법이다.

예) 우울증 측정을 위한 두 가지 도구를 사용하였는데, 의사가 A 측정도구로 우울을 진단한 측정값과 연구자가 사용한 B 측정도구의 우울 결과값이 서로 상관관계가 높았다면 수렴타당도가 높다고 할 수 있다.

③ 판별타당도

판별타당도(discriminant validity)는 서로 다른 개념을 측정하는 측정도구의 측정값 간에는 상관관계가 낮아야 하는데, 이를 확인함으로써 타당도를 검증하는 방법이다.

예) 연구자가 A 측정도구를 이용하여 자아존중감과 우울감을 측정한 결과 다른 결과가 나타났다면 판별타당도가 높다고 할 수 있다.

측정도구의 구성 타당도를 확인하는 방법의 하나로 요인분석[1]을 실시하는 방법이 있다.

---

1) 요인분석은 연구하고자 하는 현상 또는 추상적인 개념이 몇 개의 요인들로 구성되어 있다고 가정하고, 그러한 요인들 각각을 측정할 수 있는 여러 개의 질문 문항들을 만들어 조사를 실시한 후 그 결과를 분석하여 원래 예상했던 요인들이 나타났는가, 또 나타난 요인들이 원래 작성했던 문항들로 구성되었는가를 검증하는 타당도 검증방법이다. 높은 상관관계를 보이는 문항들끼리 동일한 개념을 측정하는 것으로 간주되어 하나의 요인으로 묶이게 된다. 요인분석을 통해 적절히 요인으로 묶이지 않는 문항이나 다른 요인으로 묶이는 문항들은 해당 요인을 타당하게 측정하지 못한 것으로 간주되어 척도의 문항에서 제외하거나 수정하게 된다.

요인분석의 경우, 문항들 사이에 상관관계가 높은 것을 하나의 요인으로 만든다. 이렇게 하나의 요인을 구성하는 문항들은 하나의 개념을 측정한다고 본다. 따라서 해당 요인을 구성하는 문항들 사이의 상관관계는 높다. 그러므로 요인 속에 있는 문항들은 수렴 타당도가 있다고 볼 수 있다. 그러나 각 요인은 서로 다른 개념으로 인식되므로, 요인들 사이에는 상관관계가 낮다. 그러므로 요인들 사이에는 판별 타당도가 있다고 볼 수 있다(김기원, 2001; 이종승, 2009; 박창제 외, 2020).

2 신뢰도의 개념과 측정방법

1) 신뢰도의 개념

신뢰도(reliability)는 측정도구의 정확성, 즉 같은 대상에 반복적으로 적용된 특정 기법이 매번 같은 결과를 가져오는지의 여부를 뜻하며 일관성(consistency)과 관련되어 있다. 다시 말하면, 신뢰도란 측정대상이 되는 내용을 반복 측정하였을 때 동일한 결과를 얻게 되는 정도를 의미한다. 따라서 신뢰도가 있는 측정도구를 사용할 경우에는, 측정한 결과가 일관성이 있게 나타난다(Rubin & Babbie, 2007; Babbie, 2001; Mark, 1996).

신뢰도는 안정성, 일관성, 예측 가능성, 정확성, 의존 가능성 등으로 표현할 수 있는 개념이다. 이러한 신뢰도의 의의는 어떤 조사결과가 부정확한 측정 자료에서 우연히 발견되는 것이 아니라는 결과에 대한 확신성을 줄 수 있다는 것이다. 그러나 신뢰도가 높은 측정이었다고 해서 반드시 변수 간에 의미 있는 결과가 발견되는 것은 아니다. 이러한 신뢰도를 정의하는 방법은 측정의 어떤 측면을 강조하느냐에 따라 세 가지 접근방법으로 나누어 볼 수 있다.

① 동일한 대상에게 동일하거나 비교 가능한 측정도구를 사용하는 방법: 동일한 대상에 대해서 같거나 비교 가능한 측정도구를 사용하여 반복 측정할 경우 동일하거나 비슷한 결과를 얻을 수 있는 정도로 정의하는 방법이다. 이러한 신뢰도의 정의에는 안정

성, 예측 가능성, 의존 가능성의 의미를 함축하며, 기초적인 것으로서 가장 많이 사용하는 방법이다.

② 속성에 어느 정도 근접했느냐 하는 방법: 측정도구가 측정하려고 하는 속성을 얼마나 진실에 가깝도록 측정했느냐 하는 것으로 정의하는 방법이다.

③ 측정오차의 범위를 파악하는 방법: 측정에 있어 측정오차가 얼마나 존재하는가를 파악함으로써 신뢰도를 정의하는 방법이다. 측정에 있어서 측정오차가 많으면 많을수록 그만큼 측정도구의 신뢰도는 떨어진다.

신뢰도는 $T/T+f$(T=참점수, f=측정오차)로 나타나며, 신뢰도 계수는 0과 1 사이의 값을 갖는다. 따라서 1에 가까울수록 신뢰도는 높고, 0에 가까울수록 신뢰도는 낮다.

2) 측정의 신뢰도

어떤 척도가 신뢰도가 있는지 없는지를 판단하는 데 널리 사용되는 신뢰도 측정방법으로는 여러 가지 형태가 있다. 신뢰도의 주요한 형태로 상호관찰자(평가자) 기법(inter-observer reliability/interrater), 검사-재검사법(test-retest method), 반분법(split-halves method), 유사양식법(parallel-firms method) 그리고 내적 일관성 분석법(internal consistency reliability method)의 다섯 가지 방법이 있다(Mark, 1996; 김태성 외, 2006).

각 신뢰도의 특성과 이를 측정하기 위한 방법은 다음과 같다.

(1) 상호관찰자 기법

상호관찰자 기법은 측정의 도구가 관찰인 경우에 신뢰도를 측정하기 위해 많이 사용되는 방법이다. 두 명 이상의 관찰자들이 관찰의 내용을 서로 숙지한 다음에 관찰을 하여, 개별 관찰자들 간에 얼마나 일관성이 나타나는지 혹은 얼마나 상관관계가 있는지를 확인하는 방법이다.

따라서 상호관찰자 기법은 관찰자들이나 평가자들 사이에 구한 점수가 서로 일관성이 있는 정도를 말한다.

상호관찰자 신뢰도는 다음과 같은 과정을 거쳐서 측정한다(김기원, 2001a).

① 두 사람 이상의 관찰자가 동일한 측정절차에 따라 관찰한다.

② 관찰자 각각이 관찰해 얻은 점수들 사이의 상관관계를 계산한다. 이 경우, 점수들 사이의 상관관계가 높을수록 신뢰도가 높다고 본다.

예를 들어, 조기교육프로그램이 아동의 자아존중감을 향상시키는지 여부를 연구할 경우, 조사자는 조기교육프로그램을 진행하면서 그 과정을 녹화한다. 그리고 훈련된 관찰자 두 명에게 녹화자료를 보여주면서 각자 자아존중감의 수준을 평가하게 한다. 평가를 마치면 두 명의 관찰자가 평가한 내용을 비교하여 대체적으로 일치할 경우 이 측정도구는 신뢰도가 있다고 할 수 있다(Rubin & Babbie, 2007).

(2) 검사-재검사법

검사-재검사법(test-retest method)은 동일한 대상에 대하여 하나의 척도를 일정한 시간 간격을 두고 반복해서 측정한 다음 그 측정값을 서로 비교하는 방법이다.

측정결과의 측정값 간의 상관관계를 비교하여 만일 상관계수가 높으면 측정도구는 높은 신뢰도를 가졌다고 할 수 있다(Rubin & Babbie, 2007; Mark, 1996; 김치영, 2007).

검사-재검사법은 구해진 신뢰도의 의미를 직관적으로 이해하기 쉽고, 비교적 절차가 매우 단순하며, 간단하게 구할 수 있다는 장점을 지닌다.

그러나 주관적 개념을 측정할 경우에는 동일한 검사를 반복함으로써 나타나는 테스트(test)효과, 성장이나 역사적 요인과 같은 외생변수의 영향 등으로 대상의 속성이 실제로 변할 수 있어서 이것이 두 측정값의 차이로 나타낼 수 있기 때문에 이러한 변화를 측정할 수 없다는 단점이 있다. 그래서 검사-재검사 신뢰도를 구하는 문제는 그리 간단하지 않을 수 있다.

일반적으로 검사-재검사법에서 나타날 수 있는 문제를 정리하면 다음과 같다(Rubin & Babbie, 2007; Mark, 1996; 김치영, 2007; 이종승, 2009).

① 검사를 처음에 실시한 것은 재검사에서 대상자가 응답하는 방식에 영향을 미칠 수 있다. 따라서 처음 검사할 때의 점수와 재검사할 때의 점수 사이에 상관관계가 낮을 경우에, 이것이 측정도구가 신뢰성이 낮기 때문에 그런 것인지, 아니면 처음 검사할

때와 재검사할 때 사이에 대상자의 특성이 변화하였기 때문에 그런 것인지를 확실하게 판단할 수 없다.

② 처음에 검사한 시기와 재검사한 시기 사이에 기간이 너무 짧을 경우에는, 대상자가 처음의 검사에서 자신이 응답한 것을 기억하고 있어서 재검사에도 이에 맞추어 일관성 있게 응답하려고 할 수 있다. 이렇게 되면, 측정도구가 신뢰도가 없는 경우도 처음 검사와 재검사 사이의 상관관계가 높게 나올 수 있다. 그러나 다른 한편으로, 처음 검사한 시기와 재검사한 시기 사이의 기간이 너무 긴 경우에는, 측정하고 있는 특성이 변할 수 있다. 이렇게 되면 측정도구가 신뢰성이 있는 경우도 처음 검사와 재검사 사이의 상관관계가 낮게 나올 수 있다. 따라서 검사-재검사 신뢰도의 정도는 처음 검사와 재검사 사이의 간격이 얼마나 되느냐에 따라서 차이가 날 수 있다.

③ 검사할 당시의 조건과 재검사할 당시의 조건이 다른 경우가 있다. 예를 들어, 검사한 날의 시간대와 재검사한 날의 시간대가 다른 경우가 있다. 이렇게 되면, 처음 검사와 재검사 사이의 상관관계가 낮게 나올 수 있다.

(3) 반분법

반분법(split-half method)은 검사-재검사법의 테스트(test)효과와 성숙효과를 제거하기 위하여 고안된 것으로, 하나의 측정도구를 임의로 둘로 나누어 각각 독립된 두 개의 척도로 사용하여 동일한 대상에 대해 동시에 측정을 실시한 후 각각의 측정값을 비교함으로써 신뢰도를 측정하는 방법이다. 이는 동질성의 원리에 입각해 신뢰도구를 평가하는 방법이다. 전체 N개의 항목들을 가진 측정도구를 무작위로 반으로 나누어 이루어진 두 개의 측정도구를 만든다. 두 개의 측정도구에 의해 측정된 값들은 서로 간에 어느 정도 상관관계가 있는지를 구하게 되고, 이것이 곧 전체 측정도구의 신뢰도를 나타내는 신뢰도 계수가 된다.

반분법은 현실적이라는 장점이 있다. 왜냐하면 반분법을 구하는 방식에서는 측정도구를 대상자에게 한 번만 적용하면 되기 때문이다. 이러한 반분법은 비교적 간단하게 신뢰도를 검토할 수 있고, 측정도구로서 동시에 측정함으로써 검사-재검사법의 단점인 서로 다른 시간 간격으로 인하여 발생하는 외생변수의 영향을 배제할 수 있을 뿐만 아니라 한 번만 측정함으로써 테스트(test)효과를 배제할 수 있다는 장점이 있다.

측정도구에 있는 모든 문항들이 동일한 특성을 측정할 경우에는, 측정도구를 길이가 같은 두 가지 반쪽으로 나눌 수 있다. 측정도구를 두 부분으로 나누고, 두 부분을 서로 독립된 측정도구로 보고서 두 부분 사이의 상관관계를 구해서 얻는다.

가장 엄밀한 방법으로는 문항분석을 통하여 문항의 곤란도, 내용 및 변별도 등을 고려하여 두 문항을 가장 동등한 것끼리 선정하여 양쪽으로 동등하게 나누어 나가는 방법이 있다. 그러나 이것은 이상적이긴 하나 실제적으로 어려운 문제이므로 흔히 사용하는 방법으로는 전후반분법[2] 및 기우반분법[3] 등을 사용한다. 특히 기우반분법의 예로 홀수 문항과 짝수 문항으로 구분하는 경우가 많다. 이 경우 상관관계가 높을수록, 측정도구의 신뢰도가 높다고 본다.

하지만 반분법에서 연구자가 고려해야 할 점은 반분된 두 개의 척도를 완전히 동등하도록 만드는 것이 어렵고, 측정문항이 적은 경우에는 사용하기 곤란하다는 것이다. 일반적으로 반분된 각 측정문항의 수는 8~10개가 되어야 한다. 그리고 하나의 측정도구를 둘로 나누면서 발생하는 오류들을 수정하기 위해서는 스피어만-브라운 교정공식(Spearman-Brown formula, Spearman-Brown prophecy formula)[4]이 적용된다(김치영, 2007).

(4) 유사양식법

유사양식법은 평행양식법, 복수양식법, 동형검사법 또는 대안법이라고도 한다. 유사양식법은 동일한 측정도구를 내용이 다르지만 방식은 같은 두 가지 형태로 만들어서, 동일한 대상자에게 동시에 적용하여서 얻은 신뢰도를 말한다.

이 기법은 검사-재검사법과 반분법의 문제점을 극복하는 데 유용하게 쓰일 수 있다. 그러

2) 전후반분법(successive halves method): 반분검사 신뢰도를 얻기 위하여 검사를 동형검사로 반분하는 가장 단순한 방법으로 검사의 처음 반과 나중 반을 따로 나누어 이 반분된 두 검사 간의 상관관계를 구하는 방법이다.

3) 기우반분법(odd-even method): 한 검사를 기수(奇數)문항과 우수(偶數)문항으로 양분하여 그 사이의 신뢰도를 계산하는 반분 신뢰도 계산방법의 하나로, 검사의 반분 신뢰도를 계산할 때 가장 흔히 사용되는 방법이다.

4) 스피어만-브라운 교정공식(Spearman-Brown formula, Spearman-Brown prophecy formula): 반분된 검사 간에 얻어진 상관계수로서 신뢰도는 어디까지나 반분된 검사의 신뢰도이므로 반분되지 않은 전체검사에서 기대되는 신뢰도 계수의 추정공식.

나 서로 다른 두 개의 동등한 측정도구를 만들기 어렵고, 시험이나 조사를 두 번 시행함으로써 조사환경이나 응답자의 동기 및 태도에 차이가 생기는 단점이 있다.

유사양식법의 경우, 첫째 형태의 측정도구를 적용해 얻은 점수와 둘째 형태의 측정도구를 적용해 얻은 점수 사이의 상관관계가 높을수록 측정도구의 신뢰도가 높다고 본다.

따라서 유사양식법을 이용하여 척도의 신뢰도를 판단하고자 할 때에는 아직 신뢰도를 인정받지 못한 두 개의 척도 사이의 상관관계를 비교하기보다는 해당 측정대상에 대해 신뢰도가 공인된 척도[5]를 비교대상으로 삼아 새로 개발된 척도를 비교하여 신뢰도를 판단하는 것이 효과적인 방법일 것이다.

(5) 내적 일관성 분석법

내적 일관성 분석법은 신뢰도 측정방법으로 가장 많이 사용되고 있는 것으로, 측정도구의 문항을 양분하거나 반복하여 조사하지 않고, 한 번의 조사나 시험으로 유일한 값의 신뢰도 계수를 얻는 방법이다. 즉, 내적 일관성 분석법은 문항 상호 간에 응답자의 답이 어느 정도 일관성이 있는가를 검사하여 질문지의 신뢰도를 평가하는 방법이다.

측정도구의 내적 일관성 신뢰도는 측정도구의 문항들로 구성된 가능한 모든 하위 표본에서 얻어진 점수들 사이의 상관관계에 대한 평균값을 말한다.

내적 일관성 신뢰도를 측정하기 위해 오늘날 가장 많이 사용하고 있고 또한 가장 유용한 방법은, 크론바하의 알파(Cronbach's alpha, Cronbach's α) 계수를 계산하는 방법이다. 이는 크론바하(L. J. Cronbach, 1951)가 제안한 것으로 쿠더-리처드슨(Kuder-Richardson)의 신뢰도 추정방법인 K-R20 공식을 보다 일반화한 공식에 의하여 얻어진 신뢰도 계수이다. 크론바하의 알파 계수[6]는 측정도구에 있는 문항들을 반으로 나누어 구성된 모든 하위집단의 점수들 사이에서 얻어진 상관관계의 평균값을 말한다.

크론바하의 알파 계수를 계산하기 위한 컴퓨터 프로그램에서는, 측정도구에 있는 모든

5) 인성검사를 위하여 개발된 어떤 척도의 신뢰도를 평가하고자 한다면, 인성검사 분야에서 이미 국제적으로 신뢰도가 공인된 미네소타 다면 인성검사도구(Minnesota Multiphasic Personality Inventory: MMPI)와 같은 척도를 비교대상으로 설정하여 두 측정값과 상관관계를 살펴보는 것이 효과적일 것이다.

6) 크론바하 알파 계수={항목 개수÷(항목 개수-1)}×{1−(항목변량들의 합÷전체측정 변량)}

문항을 여러 가지로 반으로 나누어 매번 두 개의 하위집단을 구성한다. 그러고 나서 두 개의 하위집단의 점수들 사이의 상관계수를 구한다. 크론바하의 알파 계수는 이렇게 얻어진 모든 상관계수들의 평균에 해당된다.

일반적으로 크론바하의 알파 계수는 0~1의 값을 갖는데, 값이 클수록 신뢰도가 높다. 보통 알파계수가 0.5 이상이면 측정도구가 내적 일관성을 갖고 있어 신뢰할 수 있다고 볼 수 있으며, 0.7 이상이면 바람직한 것으로 본다. 특히 크론바하의 알파 계수가 0.9 이상일 경우, 내적 일관성 신뢰도가 매우 높다고 판단한다(Rubin & Babbie, 2007; 김기원, 2001).

크론바하 알파계수를 이용한 신뢰도 검증의 장점은 단일한 신뢰도 계수를 산출해 준다는 것이다. 또한 반분법의 경우 반분한 양쪽의 상관관계가 낮게 나오더라도 어떤 문항을 제거해야 신뢰도를 높일 수 있을지 알기 어려운 것과 달리, 크론바하 알파는 어떤 문항이 전체 신뢰도를 떨어뜨리는지 파악할 수 있기 때문에 어떤 문항을 제거해야 신뢰도를 높일 수 있을지 파악하게 해준다.

3) 신뢰도 제고방안

신뢰도(reliability)는 주로 측정하는 사람의 피로, 기억 또는 감정의 변동 따위가 측정 대상, 측정 과정, 측정 수단, 측정자 등에 일관성 없이 영향을 미침으로써 발생하는 비체계적 오차와 관련된 것이므로 비체계적 오차의 발생 가능성을 최대한 통제하는 것이 신뢰도를 높일 수 있는 방법이 된다. 일반적으로 신뢰도를 높이기 위해 제시되는 방안들은 다음과 같다(채서일, 1997).

① 측정도구의 내용을 명확히 한다. 측정도구가 되는 문항이나 문구의 내용이 애매모호하게 되면, 응답자뿐만 아니라 조사자도 상이한 해석을 임의로 할 수 있기 때문에 측정오류가 커지게 된다. 따라서 모든 사람이 동일한 의미로 이해할 수 있도록 측정도구가 되는 항목이나 문항의 내용을 명확하게 구성하여야 한다.

② 측정항목의 수를 가능한 늘린다. 대체로 동일한 개념이나 속성을 측정하기 위한 항목의 수가 많을수록, 측정값들의 평균치는 측정하고자 하는 속성의 실제값에 근접하게 된다.

③ 측정자들의 측정방식이나 태도에 일관성이 있어야 한다. 일관성이 없는 측정방식이나 태도는 동일한 질문에 대해서도 응답자들의 반응이 서로 차이를 보이게 된다.

④ 조사대상자가 잘 모르거나 관심이 없는 내용에 대해서는 응답자가 무성의하거나 실제와 전혀 다른 응답을 할 가능성이 있으므로, 측정을 하지 않는 것이 좋다.

⑤ 동일한 질문이나 유사한 질문을 2회 이상 하여 응답자로 하여금 일관성 있는 응답을 하도록 유도하는 방법이 있다.

⑥ 일반적으로 신뢰성이 인정되었거나, 이전의 경험에 비추어 신뢰할 수 있는 측정도구를 사용한다.

⑦ 측정자를 대상으로 측정도구에 대한 교육과 훈련을 실시함으로써 사전준비를 철저히 한다. 측정자들에게 면접조사표나 관찰조사표와 같은 측정도구에 대해 교육을 하고 실제 예행연습을 하도록 함으로써 측정 시의 오류를 줄일 수 있다.

3 타당도와 신뢰도의 관계

신뢰도와 타당도의 두 개념은 존재의 개념이 아니고, 정도의 개념(matter of degree)이기 때문에 신뢰도나 타당도가 '있다, 없다'는 표현보다는 '높다, 낮다'라는 표현이 정확하다. 신뢰도가 높다고 해서 반드시 타당도가 높다는 것을 의미하지 않으며, 신뢰도가 없으면 타당도를 검토하는 것은 의미가 없다. 따라서 신뢰도는 타당도의 기본적인 전제조건인 것이다. 즉, 신뢰도는 타당도를 위한 필요조건이지, 충분조건은 아니다. 그러므로 측정도구를 이용하여 의미 있는 연구결과를 얻으려면 타당도는 물론이고 측정도구의 신뢰도가 높아야 하는 것이다. 이러한 신뢰도와 타당도와의 관계는 다음과 같다(김태성 외, 2005).

① 신뢰도와 타당도는 서로 비대칭적인 관계를 가진다. 비대칭적이라는 것은 어떤 척도의 타당도가 높을 경우 당연히 신뢰도가 높지만 반드시 그 역은 아니라는 것이다. 즉, 척도의 신뢰가 높은 경우라도 타당도는 낮을 수 있다는 것이다.

② 타당도와 신뢰도는 일정 정도 상충관계(trade-off)를 가질 수 있다. 어떤 척도의 신뢰도를 높이고자 한다면 타당도는 낮아지고 타당도를 높이고자 한다면 신뢰도가 일정 정도는 낮아진다.

③ 타당도가 높으면 반드시 신뢰도도 높다.

④ 타당도가 낮은 경우에 신뢰도는 높을 수도 있고, 낮을 수도 있다. 즉, 타당도가 낮다고 해서 반드시 신뢰도가 낮은 것은 아니다.

⑤ 신뢰도가 높은 경우에 타당도는 높을 수도 있고, 낮을 수도 있다. 즉, 신뢰도가 높다고 해서 반드시 타당도가 높은 것은 아니다.

⑥ 신뢰도가 낮으면, 반드시 타당도가 낮다.

⑦ 신뢰도는 무작위 오류와 관련이 있고, 타당도는 체계적 오류와 관계가 있다.

⑧ 신뢰도는 척도에 의해서 측정된 값들이 얼마나 일관성이 있는지에 관심이 있고, 타당도는 척도와 측정대상의 관계에 주목한다.

실제로 측정을 수행하는 과정에서 이 두 가지 측면에 대하여 종종 갈등적인 성격을 띨 수 있다. 타당도를 강조하다 보면 신뢰도가 약해질 수 있고, 신뢰도를 강화하기 위한 노력들은 타당도를 저해하는 결과를 초래할 수도 있다. 따라서 측정도구를 사용하는 조사연구사는 타당도와 신뢰도가 내포하는 의미들을 정확하게 파악하여 상황에 따라 최선의 선택을 하는 것이 필요하다.

앞에서는 타당도와 신뢰도를 별도로 다루어 왔다. 그러나 타당도와 신뢰도는 서로 관련되어 있다.

신뢰도와 타당도 사이의 관계를 보여 주기 위해서, 사격의 표적으로 비유하면서 예를 제시하는 경우가 많다. 예를 들어 [그림 8-1]과 같이 제시할 수 있다.

이렇게 비유할 경우, 총은 측정도구를 나타내고, 과녁은 표적이 된다. 이 경우, 표적의 중심 부분은 조사자가 측정도구를 가지고 측정하고자 하는 개념을 나타낸다. 그리고 표적에서 총탄에 맞은 부분은 측정도구를 사용해 얻은 점수를 나타낸다(Mark, 1996).

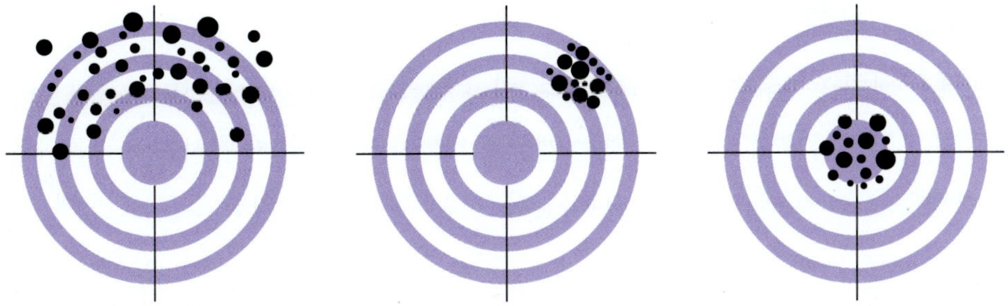

[그림 8-1] 신뢰도와 타당도 관계

사격의 표적으로 비유할 경우, 총(측정도구)이 얼마나 좋은가를 살펴보게 된다. 이것은 측정도구가 얼마나 타당도가 있고 얼마나 신뢰도가 있는지를 따져 보는 것을 말한다. 이 경우 타당도는 사격한 부분이 과녁의 중심 부분에 모여 있는 정도를, 그리고 신뢰도는 맞힌 부분이 모여 있는 정도를 나타낸다고 볼 수 있다(Rubin & Babbie, 2007; Mark, 1996).

[그림 8-1]과 같이 측정도구가 신뢰도가 높다는 것이 타당도가 높다는 것을 보장하지는 않지만, 신뢰도는 타당도를 위한 필요조건이다. 즉, 타당도를 확보하기 위해서는 신뢰도가 필요하다. 그러므로 타당도와 신뢰도 사이의 관계는 '대칭적' 관계가 아니라, '비대칭적' 관계이다.

4 측정오류

사회과학에서 측정하려는 것은 주로 조사대상자의 태도, 행동, 특성 등에 관한 추상적인 개념들이 많은데, 이러한 추상적인 개념을 경험화하는 측정과정에서는 많은 오류가 발생할 수 있다.

1) 측정의 오류

측정하는 과정은 오류(error)에 취약하다. 따라서 측정에서는 어느 정도 오류가 항상 나타나게 된다. 조사자가 측정하려고 하는 개념을 정확하게 나타내지 못하는 자료를 얻을 경우에, 측정오류(measurement error)가 나타난다. 이런 측정오류는 타당도와 신뢰도에 영향을 미친다.

이런 오류의 크기는 대상의 속성과 측정도구의 성격에 따라 차이가 난다. 특히 인간의 심리적 특성은 직접적으로 관찰할 수 없기 때문에, 간접적인 방법을 사용하여 측정하는 경향이 있다. 그 결과, 인간의 심리적 특성에 대한 측정에서는 오류가 더 많이 나타날 가능성이 크다(Rubin & Babbie, 2007; 이종승, 2009).

측정에서 오류가 발생하는 주요한 원인으로 다음과 같은 것이 있다.

첫째, 측정도구 자체가 결함이 있거나 정확하지 않은 경우에 오류가 나타난다. 예를 들어, 질문하고자 하는 의미가 분명하게 기술되어 있지 않은 측정도구를 사용할 경우에는 오류가 나타날 수밖에 없다.

둘째, 측정도구에는 별다른 문제가 없지만, 측정하는 사람이 측정기술이 부족하거나 측정하는 사람이 부주의하거나 착오를 일으킬 경우에 측정오류가 나타난다. 예를 들어, 복잡한 설문지를 노인을 대상으로 실시할 경우에는, 측정오류가 나타날 가능성이 크다.

셋째, 대상자의 심리적 특성이 일시적으로 변하거나 측정이 이루어지는 환경이 특이한 경우에 측정오류가 나타난다. 예를 들어, 개인의 심리적 특성은 개인이 기분이 좋을 때와 기분이 나쁠 때에 서로 차이가 나기 마련이고, 이에 따라 측정에서 오류가 나타날 가능성이 크다.

양적 조사에서는 다음과 같은 두 가지 형태의 측정오류를 강조한다(Rubin & Babbie, 2007).

① 체계적 오류(systematic error)가 있다. 체계적 오류는 일정한 양태나 일관성(일정한 체계나 패턴)이 존재하는 오류로서 타당도 문제를 유발하는 오류를 말한다.

② 무작위(비체계적) 오류(random error)가 있다. 무작위 오류는 일정한 패턴 없이 발생하

는 오류로서 신뢰도 문제를 유발하는 오류를 말한다.

그러므로 이상적으로 볼 경우, 양적 방법을 사용하는 조사자는 연구를 실시하기 전에, 측정과정에서 체계적 오류와 무작위 오류가 나타나는지 여부를 살펴보아야 한다. 대개의 경우, 이것은 조사자가 사용하는 측정절차가 합당한 수준의 타당도와 신뢰도를 가지는지 여부를 살펴보는 식으로 진행된다.

이 경우에, 타당도를 얻지 못하는 것은 체계적 오류 때문이라고 볼 수 있고, 신뢰도를 얻지 못하는 것은 무작위 오류 때문이라고 볼 수 있다.

2) 체계적 오류

체계적 오류(systematic error)는 자료수집 방법이나 수집과정에서 개입되는 오류로, 변수에 일정하게 체계적으로 영향을 주어 측정 결과가 모두 높아지거나 모두 낮아지게 되는 편향된 경향을 보이는 오류이다. 체계적 오류가 나타나는 이유로 다음과 같은 것들이 있다.

첫째, 자료수집 방법에서 발생한다. 예를 들어, 교사가 지켜보는 앞에서 학생들에게 수업만족도를 측정하는 경우이다.

둘째, 측정 대상자들의 역학으로 발생한다. 예를 들어, A당 당원들에게 B당의 정책을 평가해 달라고 한다면 상당히 부정적으로 평가할 가능성이 높지만, A당의 정책을 평가할 경우에는 긍정적으로 평가할 가능성이 커지는 경우이다.

셋째, 잘못된 측정도구 구성으로 인하여 발생한다. 우연한 실수로 잘못 측정한 것이 아니라, 잘못된 측정 방법을 사용했기 때문에 지속적, 체계적으로 오류가 발생하는 경우이다.

측정도구가 조사자가 측정한다고 생각하는 것이 아닌 것을 체계적으로 측정하는 대표적인 사례는, 응답자로부터 자료를 수집하는 데 있어 편향(bias)이 포함되는 경우이다. 편향은 측정과정에서 응답자 개인이 좋아하는 것이나, 응답자 개인의 믿음에 근거하여 왜곡되게 응답함으로써 측정값이 특정 방향으로 치우치는 것을 말한다. 편향은 체계적 오류를 발생시켜 타당도를 떨어뜨린다.

편향은 다음과 같이 여러 가지 형태를 보일 수 있다(김영종, 2007; Rubin & Babbie, 2007).

① 고정반응(response set)에 의한 편향

설문지의 일정한 유형의 질문 문항들이 연속해서 부과될 때 응답자들이 고정된 반응을 나타내는 것을 말한다. 일정한 유형의 문항들이 계속 이어지면 뒤쪽 문항으로 갈수록 응답자가 문항을 제대로 읽지 않고 앞 문항에 대한 응답 패턴대로 비슷하게 응답하는 경향을 말한다.

② 순응적 반응(acquiescent response set)에 의한 편향

순응적 반응 편향은 질문의 내용에 상관없이 진술의 대부분 혹은 전부에 무조건 긍정적이거나 부정적으로, 혹은 중립적인 응답을 하는 것을 말한다.

③ 사회적 적절성(social desirability bias)에 의한 편향

사회적 적절성 편향은 사람이 자신이나 자신의 준거집단을 좋게 보이게 하는 식으로 말하거나 행동하는 경향을 말한다. 자신의 실제 생각과는 무관하게 자신의 응답이 조사자에게 어떻게 비칠까를 고려하여 사회적으로 바람직한(적절한) 사람인 것처럼 보이도록 응답하는 경향을 말한다.

④ 문화적 차이(cultural gap bias)에 의한 편향

문화적 차이 편향은 측정하는 과정에 문화적 차이가 반영되어 측정에서 체계적 오류가 나타나는 경향을 말한다. 문화적 차이 편향은 어떤 문화를 공유하는 집단에서는 자연스럽게 이해되는 사실이, 이와는 다른 문화를 공유하는 집단에서는 자연스럽게 이해되지 못하는 경우에 자주 등장한다.

3) 무작위 오류

무작위 오류(비체계적 오류)는 아무런 양태나 패턴 없이 무작위로 발생하는 측정오류로 측정의 신뢰도를 떨어뜨린다.

무작위 오류는 오류값이 인위적이거나 편향된 것이 아니라 다양하게 분산되어 있어 무작위적으로 발생하는 것이기 때문에 측정대상, 측정과정, 측정수단, 측정자 등에 일관성이

없이 영향을 미침으로써 발생하는 것이다. 따라서 여러 가지 형태를 보일 수 있다. 예를 들어, 측정자로 인한 오류는 건강, 사명감, 기분, 관심사 등과 같은 신체적·정신적 요인이다. 측정상황요인으로는 측정장소, 측정시간, 좌석배열, 소음, 조명 등을 들 수 있으며, 측정도구로 인한 오류에는 측정도구에 대한 사전교육이 충분하지 않을 때 오류가 발생할 수 있다. 측정대상자의 오류에서는 측정하는 절차가 매우 귀찮거나 복잡하거나 따분하거나 피곤할 경우, 응답자는 가능하면 빨리 답변을 마치기 위해 거짓으로 무성의하게 말하거나 행동할 수 있다.

또한 무작위 오류는 측정의 전 과정에서 항상 나타날 수 있으며 체계적 오류에 비해 통제하기 힘들다. 따라서 무작위 오류를 줄이기 위해서는 다음과 같은 방안을 강구해야 한다(채서일, 1997; 김기원, 2001).

① 측정도구의 내용을 명확하게 한다.
② 측정항목의 수를 가능한 한 늘린다.
③ 측정자들의 측정방식이나 태도에 일관성이 있어야 한다.
④ 조사대상자가 잘 모르거나 관심이 없는 내용에 대해서는 측정하지 않는다.
⑤ 신뢰할 수 있는 측정도구를 사용한다.
⑥ 측정자를 대상으로 측정도구에 대한 교육과 훈련을 실시함으로써 사전준비를 철저히 한다.
⑦ 응답환경을 세심히 배려한다.

함께 풀어 봅시다!

1 측정에서 신뢰도와 타당도에 대해 바르게 서술한 것은?

① 반복해서 측정하였을 때 동일한 결과가 나오면 신뢰도가 높다.
② 측정하고자 하는 대상의 속성을 정확하게 측정하였을 때 신뢰도가 높다.
③ 타당도가 높은 측정은 신뢰도가 낮다.
④ 신뢰도는 타당도의 충분조건이다.
⑤ 신뢰도가 높은 측정은 반드시 타당도가 높다.

2 신뢰도를 높일 수 있는 방법에 대한 설명으로 옳지 않은 것은?

① 측정항목을 늘리고 선택범위를 넓혀야 한다.
② 응답자의 수준에 적합한 내용을 측정한다.
③ 응답자의 태도가 일관되도록 환기시킬 필요가 있다.
④ 신뢰도를 저해하는 측정항목을 제외하고 다시 구성한다.
⑤ 역점수 문항의 경우 응답자가 의식하지 못하도록 한다.

3 다음에서 설명하고 있는 신뢰도의 측정방법은 무엇인가?

- 척도의 각 개별 항목이 전체 척도와 얼마나 상호 연관되어 있느냐를 나타내는 것
- 모든 문항이 가질 수 있는 반분신뢰도를 구한 후 그 평균값을 산출하는 방법

① 검사-재검사법 ② 평행양식법
③ 크론바하 알파계수 ④ 반분법
⑤ 조사자 간 신뢰도

정답 및 해설

❶
▶▶ 측정도구가 측정대상을 정확히 측정했다면(타당도) 이를 여러 번 반복하여도 같은 결과를 얻게 된다(신뢰도).

❺
▶▶ 역점수 문항은 말 그대로 역으로 점수를 평가하는 문항이다. 역점수로 된 문항의 경우 응답자가 무의식적으로 실수하지 않도록 유의시키는 게 필요하다.

❸
▶▶ 크론바하 알파계수는 반분법과 마찬가지로 내적 일관성 방법에 따라 신뢰도를 측정하는 기법으로 가능한 모든 반분법을 시행했을 때 신뢰도의 평균값이다.

4 **측정과정에서는 어느 정도 오류가 항상 나타나게 되는데 이것을 측정오류라고 한다. 측정오류 중에서 조사자가 수집하는 정보가 조사자가 측정하려는 개념을 일관성 있게 잘못 나타낼 경우에 발생하는 오류를 무엇이라고 하는가?**

( )

체계적 오류(systematic error)

▶▶ 양적 조사에서는 체계적 오류와 무작위 오류 두 가지 형태의 측정오류가 나타나는데 여기서 설명하는 것은 체계적 오류에 대한 것이다.

5 **무작위 오류를 줄이기 위한 방법으로 옳지 않은 것은?**

① 측정항목의 수를 가능한 한 늘린다.

② 측정자들의 측정방식에 일관성을 기한다.

③ 신뢰할 수 있는 측정도구를 사용한다.

④ 조사대상자가 잘 모르거나 관심이 없는 내용도 설득하여 응답하도록 한다.

⑤ 측정도구의 내용을 명확하게 한다.

④

▶▶ 측정대상자가 잘 모르거나 관심 없는 내용의 경우 측정하지 않는 것이 좋다.

09 CHAPTER

표집(표본추출)

CONTENTS

표본조사는 모집단(population)으로부터 표집과정을 통해 표본을 추출하여, 그에 대해 조사하는 방법으로, 표본조사 결과 나타난 통계치를 통해 모집단의 모수를 추정하게 된다. 대부분의 조사연구는 모집단 전체를 전수조사를 실시하기보다는 모집단의 일부를 표본으로 추출하여 모집단의 특성을 추정하는 표본조사를 실시한다. 여기서 모집단에서 표본을 추출하는 과정을 표본추출 또는 표집(sampling)이라고 한다. 정확한 모수 측정을 위해 표집 시 모집단의 특성을 잘 대변할 수 있는 대표성 있는 표본을 선정하는 것이 무엇보다 중요하다.

이 장에서는 표집의 의의와 관련용어를 파악하고, 사회복지조사에서 가장 흔히 사용되는 확률표집방법과 비확률표집방법의 유형을 구분하여 구체적으로 살펴보도록 한다. 또한 표본의 대표성을 확보하기 위한 표집의 크기와 표집오차의 관련성을 학습하도록 한다.

CHAPTER

09 표집(표본추출)

학/습/목/표

- 표집의 의미와 표집의 장단점을 이해할 수 있다.
- 표집과 관련된 용어들에 대해 간략히 설명할 수 있다.
- 표집방법의 유형을 구분하여 이해하고 설명할 수 있다.
- 표집의 크기와 표집오차의 관계성을 설명할 수 있다.

1 표집의 의의

표집(표본추출, sampling)이란 모집단(연구대상) 가운데 자료를 수집할 일부 대상을 표본으로 선택하는 과정을 말한다. 알고자 하는 대상 전체(모집단)를 상대로 자료를 수집하는 전수조사(complete enumeration)가 가장 이상적이기는 하지만, 현실적으로 많은 비용과 노력이 들기 때문에 전체 대상 중 표본을 선택하고 이 표본에 대한 자료를 바탕으로 모집단 전체의 특성을 추정하게 된다. 우리나라에서 5년마다 실시하는 전수조사인 인구센서스(census)조사와 같이 특수한 경우를 제외하고는 대부분의 사회조사는 표본조사(sample survey)를 실시하게 된다. 이러한 표집은 연구목적이나 문제형성 등 연구과정을 고려하여 실시해야 한다.

표집의 장점으로 경제성, 신속성, 가능성, 정확성, 응답률, 신뢰도 등을 들 수 있는데 구체적 내용을 살펴보면 다음과 같다.

① 경제성: 전수조사에 비해 적은 비용으로 신뢰할 만한 정보를 확보할 수 있다.

② 신속성: 신속하고 시의성 있는 결과를 얻을 수 있다.

③ 가능성: 모집단 전체를 파악할 수 없는 경우가 있고, 수가 너무 많아서 조사가 현실적

으로 불가능할 수 있으므로 표본을 사용한다.

④ 정확성: 표본조사는 훈련된 면접자가 소수를 대상으로 조사하므로 다수를 대상으로 한 전수조사에 비해 자료수집과정에서 발생할 수 있는 비표집오차를 줄여 정확도를 높일 수 있다.

⑤ 응답률: 응답자로부터 높은 응답률과 협조를 받을 수 있다.

⑥ 신뢰도: 전수조사를 하기 위해서는 상당수의 면접자 또는 조사자가 필요하기 때문에 조사자 간의 신뢰도 문제가 발생할 가능성이 크다.

반면 표집의 단점은 다음과 같다.

① 모집단을 대표할 수 있는 표본을 찾기 어렵다. 표본은 모집단 부분 집합으로서 대표성을 가져야 하는데, 표본이 모집단을 대표하지 못할 경우 일반화 가능성이 낮아진다.

② 모집단의 크기가 작은 경우에는 표집의 큰 의미가 없다. 모집단이 작으면 모집단을 그대로 조사해도 되기 때문에 표집을 추출하여 조사하는 것이 의미가 없어진다.

③ 표본설계가 복잡한 경우에는 시간과 비용이 더 소요될 수 있고, 표본설계가 잘못된 경우에는 오차가 발생할 수 있다.

이러한 장단점의 이유를 살펴보면 사회조사에서 표본조사를 실시하는 이유에 대한 해답을 찾을 수 있을 것이다. 효과적이고 잘 계획된 표본조사는 표집오차만 줄여준다면 많은 경우 전수조사보다 더욱 신뢰할 만한 조사결과를 얻을 수 있다.

2 표집 관련 용어

표집의 논리와 방법을 이해하기 위해서는 표집에 사용되는 주요 개념과 용어를 우선 알아야 한다. 다음에 소개하는 용어는 사회조사와 통계분석에서 일반적으로 사용되는 의미이다.

1) 요소(표집요소)

요소(sampling element)는 자료나 정보를 수집하는 기본 단위로, 자료분석 시 분석단위와 일치하는 경우가 많다. 요소들의 총합이 모집단이다. 요소(element)는 우리가 관심을 가지는 현상에 대한 정보를 수집하는 단위이며 분석의 기초에 해당한다. 예를 들어, 사회복지사에 대한 조사의 경우 요소는 사회복지사 개인이고, 사회복지사 전체가 모집단이 된다. 연구목적에 따라서는 개인, 가족, 사회모임, 기업, 집단 등이 표본선정의 요소가 될 수 있다.

2) 모집단, 표본

모집단(population)은 연구대상이 되는 집단 전체이다. 모집단은 현실적으로 한정하여 조작적 의미를 부여할 수 있는 특정한 연구요소의 총체이며 우리가 파악하고자 하는 집단의 총합체이다. 모집단은 때로는 관념적이고 이론적이라서 그 실체와 구체적 대상을 정확하게 규정하기가 어려운 경우가 많다. 시간, 공간, 자격을 구체화해서 정의한다. 모집단을 정의할 때 조사연구자가 고려해야 할 점은 자신의 연구주제와 목적에 따라 구체적인 변수와 특성을 사용하여 정확하게 모집단을 정의하여야 한다는 점이다.

표본(sample)은 실제 조사를 위해 모집단으로부터 표본을 추출하는 과정이다. 모집단 전체를 대상으로 하는 조사를 전수조사(population study)라 하며, 표집을 통해 선정된 표본을 대상으로 실시하는 조사를 표본조사(sample study)라 한다.

3) 표집단위, 표집틀

표집단위(sampling unit)는 표본이 추출되는 각 단계에서 표본으로 추출한 요소들을 담고 있는 요소들의 묶음이다.

표집틀(sampling frame)은 표본이 실제로 선정되는 표본추출 단위의 실제 목록 또는 모집단 전체 목록을 말한다. 즉, 표본추출을 위해서는 모집단의 요소나 표집단위들을 한곳에 모아 정리해 놓은 일종의 목록이다. 표집틀에서 중요한 것은 모집단을 잘 대표할 수 있어야 한다는 것인데 실제 연구조사를 수행할 때 표집틀 마련이 표집이나 자료수집보다 더 어려운 경우가 많다.

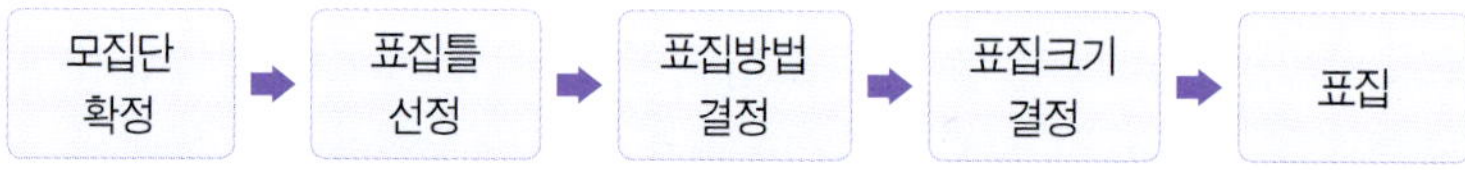

[그림 9-1] 모집단에서 표본을 추출하는 과정

4) 통계치와 모수

표본에서 수집한 자료를 분석하여 궁극적으로 알고자 하는 것은 모집단의 특성이다. 표본의 자료를 분석하여 산출한 표본의 특성을 요약해주는 수치들을 통계치(statistic)라 하고, 이 통계치를 통해 궁극적으로 추정하고자 하는 모집단의 특성에 해당하는 수치를 모수(parameter)라 한다. 만약 연구에서 전수조사가 이루어졌다면 각 변수의 빈도나 평균 등과 같은 수치는 곧 모수이다. 하지만 대부분의 사회조사연구는 전수조사가 아니라 표본조사를 하기 때문에 모수는 표본의 수치(통계치)를 통해 예측된다.

표본조사에서는 모집단에서 표본을 추출하여 표본의 통계치를 구한 후, 그것을 통해 모집단의 모수를 추정(추리)하는 과정을 거친다.

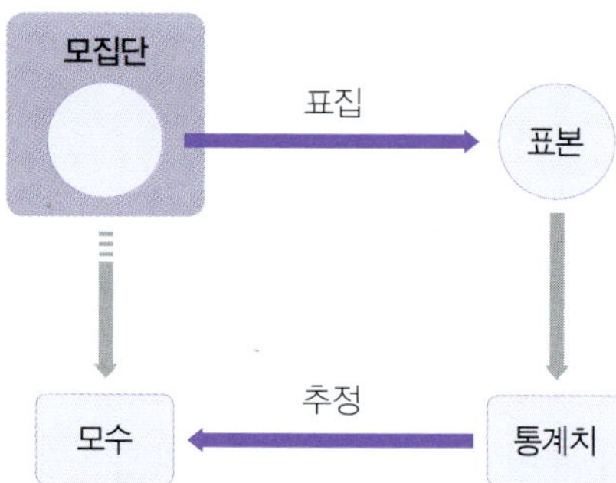

[그림 9-2] 표본조사의 과정

5) 표집오차

전수조사의 경우 표집과정이 없으므로 표집오차는 발생하지 않는다. 그러나 표본조사는 모집난 전체를 조사하는 게 아니라 모집단의 일부를 표본으로 추출하여 조사하기 때문에 표본을 대상으로 조사한 결과(통계치)는 실제 모집단의 특성에 해당하는 값(모수)과 다른 경우가 많다. 이렇게 표본의 통계치가 모집단의 실제 모수와 차이 나는 정도를 표집오차(sampling error)라 한다. 표집오차는 모집단을 정확하게 반영해 주지 못하는 표본을 선정했기 때문에 발생하는 오류라고 할 수 있다.

모집단에 대한 표본의 대표성이 높을수록 모수와 통계치는 일치하게 되며(표집오차가 작고), 반대로 대표성이 낮을수록 모수와 통계치 사이의 차이는 크다(표집오차가 크다). 표본 크기가 클수록, 확률표집을 사용할수록, 모집단이 동질적일수록 표집오차는 줄어드는 경향이 있다.

6) 관찰단위, 분석단위

관찰단위(observation unit)는 자료를 수집하는 단위를 말한다. 분석단위(analysis unit)는 자료수집의 결과로 확보하는 분석대상이 되는 자료의 단위를 말한다.

예를 들어, '주 양육자를 대상으로 면접조사를 실시'하여 '영아의 애착표현 행동'에 대한 자료를 수집 분석하였다면 이 경우 관찰단위는 주 양육자, 분석단위는 영아이다.

3 표집방법의 유형

표본을 구분할 때 가장 중요한 점은 추출된 표본이 확률표집방법(probability sampling method)에 기초하는지 아니면 비확률표집방법(nonprobability sampling method)에 기초하는지의 구분이다. 이 가운데 특히 확률표집방법이 중요한데 왜냐하면 확률표집방법은 모집단의 요소가 표본으로 선정될 확률이 미리 알려져 있고 무작위적으로 추출하는 경우이며, 비확률표집방법은 이러한 확률을 미리 알려주지 못하는 경우이다.

1) 확률표집방법

확률표집방법은 무작위 선정절차를 따른다. 이러한 절차는 두 사람 사이에서 동전을 던져서 승부를 결정할 때 적용하는 방법과 같은 논리와 절차를 따른다. 동전을 던지면 앞면과 뒷면이 나타날 확률은 반반, 즉 1/2(0.5)로 똑같으면 이는 두 사람 모두 이길 수 있는 기회 또는 가능성이 동일함을 의미한다.

확률표집방법은 모집단의 요소가 표본으로 선정될 확률을 사전에 미리 알 수 있도록 하는 표본선정방법이다. 이 방법은 요소를 무작위적으로 선정하기 때문에 체계적인 편견이 없으며, 요소가 표본에 선정될 때 우연성을 제외하고는 아무것도 영향을 미치지 않는 표집방법이다. 확률표집방법의 이러한 특징은 연구에서 발견한 것을 일반화하려는 연구에서 비확률표집방법에 비해 특히 가치가 있다(황창순 외, 2015).

(1) 단순무작위표집법

단순무작위표집법(simple random sampling)은 가장 잘 알려진 무작위표본이다. 무작위표본에서 진 대상은 표본으로 선택될 동일한 확률을 가지고 있다. 무작위표집의 절차는 표집틀에서 각 사람이나 표집단위에 번호를 할당하여 조사자가 일정한 유형 없이 단순히 무작위로 뽑는 것이다.

그러나 사람마다 좋아하는 또는 싫어하는 숫자가 있기 때문에 순수하게 무작위인 경우는 매우 드물다. 이런 점을 보완하여 가장 보편적으로 사용하는 방법이 난수표 이용이다. 구체적인 방법은 모집단의 모든 요소에 숫자를 부여하고 난수표에서 선택되는 숫자와 일치하는 요소를 선정하는 방법이다. 이 표본추출방법은 모집단에 대한 사전지식이 거의 불필요하고, 분류오차의 여지가 거의 없고 그리고 자료분석과 오차 계산이 쉬운 장점을 가지고 있다. 하지만 이 방법은 전체모집단의 요소가 많지 않다면 사용할 수 있지만 요소가 많은 경우는 현실적으로 사용하기가 어렵다. 최근에는 표본의 크기에 상관없이 표본을 쉽게 선정하는 컴퓨터 프로그램이 사용되고 있다. 구체적인 방법은 먼저 표본틀을 구성하는 모든 요소에 숫자를 부여하고 원하는 만큼의 숫자를 무작위로 선정하는 컴퓨터 프로그램을 수행하면 된다. 이때 선정된 숫자가 표본이 된다.

> 예
> 100명의 사회복지학과 학생 중 10명을 무작위로 자원봉사자 선출을 해야 한다면 학생의 학번이나 이름을 적어 한곳에 넣고 섞어서 10개를 뽑는 방식이다. 이때 자원봉사자로 선출될 확률은 10/100으로 100명 모두가 동일하다.

(2) 체계적 표집법

체계적 표집법(systemic sampling)은 단순무작위표집과 거의 유사한 방법이다. 표집틀인 모집단 목록에서 일정한 순서에 따라 매 *k*번째 요소를 표본으로 추출하는 방법이다. 일련번호를 붙인 표집틀을 마련하고 모집단 총수를 요구되는 표본 수로 나누어 표집간격(*k*)을 구하며, 첫 번째 표집간격 안에 들어 있는 숫자 가운데 하나를 무작위로 선택하여 추출된 최초의 표본을 기준으로 정해진 표집간격(*k*)에 따라 추출하는 것이다. 모집단을 구성하는 요소들이 일정한 순서대로 배열되어 있으면 표본추출과정에서 체계적인 오류가 발생할 수 있다. 즉, 주기적으로 몇 번째 순서에 어떤 특징을 가진 요소가 배열되어 있다면 표본의 대표성이 훼손될 수 있다.

이런 특수한 경우를 제외하면 체계적 표집법이 단순무작위표집법에 비해 더욱 실용적이고 더 쉽게 사용될 수 있다.

> 예
> 5,000명에서 50명을 체계적 표집으로 추출한다면, 표집간격 K=100이다. 첫 번째 표집 간격(1~100)에서 한 번호를 무작위로 추출하는데, 만약 이때 35번이 추출되었다면 이어지는 번호는 35, 135, 235, 335 …… 4935이 될 것이다.

(3) 층화표집법

층화표집법(stratified sampling)은 모집단을 먼저 서로 중복되지 않는 여러 개의 층(하위집단)으로 분류한 후, 각 층(strata)에서 단순무작위표집에 따라 표본을 추출하는 방법이다. 하위집단을 분류할 때 기준을 잘 선택하는 것이 중요하다. 단순무작위표집에서는 모집단에 대한 조사자의 지식이 활용되지 않지만, 층화표집에서는 '무엇에 초점을 두고 층화할 것인가'와 관련하여 모집단에 대한 조사자의 지식이 요구되고 활용된다.

층화표집은 동질적인 집단에서의 표집오차가 이질적인 집단에서의 표집오차보다 더 작다는 확률분포 논리에 기초한다. 남녀가 뒤섞여 있는 모집단에서 한 번에 추출하는 것보다는 성별을 기준으로 남성은 남성대로, 여성은 여성대로 분류한 후 남성은 남성들 중에서, 여성은 여성들 중에서 각각 추출하면 표집오차가 줄어든다. 따라서 집단 간에는 성별이 서로 이질적이며, 집단 내에서는 성별이 서로 동질적이다. 동질적인 집단으로 나눈 후 각 집단에서 표집하기 때문에 층화표집은 확률표집 방법 중에서 표집오차가 가장 작다. 즉, 표본의 대표성이 가장 높다고 할 수 있다.

층화표집의 종류에는 비례층화표집과 비비례층화표집이 있다. 비례층화표집은 모집단의 비율과 같게 표본을 선정하는 방법이고, 비비례층화표집은 모집단의 비율과 다르게 표본을 선정하는 방법이다. 모집단의 비율을 표본에서도 동일 비율로 적용해 표본수를 정한다면 이는 비례층화표집에 해당된다. 그런데 특정 집단의 모집단 비율이 현저히 낮아 같은 비율을 적용하면 해당 집단의 표본 수가 지나치게 작아져서 해당 집단의 특성을 대표하기 어려운 경우에는 표본의 비율을 모집단과 다르게 조정할 수 있는데 이것이 비비례층화표집이다. 따라서 층화표집은 모집단에 있는 소규모 하위집단이 표본에 적절한 크기로 포함될 수 있도록 하는 데 유리하다는 장점이 있다.

〈표 9-1〉 층화표집 유형에 따른 예

종교 유형	모집단 수	비례층화표집	비비례층화표집
기독교	250명	25명 (10%)	15명 (6.0%)
천주교	200명	20명 (10%)	15명 (7.5%)
불교	100명	10명 (10%)	15명 (15%)
기타	50명	5명 (10%)	15명 (30%)
합계	600명	60명 (10%)	60명 (10%)

이러한 방식으로 가중치를 부여하여 순수하게 확률표집이 사용되었다면 나타날 수 있

는 값에 비해 지나치게 많이 포함된 층의 영향은 줄어들고 반대로 다소 적게 포함된 층의 영향은 증가하게 된다(Grinnell & Unrau, 2005).

(4) 집락표집법

집락표집법(군집표집법, cluster sampling)은 모집단을 여러 개의 집락 또는 집단들로 구분하여, 이들 집락이나 집단 중 일부를 선택하고, 선택된 집락 또는 집단 안에서만 표본을 무작위로 추출하는 방법이다. 집락표집은 넓은 지역 단위에서 좁은 지역 단위로 범위를 좁혀가며 단계적으로 지역을 선정할 때 주로 사용된다. 이러한 단계적 선정 과정을 2회 이상 거치는 경우 다단계 집락표집이라 부른다. 특히, 대규모 서베이조사에서는 모집단 전체에 대한 표집틀을 확보하기가 어렵고 비용도 많이 들기 때문에(모집단 전체 요소의 목록이 필요하지 않은) 집락표집을 적용한다. 예를 들어, 모집단이 넓은 지역에 퍼져 있거나 여러 조직에 넓게 퍼져 있어 표집틀을 만들 수 없을 때 유용하다.

집락표집은 조사단위들이 인접한 지역으로 묶여져 있을 때 조사가 편리하고 비용을 줄일 수 있다. 그러나 집락표집은 층화표집과 달리 집락 간에는 동질적이고 집락 내에서는 이질적이라는 특징을 갖는다. 왜냐하면 집락들이 서로 동질적이라는 전제가 성립해야 그들 중 몇몇 집락을 뽑아 조사한 결과가 전체에 대한 대표성을 담보할 수 있기 때문이다.

집락표집 방법은 서베이조사에서 가장 인기가 있는 방법이지만 하나의 결정적인 약점을 가지고 있다. 그것은 표본오차가 단순무작위표집보다 집락표집에서 더 높다는 사실이다. 이러한 표집오차는 집락의 숫자가 줄어들수록 증가하고 집락의 요소의 동질성이 증가할수록 감소한다. 전문적인 서베이조사자들은 흔히 다단계 집락표본을 사용하거나 또는 집락표집법과 층화표집법을 함께 사용하기도 한다. 집락표집 방법은 확률표집 방법 중 표집오차가 가장 크다.

예) 전국의 고등학교 학생들에 대해 조사한다고 할 때 전국 고등학교 학생들의 표본을 선출하기 위해서 전국의 고등학교 학생들의 명부를 작성하여 모집단을 확인하는 것은 매우 힘들다. 따라서 전국의 시·도 단위의 교육구를 표집단위로 하여 그 안에서 몇 개의 교육구를 추출한 다음, 각 교육구 내에서 다시 몇 개의 고등학교를 무작위로 선정한다. 각 고등학교 내에서 몇 개의 반을 무작위로 선발한 후, 다시 각 반에서 최종적으로 조사연구단위인 고등학생을 무작위로 추출할 수 있다.

2) 비확률표집방법

비확률표집은 모집단의 소재가 불분명하거나 그 소재를 명확히 확인할 수 없을 때(예: 정신장애인, 약물중독, 불법체류자 등), 모집단의 표집틀을 구할 수 없을 때 등 확률표집방법을 적용할 수 없을 때 사용하는 방법이다. 이론적으로는 대표성과 오차의 추정 가능성 등의 측면에서 확률표집이 보다 이상적이지만, 모집단 자체의 범위를 한정할 수 없거나, 시간, 비용, 인력이 충분치 못한 경우, 확률표집에 대한 대안으로 비확률표집방법을 사용한다.

가장 대표적인 비확률표집방법은 다음의 네 가지인데, 편의표집법(convenience sampling), 유의표집법(purposive sampling), 할당표집법(quota sampling), 눈덩이표집법(snowball sampling)이 바로 그것이다. 이 네 가지 표집방법은 표본의 대표성을 확인할 수 없으며, 표집오차를 계산할 수 없다. 또한 표본 선정 과정에 연구자의 편견이 개입될 수 있으며 외적 타당도가 떨어진다는 한계점을 지닌다. 하지만 여러 가지 이유로 무작위표집이 불가능하거나 어려운 경우 비확률표집방법이 유용할 수가 있다. 비확률표집방법은 연구과제가 전체 모집단의 특성에는 커다란 관심을 두지 않거나 질적 조사연구 설계에서 사용하는 경우가 많다.

(1) 편의표집법

편의표집(convenience sampling)은 임의표집법, 우발적 표집법, 가용표집법이라고도 한다. 모집단에 대한 정보가 전혀 없는 경우, 모집단의 구성요소들 간의 차이가 없다고 판단될 때, 연구자가 표본 선정의 편리성에 기준을 두고 연구자 임의대로 확보하기 쉽고 편리한 표집단위를 표본으로 추출하는 방법이다. 연구자가 쉽게 접근하고 이용 가능한 대상을 표본으로 선정한 만큼 편리하고 비용이 가장 적게 들지만, 표본의 대표성을 전혀 확인할 수 없고 일반화 가능성(외적 타당도)도 떨어진다.

예를 들면, 길을 가다가 마주치는 사람에게 접근하거나 사무실로 들어오는 사람에게 아무런 순서 없이 질문을 하거나 학교 정문 등에 서서 등교하는 학생들을 대상으로 표본으로 추출하는 경우이다.

예
- 연구자가 길거리에서 쉽게 만날 수 있는 200명을 선택하여 지역 문제에 대한 의견을 묻는 경우
- 대학 도서관 건물 근처를 지나는 학생들을 불러세워 복지정책에 대한 학생들의 태도를 조사하는 경우

(2) 유의표집법

유의표집(purposive sampling)은 판단표집법, 의도적 표집법이라고도 한다. 연구자가 모집단 및 요소들에 대해 풍부한 사전 지식을 가지는 경우 자신의 판단과 조사의 목적과 의도에 맞는 대상을 표본으로 선정하는 방법이다. 조사자는 주관적 판단에 의거하여 누구를 표본에 포함할지를 결정한다는 의미에서 판단표집(judgemental sampling)이라고도 한다. 모집단에 대한 풍부한 사전 지식을 기초로 하기 때문에 표집이 편리하고 시간과 비용도 적게 드는 장점이 있다. 또한, 연구상황에서는 가끔씩 연구자의 판단과 연구의 목적에 기초하여 선정하는 것이 더 유용하고 바람직한 경우가 있다. 특히, 측정도구로서 처음 설문지를 개발하고 그 타당성을 검증하려고 할 때 연구자는 다양한 응답자가 개발 중인 설문지에 응답하기를 원할 수 있다. 이 경우 표본이 모집단을 대표할 수는 없다는 단점이 있지만 설문지의 문제점을 조기에 발견할 수 있고 다양한 연구대상자에게 설문지의 타당성을 미리 체크할 수 있는 장점이 있다. 이런 특성 때문에 유의표집법은 연구의 최종 단계에서보다는 연구의 시작 단계나 탐색적 단계에서 흔히 사용한다.

예
- 지역문제를 가장 잘 알고 있을 거라고 판단되는 지역유지나 사회복지 전담 공무원, 통반장 등을 조사하는 경우
- 일반적이고 전형적인 표준에서 벗어난 사례를 의도적으로 선정하여 조사하는 경우

(3) 할당표집법

할당표집(quota sampling)은 모집단 속성 중 조사내용에 영향을 주는 요소를 정해서, 이를 기준으로 몇 개의 범주로 구분하고 각 범주에 해당하는 표본을 모집단에서 차지하는 범주의 비율에 따라 할당하고 각 범주로부터 할당된 수의 표본을 임의적으로 추출하는 것이다.

할당표집을 하기 위해서는 층화표집에서와 마찬가지로 연구자가 모집단에 대한 사전 지식을 가지고 있어야 한다. 예를 들어, 표본 300명을 추출하고자 할 때, 먼저 남자 200명, 여자 100명으로 할당 비율을 연구자가 미리 결정해 놓고 그 안에서 임의로 표본을 추출하는 것이다. 이처럼 모집단의 몇몇 특징(성별, 지역, 연령, 종교, 직업 등)을 할당한다는 점에서는 층화표집법과 유사하지만 할당된 표본의 수를 무작위표집이 아닌 임의로 표집한다는 점에서 층화표집법과 다르다.

(4) 눈덩이 표집법

눈덩이 표집(snowball sampling)은 누적표집법, 연쇄의뢰표집법이라고 하며, 우연표집의 한 형태라고 할 수 있다. 눈덩이 표집은 연구자가 조사할 표본 사례들이 어디에 소재하는지를 잘 모르는 경우에 유용한 방법이다. 즉, 눈덩이를 굴리는 것과 같이 처음에는 연구에 필요한 특성을 갖춘 소수의 표본을 찾고, 그 표본을 통해서 다른 사람을 소개받아 점차로 표본의 수를 늘려 가는 표집방법이다. 주로 약물중독, 성매매, 도박 등과 같이 일탈적인 대상을 연구하거나 노숙인, 이주노동자, 불법이민자 등 모집단의 구성을 찾기 어려운 대상을 연구하는 경우에 사용한다. 이 눈덩이 표집방법도 표집과정에서의 대표성을 믿을 수 없기 때문에 양적 연구보다는 주로 질적 조사연구 혹은 현장연구에서 활용되며, 주로 탐색적인 목적으로 사용하는 경우가 많다.

4 표집의 크기와 표집오차

표본의 대표성(representativeness)은 추출된 표본의 특성이 모집단의 집합적 특성과 일치하는 정도에 의해 평가된다. 표본의 대표성 정도는 표본을 연구한 결과가 모집단 전체를 연구한 결과와 같음을 합리적으로 주장할 수 있는 근거를 제공한다. 따라서 표본의 특성이 모집단의 특성과 유사할수록 대표성이 높은 표본으로 볼 수 있다.

1) 표본의 크기

표본의 크기는 모집단으로부터 추출한 표집단위의 총 개수이다. 표본의 수는 모집단의 크기와 동질성 여부에 의해 좌우된다. 표본이란 근본적으로 모집단을 대표하는 요소를 추출해서 모집단을 전체적으로 조사하는 효과를 거두면서도 표집으로 나타나는 오차를 최소화하려는 전략이다. 그런데 어느 정도의 표본의 크기를 추출해야 모집단을 대표하게 되는지 표본의 크기가 대단히 중요하다. 표본의 크기가 증가하면 표본의 대표성은 증가하나 어느 정도의 크기에 도달하면 표본의 크기를 증대시킨 만큼 대표성이 증가하지는 않는다.

표본의 크기를 결정할 때 시간과 비용 등을 고려해서 대규모 표본을 선정하기 힘든 경우가 많을 것이다. 그래서 연구자는 연구설계 단계에서 연구목적을 달성하기 위해 표본의 크기를 어느 성도로 할 것인지 결정하는 것이 통상적이다.

표본의 크기를 결정할 때 적용할 수 있는 몇 가지 일반 원칙을 제시하면 다음과 같다(Grinnell & Unrau, 2005).

① 표본오차가 적을수록 좋다면 표본의 크기가 커야 한다.

② 모집단의 구성요소가 동질하다면 덜 동질적인 모집단보다 표본의 크기가 작을 수도 있다.

③ 층화표집은 표본을 추출하기 전에 동질적인 모집단을 구성하기 때문에 단순무작위표집에 비해 표본의 크기가 작아도 된다.

④ 몇 가지 간단한 서술통계를 구하는 것이 목적이라면 복잡한 분석이 필요한 연구에

비해 표본의 크기가 작아도 된다.

⑤ 만약에 가설을 검정하기 위해 변수 사이에 강력한 관계를 발전하고자 한다면 약한 관계를 기대할 때보다 표본의 크기가 커야 할 것이다.

우리가 흔히 이용하고 있는 것 중에서 표본의 크기에 대해 잘못된 견해를 살펴보면 다음과 같다(김치영·황인옥, 2015).

① 모집단의 일정 비율 이상을 표본으로 해야 한다. 가장 일반적으로 많이 오해되고 있는 기준이 대략 10% 법칙이다. 이것은 조사연구자가 그가 연구하는 모집단의 10%를 표본으로 추출하여야 한다는 것이다. 이 법칙은 모집단의 크기에 따라, 모집단이 대단히 큰 경우 10% 이하의 크기로도 충분할 것이며, 대단히 적은 경우에는 표본크기를 10% 이상으로 하여야 하는 수정이 필요하다. 최소한 30명 이상의 자료를 얻어야 정규분포를 이룬다. 표본의 크기가 작으면 통계적으로 검증력이 떨어지기 때문이다.

② 표본은 일정 규모의 표본추출단위 수 이상이 되어야 한다는 것이다. 그러나 실제로는 오히려 표본의 규모가 줄어드는 경향을 보이고 있다. 표본의 규모가 일정 이상이 되어야 한다는 규칙은 없고, 표본규모의 범위는 매우 유동적이라 할 수 있다.

③ 표본이 크면 클수록 그만큼 표본결과의 정확도가 증가한다는 것이다. 물론 표본이 크면 클수록 표본추출오차기 줄어들고, 정밀도가 높아지는 것은 사실이지만, 표본규모가 두 배로 커진다고 해서 표본추출오차가 두 배로 감소하는 것은 아니다.

2) 표집오차

표집오차(sampling error)는 모집단의 값과 표본의 값 간의 차이를 말하며 신뢰구간을 계산하기 위해 사용하는 것이므로 표준오차(Standard Error, SE)라고도 한다. 표집오차는 '표본평균의 표준편차'를 말하는 것으로 평균분포(표집분포)에서 평균을 중심으로 각각의 표본평균이 어느 정도 떨어져 있는가를 표시하는 통계치이다. 무작위표집방법이 체계적인 편견을 가지지는 않지만 우연에 의해 발생하는 표집오차는 가지고 있다. 표집오차가 발생하는 원인은 어떤 대상을 연구할 때 시간이나 비용 등의 이유로 모집단 전체를 연구하기가 불가능할 때 모집단을 대표하는 요소를 선정한 결과이다. 실질적인 의미에서 모집단 전체의 값을 알 수 없기 때문에 표본으로부터 얻어진 값을 토대로 연구자가 일정한 신뢰수준(95% 또는 99%)에서 나타날 수 있는 오차의 범위를 추정하게 된다.

선거철에 여론조사 결과에 대한 언론보도를 살펴보면 "전국 국민 성인 남녀 1,000명에게 조사한 결과, ○○당에 대한 지지도는 34%로, 이 조사의 신뢰수준은 95%에서 ±3%입니다"라고 명시하는 것을 볼 수 있다. 이때의 ±3%는 모집단인 전체 국민의 지지율을 가지고 계산한 것이 아니라 표본의 값들을 가지고 추정한 확률적 의미로, 모집단과 표본 간의 차이를 의미하며, 이것이 표집오차이다.

확률적 표집의 장점은 무작위표본의 값으로 모집단의 모수를 추정하려고 할 때 표집오차를 수학적으로 결정할 수 있다는 사실이다. 단, 이 경우에도 무응답이 많지 않아야 하고 또 표집절차를 잘 통제한 경우로서 표본의 무작위성(randomness)이 손상당하지 않아야 한다는 사실이다. 일반적으로 표본의 크기와 표본이 추출되는 모집단의 동질성(homogeneity)의 정도가 표집오차에 영향을 미친다. 간단히 말해서 표집오차는 표본의 크기가 클수록 적으며 모집단의 동질성이 클수록 적어진다. 이 두 가지 요인을 더욱 자세히 설명하면 다음과 같다.

첫째, 표본의 크기가 크면 클수록 표본의 대표성에 대한 더 많은 확신을 가질 수 있다. 가장 간단한 예를 들자면, 만약에 5명의 표본으로 어느 도시의 인구 전체를 대표하고자 한다면, 그 표본은 성별, 계급, 태도 등의 측면에서 도시 전체를 대표할 가능성이 크지 않을 것이다. 하지만 5명이 아니라 100명을 표본으로 추출한다면 그 표본이 도시 전체를 대표할 확률이 높아질 것이고 따라서 표본오차는 줄어들 것이다. 더 나아가 약 1,000명 정도를 무작위로 선정해서 표본을 구성한다면 대표성은 더 많이 개선될 것이다.

둘째, 표본이 추출되는 모집단의 동질성이 클수록 표본의 대표성에 대한 확신을 더 많이 가질 수 있을 것이다. 예를 들어, 두 지역에서 각각 50가구씩을 선정해서 각 지역의 연평균 가구소득을 추정한다고 가정하자. 한 지역의 연평균소득은 연평균소득분포의 편차가 커서 3천만 원에서 9천만 원 사이에 분포되어 있고, 또 다른 지역은 4천만 원에서 7천만 원 사이에 분포되어 있다. 이 경우 소득분포의 편차가 적고 그래서 더 동질적인 지역의 표본값에 근거한 추정치가 소득분포의 편차가 크고 더 이질적인 지역의 표본에 근거한 추정치보다 대표성이 클 가능성이 더 높다.

이처럼 표본이 전체모집단에서 차지하는 수학적 비율은 아주 큰 경우가 아니라면 표본의 대표성에 큰 영향을 미치지 못한다. 여기서 주의해야 할 점은 표본의 크기를 크게 하면 표본오차는 감소하지만, 비표본오차의 발생 가능성은 커진다.

비표본오차란 표본추출 과정에서 발생되는 오차가 아니라, 설문지나 조사자료의 작성, 또는 인터뷰 과정에서 비롯되는 오류, 분석된 자료의 잘못된 해석, 자료집계나 자료를 분석하는 도중에 발생하는 요인들, 응답자의 불성실한 태도 등에서 야기되는 오차를 말한다(황창순 외, 2015).

함께 풀어 봅시다!

정답 및 해설

1 표집에 관한 설명으로 옳지 않은 것은?

① 표집은 모집단으로부터 조사대상을 선정하는 과정이다.
② 모집단의 크기가 작은 경우에는 전수조사가 더 적절할 수 있다.
③ 표본의 크기를 결정한 후에 표집틀을 선정한다.
④ 전수조사에 비해 신속하고 시의성 있는 결과를 얻을 수 있다.
⑤ 전수조사에 비해 비표집오차를 줄일 수 있다.

❸
▶▶ 표본설계의 과정에서 표집틀을 선정한 이후에 표본의 크기를 결정한다.

2 표집방법의 유형 중 이것은 무작위 선정절차를 따른다. 모집단의 요소가 표본으로 선정될 확률을 사전에 미리 알 수 있도록 하는 표본선정방법으로 동전을 던져 승부를 결정할 때 적용하는 방법과 같은 논리적 절차를 따른 표집방법을 무엇이라고 하는가?

( )

확률표집방법
▶▶ 확률표집방법은 요소를 무작위적으로 선정하기 때문에 체계적인 편견이 없으며, 요소가 표본에 선정될 때 우연성을 제외하고는 아무 것도 영향을 미치지 않는 표집방법이다.

3 다음에 해당하는 표집방법은 무엇인가?

> ○○대학교에서 재학생들의 의식을 조사하였다. 기존의 자료를 바탕으로 각 학과별, 학년별, 성별 구성비율을 알아본 다음, 그 비율에 따라 표본을 학과별, 학년별, 성별로 나누었다. 각 속성별로 표본의 크기가 정해진 후 조사원은 정해진 크기대로 표본을 임의적으로 선정하였다.

① 할당표집 ② 층화표집
③ 편의표집 ④ 눈덩이표집
⑤ 체계적 표집

❶
▶▶ 표본의 집단별 분포를 미리 정해두고 그에 맞춰 집단으로부터 할당된 수만큼 단위를 임의로 추출하는 방법이 할당표집이다.

4 단순무작위 표집에 관한 설명 중 옳지 않은 것은?

① 현실적으로 많은 노력이 소요된다.

② 동일한 크기의 표본일 경우 층화표집보다 표본오차가 크다.

③ 표본의 규모가 커야 한다.

④ 조사자가 모집단에 대해 가지고 있는 지식을 충분히 활용할 수 있다.

⑤ 표본오차의 계산이 용이하다.

❹

▶▶ 단순무작위 표집은 모든 요소가 동등하게 추출될 확률을 가지고 있기 때문에 편견이 개입될 확률이 적고, 사전지식이 필요치 않으며, 표본오차의 계산이 용이하다.

5 표본의 크기에 관한 설명으로 옳지 않은 것은?

① 모집단이 동질적인 경우에는 이질적인 경우보다 표본의 크기를 작게 할 수 있다.

② 표본의 크기가 커질수록 표집오차는 증가한다.

③ 표본의 크기는 모집단의 특성을 추정하는 정확성과 관계가 있다.

④ 연구에서 다루는 변수가 많을 경우 표본의 크기도 커져야 한다.

⑤ 표집에 소요되는 시간과 비용에 영향을 받는다.

❷

▶▶ 표본의 크기가 커질수록 표집오차는 감소한다.

10 CHAPTER

자료수집방법 I: 설문조사

CONTENTS

자료수집은 경험적 검증이 필요한 자료를 획득하는 과정이다. 자료수집이 잘 이루어지기 위해서는 선행되어야 할 것이 설문지 작성이다. 설문지는 조사목적에 필요하고 유용한 자료를 수집하는 수단이며, 이를 통해 얻어신 사료를 분석하여 조사의 결론을 도출하고자 할 때 사용되는 방법이다. 설문지는 응답자로부터 필요정보를 획득하기 위한 일련의 정형화된 질문을 의미하며 사회현상 간의 관계를 조사·연구하기 위해 개략적인 자료수집에 가장 널리 사용되는 자료수집방법이다. 설문지는 사회과학에서 특히 태도 등과 같은 사회심리적인 속성을 측정하는 데에 있어서 매우 빈번하게 활용되는 측정도구이다.

이 장에서는 설문지 작성의 과정과 설문지의 구성요소에 대해 알아보고, 설문조사의 유형에는 어떠한 것들이 있으며 각각의 장단점을 살펴보고자 한다. 이로써 설문조사를 통한 조사연구에서 연구목적에 따라 어떤 방법을 선택하여 자료수집을 해야 하는지 학습하고자 한다.

CHAPTER

10 자료수집방법 Ⅰ: 설문조사

학/습/목/표

- 설문조사의 작성과정과 장단점 및 구성요소를 이해할 수 있다.
- 설문조사의 종류를 이해하고 장단점을 간략히 설명할 수 있다.
- 설문조사 시 면접방법 지침에 대해 설명할 수 있다.

1 설문지의 작성과정

연구목적과 목표에 따라 설문을 실행하고자 결정을 한 경우 설문지를 작성해야 한다. 설문지는 수록되는 질문의 내용과 형태를 결정하고 이에 따라 개별 항목을 완성한 후 이를 전체 설문지에 배열하는 방식으로 작성한다.

설문지를 만드는 작업은 일정의 절차를 필요로 하는데 보통의 경우 [그림 10-1]과 같은 단계를 거쳐 완성된다. 물론 다음의 내용처럼 순차적으로 이루어지는 것은 아니지만 적지 않은 시행착오를 거쳐 완성하게 되는데, 특히 설문지의 사전조사(pre-test) 단계에서 설문지에 오류가 발견되면 수정할 필요가 있는 이전 단계로 돌아가 설문지를 개선하는 노력을 기울여야 한다.

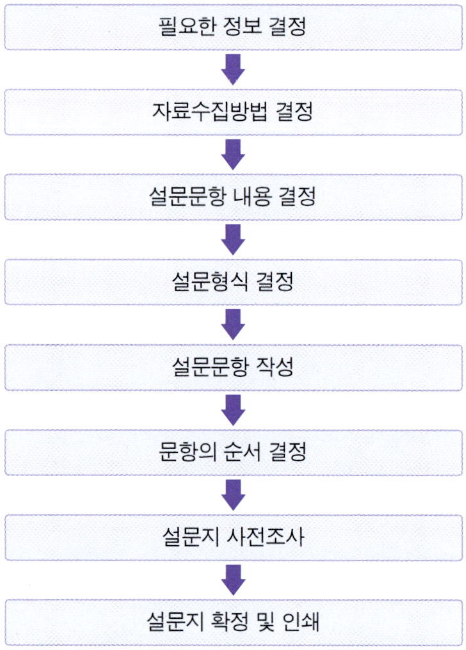

[그림 10-1] 설문지 작성과정

1) 필요한 정보 결정

우선적으로 설문을 통하여 얻어야 할 정보의 종류를 결정할 필요가 있다. 즉, 설문조사를 통해 측정하려는 개념의 확정과 이해가 우선 되어야 한다. 필요한 정보를 결정할 뿐만 아니라 그 정보를 얼마나 자세한 정도까지 측정해야 조사목적을 달성할 수 있는지도 고려되어야 한다.

장애인의 개인적 특성과 복지시설 서비스 이용에 관한 연구를 예로 들어 조사 항목표를 만들어 보도록 하자. 이 경우, 조사응답자의 일반적 사항에 관한 조사항목은 ① 인구학적 특성, ② 경제상태, ③ 건강상태로 나누어 볼 수 있고, 시설 및 서비스 이용에 관한 조사항목은 ① 시설여건, ② 시설프로그램, ③ 비용으로 나누어 볼 수 있다. 이렇게 마련된 조사항목을 기준으로 세부사항을 작성해 보면 〈표 10-1〉과 같다(김동기 외, 2015).

〈표 10-1〉 조사항목과 세부사항의 예

<table>
<tr><th></th><th>조사항목</th><th colspan="2">세부사항</th></tr>
<tr><td rowspan="3">일반적 사항</td><td>인구학적 특성</td><td>• 성별
• 학력
• 장애등급
• 자녀수</td><td>• 연령
• 장애유형
• 결혼상태</td></tr>
<tr><td>경제상태</td><td>• 주택소유형태</td><td>• 월평균소득</td></tr>
<tr><td>건강상태</td><td>• 주관적 건강상태
• IADL 수행능력</td><td>• ADL 수행능력</td></tr>
<tr><td rowspan="3">시설 및
서비스 이용</td><td>시설여건</td><td>• 시설의 규모
• 시설의 부대시설</td><td>• 시설의 위치</td></tr>
<tr><td>시설프로그램</td><td>• 여가프로그램
• 자립생활프로그램</td><td>• 재활프로그램</td></tr>
<tr><td>비용</td><td>• 비용지불방식</td><td>• 월 이용료</td></tr>
</table>

2) 자료수집방법 결정

대인면접조사, 전화조사, 우편조사, 인터넷조사 등과 같은 어떠한 자료수집방법을 이용할 것인지에 따라서 설문지의 형태, 양과 표현방식 등이 큰 영향을 받는다. 따라서 설문지를 작성하기에 앞서 이용할 구체적인 자료수집방법을 미리 결정하고 이에 적합한 설문지를 작성해야 한다.

3) 설문문항 내용 결정

필요한 개념 혹은 변수를 측정하기 위해서 어떠한 내용의 문항이 포함되어야 할 것인지를 결정하는 것이다. 조사연구목적을 달성하기 위해 필요한 조사연구대상의 개념에 관한 모든 정보를 수집하되, 응답과 관련된 각종 오류를 최소화하는 노력이 요구된다. 따라서 다음과 같은 요소들을 고려해야 한다.

① 꼭 필요한 문항인가: 조사목적을 달성하기 위해 통계분석에 직접 사용하지 않을 문항을 포함시키기도 하지만, 가급적 조사대상의 현상과 관련이 없는 문항은 제외하는 것

이 좋다.

② 한 문항으로 충분한가: 하나의 질문에 두 개 이상의 응답이 가능한 경우나 혹은 하나의 질문으로는 조사하고자 하는 개념을 측정하지 못할 때 문항수를 늘려야 한다.

③ 응답자가 필요한 정보를 알고 있는가: 응답자가 응답할 수 있는 정보를 갖지 못하는 경우나, 혹은 정보나 경험이 있어도 기억이 잘 나지 않는 경우에는 무응답 또는 불명확한 응답을 할 우려가 있다. 사전에 응답자 입장에서 정보의 소지 여부와 기억 가능 여부를 평가해야 한다.

④ 응답을 하는 데 시간적·정신적 노력이 많이 들지 않을까: 질문에 대한 응답자의 응답 능력에 문제가 없다고 하더라도 응답에 많은 시간적·정신적 노력이 요구된다면 응답을 거부하거나 부정확하게 응답할 수 있다.

⑤ 응답자가 기꺼이 정보를 제공할까: 응답자가 민감하게 생각하는 개인정보를 묻는다면 응답을 회피하거나 정확한 응답을 얻기가 어렵다.

4) 설문형식 결정

설문내용이 결정되면 이를 어떻게 질문할 것인가 하는 설문형식을 결정해야 한다. 설문의 형식은 수집되는 자료의 측정수준과 깊은 관련이 있으며, 사용 가능한 통계분석기법에 큰 영향을 미칠 수 있어 신중하게 결정해야 한다. 설문지는 질문이나 진술로 드러나며, 개방형 질문을 사용할 것인지, 폐쇄형 질문을 사용할 것인지, 더 나아가서는 어떠한 추가적인 질문이 더 필요한 것인지를 예측하여 필요한 질문을 부가하여 포함시키도록 해야 한다.

(1) 개방형 질문

개방형(주관식, open-ended) 질문은 응답자가 주어진 질문에 자유롭게 작성하는 질문을 말한다. 즉, 응답범주가 상세히 구체화되지 않은 채 질문만 던지는 형태로 질문에 대해 자유롭게 응답할 수 있어 '자유응답' 질문이라고도 한다. 개방형 질문은 조사자가 미리 정해진 응답범주를 제공하는 것이 아니기 때문에 응답자의 생각, 느낌, 의견 등을 자유롭게 기록할 수 있는 형태이다. 개방형 질문은 응답할 수 있는 응답범주를 모두 파악하기 힘든 경우나, 응답범주가 너무 많아 열거하기 힘든 경우에 적절하다. 개방형 질문의 장단점은 〈표 10-2〉와 같다.

〈표 10-2〉 개방형 질문의 장단점

구분	내용
장점	조사자의 의도나 질문형식에 구애받지 않고 응답자가 자유롭게 답할 수 있어 다양한 정보를 얻을 수 있다.
단점	• 응답에 시간이나 노력이 많이 소요되기 때문에 응답률이 낮은 편이다. • 자료의 분석 및 해석에 많은 시간이 소요된다. • 통계적으로 처리하기가 어렵다. • 응답의 해석에 연구자의 편견이 개입될 수 있다.

(2) 폐쇄형 질문

폐쇄형(객관식, closed-ended)질문은 응답자에게 미리 정해진 응답범주를 제시하여 특정한 응답범주를 선택하도록 하는 형태이다. 응답 가능한 응답범주가 제한적일 경우에 적절하다. 폐쇄형 질문의 응답범주는 포괄적(가능한 응답을 모두 포함)이어야 하며, 상호배타성(응답범주 간의 중복이 되어서는 안 됨)을 지니고 있어야 한다. 폐쇄형 질문의 장단점은 〈표 10-3〉과 같다.

〈표 10-3〉 폐쇄형 질문의 장단점

구분	내용
장점	• 응답자가 질문에 응답하기 용이하다. • 응답결과를 입력하고 분석하기가 상대적으로 용이하다.
단점	• 주어진 응답범주가 응답자의 생각과 달라서 응답하기 곤란한 경우도 있다. • 응답자가 가진 원래의 생각이나 태도를 제대로 반영하지 못할 수 있다. • 중요한 정보를 누락할 수도 있다.

폐쇄형 질문은 응답형태에 따라 찬반식 질문, 평정식 질문, 다항선택식 질문, 여과형 질문과 수반형 질문, 서열식 질문 등이 있다(최성철, 2009: 김동기 외, 2015 재인용).

① 찬반식 질문

찬반식 질문(agree-disagree)은 '찬성/반대', '그렇다/아니다'와 같이 이분법적으로 응답을 구분하고자 할 경우에 주로 사용하는 방법이다.

예
1. 귀하는 현재 직장에서 정규직으로 일하고 계십니까? ① 예 ② 아니요
2. 당신은 건강보험료를 납부하고 계십니까? ① 예 ② 아니요

② 평정식 질문

평정식 질문(rating question)은 응답자의 의견의 강도를 묻기 위한 방법으로 리커트척도를 이용할 경우에 많이 사용된다. 이 질문의 형식은 응답범주에 따라 3단계, 4단계, 5단계 등의 평정식 범주가 있다.

예
1. 귀하는 ○○복지관으로부터 제공받는 서비스에 대해 어느 정도 만족하십니까?
① 매우 불만족 ② 불만족 ③ 보통 ④ 만족 ⑤ 매우 만족

③ 다항선택식 질문

다항선택식 질문(multiple choice question)은 여러 개의 카테고리(category)를 나열해 놓고 그중에서 두 개 이상을 선택하도록 하는 방법이다.

예
1. 귀하는 복지기관이 제공하는 서비스에 대한 정보를 어디서 얻었습니까? 보기 중에서 2개만 고르시오.
( ), ( )
① 텔레비전 ② 라디오 ③ 이웃 ④ 리플릿 ⑤ 신문
⑥ 인터넷 ⑦ 친구 ⑧ 서비스 수혜자 ⑨ 기타

④ 여과형 질문과 수반형 질문

여과형 질문(filter question)은 응답자가 다음 질문에서 어떤 문항에 응답해야 하는가를 결정하기 위한 첫 번째 질문이며, 수반형 질문(contingency question)은 첫 번째 응답결과에 따라 응답해야 할 내용이 다른 질문이다(Neuman, 1991).

예

1. 발달장애 자녀로 인해 가족 간의 갈등을 경험한 적이 있습니까?
   ① 있다(☞ 1-1번으로 가시오) ② 없다(☞ 2번으로 가시오)

1-1. 갈등을 경험해 보셨다면, 가장 주된 요인은 무엇입니까?
   ① 발달장애 자녀에 대한 가족 간 이해부족 문제
   ② 발달장애 자녀를 돌보는 문제
   ③ 발달장애 자녀에 대한 다른 사람들의 부정적인 시각

2. 발달장애 자녀로 인한 경제적 부담은 어느 정도입니까?
   ① 전혀 부담되지 않는다 ② 부담되지 않는다
   ③ 부담된다 ④ 매우 부담된다

⑤ 서열식 질문

서열식 질문(ranking question)은 어떤 질문에 대하여 가능한 대답을 여러 개 열거해 놓고 중요한 순서, 좋아하는 순서, 또는 싫어하는 순서 등으로 순서를 결정하게 하는 것이다.

예

1. 발달장애 자녀의 보호 관련 어려움은 무엇입니까? 다음 보기 중에서 우선순위로 2개만 고르시오.
   (1순위: , 2순위:)

   ① 단기보호기관의 부족 ② 장기보호기관의 부족
   ③ 보호에 대한 정보 부족 ④ 종사자의 보호기술 부족
   ⑤ 보호에 대한 비용 부족 ⑥ 보호기관의 제한
   ⑦ 장기간의 대기 ⑧ 기타

5) 설문문항 작성

개별 항목의 내용과 각 항목별 응답형태를 결정한 후에는 조사연구목적에 적합한 자료를 수집하기 위해서 각 문항의 표현을 좀 더 구체화하는 단계를 거쳐야 한다. 동일한 의미를 지니는 내용의 문항도 단어의 선택 여부에 따라 응답 가능성 등에서 많은 차이를 가져올 수 있기 때문이다.

설문문항 작성 시 유의할 사항은 다음과 같다.

① 질문의 내용을 응답자가 정확하게 파악할 수 있도록 작성한다. 애매성과 모호성을 예방하기 위한 가장 좋은 방법은 사전조사를 통해 점검하는 것이다.

② 가급적 짧게 질문한다. 즉, 이해할 수 있도록 짧고 쉬운 문장으로 질문한다.

③ 언어구성을 적절한 수준에서 유지한다. 용어의 난이도, 언어의 형식, 속어, 구어 등 응답자의 능력과 특성을 고려하여 적절하게 구성하여 작성한다.

④ 추상적으로 질문하기보다는 구체적으로 질문한다. 질문이 확고하고 구체적이면 대답도 명확하다. 개념과 응답범주가 명확하도록 질문을 구체적이고 경험적인 용어로 서술한다.

⑤ 유도질문(혹은 편향적 질문)을 피한다.

⑥ 직접질문과 간접질문을 적절히 사용한다. 사실적 내용을 알기 위한 질문은 직접질문으로, 응답자의 가치, 의식, 과거의 경험 등을 밝히기 꺼리는 질문은 간접질문이 효과적이다.

⑦ 부정적 문항은 피하고 이중질문을 하지 않는다.

⑧ 질문 내에 어떤 가정이나 암시가 있어서는 안 된다.

⑨ 편견을 내포하는 용어나 서술을 피해야 하며, 가치중립적인 표현을 사용한다.

⑩ 응답범주에 애매하거나 막연한 내용이 포함되지 않도록 한다.

6) 문항의 순서 결정

우선 질문의 전체적인 개념틀에 따라서 유사한 문항끼리 묶어 응답자에게 혼란을 주지 않아야 한다. 다음으로, 가능한 한 응답자들로부터 쉽게 협조를 얻고 정확한 자료를 얻도록 해야 한다. 이를 위한 질문문항의 배열은 다음과 같다.

① 흥미롭고 답하기 쉬운 질문을 먼저 한다.

② 민감한 질문이나 개방형 질문은 뒷부분에 배치한다.

③ 질문을 논리적 연계성에 따라 배열한다.

④ 응답군(response set, 고정반응)이 조성되지 않도록 문항을 적절히 배치해야 한다.

⑤ 신뢰도를 검사하는 질문은 서로 떨어지게 배치한다.

⑥ 일반적인 것을 먼저 질문하고 특수한 것을 뒤에 질문한다.

⑦ 시간의 흐름에 따라 배열하는 것이 좋다. 최근의 것부터 오래된 것으로 혹은 오래된

것부터 최근의 것으로 하는 것이 좋다.

⑧ 여과형 질문과 수반형 질문들은 그에 적합한 순서대로 배치한다.

⑨ 질문항목의 길이와 유형을 다양하게 배치하여 응답자의 지루함을 방지한다.

⑩ 구체적이고 친숙한 것에서부터 추상적이고 생소한 것으로 배열하는 것이 좋다.

7) 설문지 사전조사

조사자가 설문지와 같은 자료수집도구를 아무리 주의 깊게 설계하더라도 오류의 가능성은 항상 존재한다. 조사자는 사람들이 응답할 수 없는 애매한 질문 등의 실수를 때때로 하게 된다. 이러한 오류를 가장 확실히 방지하는 방법은 본조사를 시행하기에 앞서 작성된 설문지를 가지고 사전에 조사하는 것이다. 사전조사는 본 조사에서 실시하는 것과 똑같은 대상과 절차 및 방법으로 질문지의 초안을 만든 후 질문지를 시험해 봄으로써 질문의 내용, 질문 형태, 언어구성, 질문 순서 등에 있어서 여러 가지 오류를 찾아내는 과정이다. 사전조사를 실시해 봄으로서 본 조사 시 필요한 정보를 제공해 준다. 즉, 시간이 얼마나 걸리고, 현지조사에서 협조사항은 무엇이고, 기타 조사상의 어려움 및 해결방법은 무엇인지 등에 대해 정보를 얻을 수 있다. 사전조사의 표본수는 그리 많을 필요는 없고 대략 20부에서 50부 정도가 적당하다. 다양한 인구학적 특성을 지닌 응답자를 대상으로 사전조사를 하는 것이 바람직하다.

8) 설문지 확정 및 인쇄

사전조사를 통해서 설문지의 문제점을 수정·보완하여 본 설문지를 최종적으로 확정한 후 인쇄에 들어간다. 이때 인쇄된 설문지가 응답자에게 호감을 주고 설문의 중요성이 부각될 수 있도록 설문지의 표지, 요지, 활자, 크기, 공간 등 여러 차원에서 신중하게 고려할 필요가 있다.

2 설문조사의 이해

1) 설문조사의 장단점

전반적으로 설문조사는 사회현상의 연구에서 가장 널리 사용되는 자료수집방법으로 공개적·비공개적 방법 모두 가능하지만 주로 공개적인 방법으로 이루어진다. 설문지를 자료수집도구로 이용하는 가장 중요한 이유는 표준화된 설문지를 이용함으로써 수집자료의 비교 가능성과 정확도를 높일 수 있기 때문이다. 다시 말해, 모든 응답자에게 동일한 내용을 동일한 방식으로 질문하게 되므로 수집된 자료들 간의 비교를 가능하게 하고 자료수집 후 수집된 자료에 대한 분석을 용이하게 한다. 또한 표준화된 설문지를 이용하면 빠른 시간에 핵심적인 정보만을 선별하여 비교적 객관적이고 무기명으로 응답함으로써 솔직하고 정확한 정보를 입수할 수 있으며, 응답의 용이성을 높일 수 있도록 응답형태를 사전에 정할 수 있다는 장점이 있다.

하지만 이에 반해 설문조사는 설문지 개발에 적지 않은 시간과 노력, 비용이 필요하고, 무엇보다도 특정 사회현상에 대한 깊이 있는 질문이 어렵다는 등의 일반적인 단점이 있다 (Babbie, 2001)(표 10-4).

〈표 10-4〉 설문조사의 장단점

장점	• 큰 표본에도 용이하게 적용이 가능하다(일반화 정도가 높다). • 수집한 자료의 표준화는 연구자의 주관적 개입을 최소화할 수 있다.
단점	• 질문요지에 대한 충분한 보충설명을 할 수 없다. • 질문내용상 오류가 발생하였을 때 수정·보완할 수 없다. • 일정한 문제에 대해 깊이 있는 조사가 어렵다.

2) 설문조사의 구성요소

설문지를 작성할 때는 가능한 한 표준화된 방식으로 작성하는 것이 좋다. 설문지는 조사하고자 하는 현상을 파악하기 위한 일환으로서 구체적인 문항으로 나타내야 하며, 응답자로 하여금 모든 문항에 응답하도록 흥미와 동기를 부여하고 응답자의 오류를 최소화해야 한다. 응답상의 오류를 방지하고 필요한 정보를 포괄적으로 획득하기 위해서 다음과 같은 다섯 가지 요소로 구성하는 것이 일반적이다.

(1) 응답자에 대한 협조사항

설문지의 제일 앞에는 응답자에 대한 협조요청을 제시하는 것이 일반적이다. 구체적으로 연구자와 조사연구기관의 소개, 조사의 목적에 대한 설명과 응답내용에 대한 비밀보장 등을 포함함으로써 조사의 응답률을 높여야 한다. 조사자가 직접 면담을 실시할 경우에는 이 내용을 직접 구두로 전달하기도 한다.

(2) 응답자 식별용 자료

응답자 식별자료(identification data)란 설문조사 후 필요 시 확인 또는 추가조사를 할 수 있도록 설문지 일련번호, 응답자 번호, 면접자의 이름과 면접일시 등을 기록하는 설문지의 부분으로 대개 설문지의 뒷부분이나 첫 장에 표시한다.

(3) 응답요령

면접원이 직접 도와줄 수 없는 조사법을 이용하는 설문조사의 경우에는 응답자 스스로 설문지를 완성시킬 수 있도록 설문응답에 필요한 요령이 필요하다. 응답자가 설문지의 모든 문항에 대한 응답을 어려움 없이 작성하도록 각 문항별 응답방법이나 순서 등을 제시하고 응답완료 후 설문지를 어떻게 조사자에게 전달하는지에 관련된 상세한 요령도 제시될 필요가 있다. 한편 면접원이 응답자와 직접 대면하여 조사하는 경우에는 면접원들의 면접 시 태도나 행동을 통일하여 면접원에 따른 응답의 변화를 최소화시키기 위하여 지시사항과 같은 설문요령도 설문지에 포함한다.

(4) 설문문항

설문문항은 조사연구대상의 특성을 파악하기 위한 구체적인 질문들로서 설문지를 구성하는 가장 중요한 부분이다. 구체적인 질문문항은 조사의 목적에 따라 차이가 있지만 일반적으로 조사대상자의 개인적 신상에 대한 질문, 그리고 설문조사의 본래의 목적과 관련된 조사대상자의 사실, 행동, 의견이나 태도 등에 관한 질문들이다.

(5) 응답자 분류

설문지에는 응답자의 특성을 파악하기 위한 자료들로 주로 인구통계학적 변수(예: 나이, 성별 등)나 사회경제적 위치(예: 교육수준, 직업, 소득 등)에 관한 질문이 포함된다(강영걸 외, 2008).

3 설문조사의 유형

설문조사방법은 대인면접법, 전화면접법, 우편조사법, 인터넷조사법, 집단조사법 등으로 구분된다. 이들 조사방법은 각각 장단점을 가지고 있기 때문에 어느 조사의 형태가 보다 우월하다고 단적으로 말할 수 없다(Babbie, 2001; 채구묵, 2005; Neuman, 2006). 응답자로부터 필요한 정보를 수집할 때 어느 방법을 이용하는가 하는 문제는 연구목적에 따라 다르기 때문에 신중을 기해야 한다. 각각의 유형을 구체적으로 살펴보면 다음과 같다.

1) 대인면접법

대인면접법(face-to-face interview survey)은 훈련을 철저히 받은 조사원이 직접 응답자와의 대면접촉을 통해 자료를 수집하는 방법이다. 면접원(조사원)이 우선 주제나 문제에 대해 설명을 하고 면접을 통해 주제에 대한 질문을 이끌어 가면서 응답자의 반응을 기록하는 방식으로 진행된다.

이 방법은 응답자들이 질문내용을 이해하지 못하는 경우에는 자세한 설명이 가능하기 때문에 우편조사법이나 전화면접법보다 상세하고 다양한 내용을 질문할 수 있어 양질의 정보를 얻을 수 있고 연구에 필요한 기타 관련 정보들도 취득할 수 있다는 장점이 있다. 또한 사례품 증정 등의 동기부여를 제공함으로써 응답률을 높이고 성실한 답변을 얻을 수 있다. 특히, 노인이나 문자해독이 어려운 표집을 조사할 때 대인면접법이 빈번하게 사용된다.

그러나 대인면접법은 비용과 시간이 많이 들고 조사원과 응답자의 상호이해 부족이나 조사 외적 요인들로부터 오류가 개입될 가능성이 크며, 질문과정에서 조사원이 응답자의 응답에 영향을 미칠 수 있다는 단점이 있다(표 10-5).

〈표 10-5〉 대인면접법의 장단점

장점	• 융통성: 응답자의 면접 분위기에 맞춰 정확한 답변을 얻을 수 있다. • 우편설문조사에 비해 응답률이 높다. • 면접상황에 대한 통제가 가능하다. • 질문뿐만 아니라 관찰도 가능하다. • 복잡한 질문의 사용: 면접은 보다 복잡한 질문을 사용할 수 있다.
단점	• 우편조사에 비해 비용이 많이 든다. • 비구조화된 면접의 경우 면접자에 의한 오류가 발생할 가능성이 크다. • 자기기입식 설문조사에 비해 익명성 보장이 미흡하다. • 응답자가 여러 지역에 분포되어 있는 경우 접근성에 어려움이 있다. • 면접자의 안전(2명 1팀)에 유의해야 하며, 익명성이 결여된다.

효과적인 대인면접조사를 위해서는 면접자가 질문에 대한 정확한 이해와 필요 시 질문의 재구성 등의 요령이 필요하다. 그리고 복장과 태도에도 신경을 써야 하며, 특히 조사대상자가 아동이나 노인 등 취약계층인 경우 먼저 라포(rapport)를 형성하는 것이 중요하다.

2) 우편조사법

우편조사법(mail-questionnaire survey)은 우편을 이용하여 설문지를 보내고 응답자가 편리한 시간이나 장소에서 응답한 후 이를 반송용 봉투를 이용하여 회수하는 방법이다. 응답자 본인이 직접 응답을 기입하는 자기응답식(자기기입식) 설문조사의 대표적인 형태로, 조사자와 응답자가 비대면적 관계를 통해 자료를 수집하게 된다.

우편설문조사는 설문지 외에 조사의 목적, 중요성 등을 설명하고 협조를 당부하는 안내문(cover letter)을 동봉해야 하며, 회신용 봉투와 우표를 함께 보내는 것이 일반적이다. 우편조사방법은 회수율 또는 응답률이 비교적 낮기 때문에 응답률을 높이기 위한 후속조치가 필요하다. 우편조사법의 장단점은 〈표 10-6〉과 같다.

〈표 10-6〉 우편조사의 장단점

구분	내용
장점	• 조사비용과 시간이 절약된다. • 응답자가 편리할 때 설문지를 완성할 수 있다. • 익명성이 보장되어 공개하기 어려운 응답도 가능하다. • 면접자의 편견을 배제할 수 있다. • 지리적으로 넓게 퍼져 있는 응답자들에게 모두 접근 가능하다.
단점	• 응답자가 질문을 잘못 이해하고 있더라도 교정할 수 없다. • 응답률, 회수율이 낮다. • 환경에 대한 통제 불능: 응답자가 아닌 다른 사람이 대신할 수 있다. • 응답 날짜에 대한 통제 불능: 설문지가 완성되는 시간을 통제할 수 없다. • 복잡한 질문지 구성체제를 사용할 수 없다. • 불확실한 응답에 대한 추가질문이 어렵다.

우편설문의 단점을 극복하기 위해서는 우선 모든 사람에게 보내는 설문이라기보다는 개인적인 편지 형식을 이용하며, 가장 관심 있는 질문으로 시작하여 진행하기 쉽도록 화살표 등의 그래픽을 이용한다. 그리고 응답률을 높이기 위해서는 설문지 발송 1주일 후 수취 유무를 확인하고, 3주 뒤에는 미응답자에게 안내문과 함께 두 번째 설문지를 발송한다. 이렇게 우편조사는 인내심을 발휘해야 하며, 설문지와 함께 문화상품권 등을 감사의 표시로 동봉하면 응답률을 향상시킬 수 있다.

우편으로 실시되는 설문지조사의 가장 큰 단점은 회수율이 낮고 무응답률이 높은 것이며, 이러한 단점을 극복하는 것이 우편조사에서 가장 고려되어야 할 점이다. 우편조사법에서 회수율에 영향을 미치는 중요한 요인을 살펴보면 다음과 같다(Bailey, 1994).

① 설문조사기관의 신뢰성

정부기관이나 대학, 연구소 등 공인된 단체나 기관에서 조사를 실시할 경우 비교적 응답률이 높은 반면, 잘 알려지지 않은 기관이나 단체에서 질문조사를 실시할 경우 회수율이 떨어진다.

② 연구주관자 및 후원자

연구주관자나 후원자는 응답 시 동기부여가 되므로 안내서신에 연구주관자나 후원자의 정보를 기재하는 것도 응답률을 높이는 방법이 된다.

③ 설문협조문의 스타일 및 내용

조사자가 질문지를 성의 있게 제작하였으며, 응답이 연구에 매우 중요한 자료가 된다는 점과, 응답내용이 절대 익명으로 처리되어 통계법상으로 보호받는다는 사실을 강조할 필요가 있다. 또한 설문협조문은 별도의 용지에 따로 분리하는 것보다 질문지 앞에 위치하는 것이 더 효과적이다. 설문협조문이 너무 길거나 내용이 어렵게 표현된 경우에는 응답률에 부정적인 영향을 미친다. 또한 봉투의 경우도 눈에 잘 띄게 디자인하는 것이 중요하다.

④ 설문분량의 적절성

질문문항이 너무 많은 것보다 적은 편이 응답률을 높인다. 페이지 수를 줄이기 위해 질문 사이의 여백을 지나치게 좁게 하거나, 글씨 크기를 너무 작게 하면 읽는 데 힘이 들어 오히려 응답률을 떨어뜨리는 경향이 있다.

⑤ 얼마나 쉽게 응답할 수 있는지 여부

설문내용에 응답방법이 표시되어 있지 않거나 구체적 지시가 필요한 곳에 지시문이 없거나, 혹은 너무 많이 포함된 경우는 바람직하지 않다. 또 질문이 너무 긴 것도 응답하는 데 많은 문제를 초래할 우려가 있다.

⑥ 설문응답에 대한 동기부여

조사의 중요성과 응답이 연구에 기여하는 것을 잘 설명함으로써 응답자가 질문지에 응답하고 반송할 수 있게 하는 것이 필요하다. 응답에 대한 유인책으로 응답자의 선의(goodwill)에 호소, 자아존중감 고양, 응답자와의 상호유대감 형성 등의 심리적 보상이나 간단한 선물이나 금전적 보상 등의 방법이 있다. 단, 설문응답의 마감일을 정하여 회수율을 높일 수 있지만, 응답 자체의 포기로도 이어질 수 있어 신중히 처리하는 것이 좋다.

⑦ 우송방법 및 우송시기

회신용 우표를 질문지와 분리되지 않게 잘 부착하여 보내는 것이 필요하다. 특히, 휴가철, 연휴기간, 명절기간과 같이 우송시간이 많이 걸리고 다른 우편물이 많은 시기는 피하는 것이 좋다.

⑧ 응답자의 특징

조사하고자 하는 연구문제에 대한 관심, 집단에의 소속 여부, 연령, 학력, 성별에 따라 응답률이 다를 수 있다.

⑨ 후속조치

최초로 질문지를 발송한 후 1차, 2차, 3차에 걸쳐 후속조치를 취함으로써 회수율을 높일 수 있다. 회수율은 정해진 기준이 있는 것은 아니지만 회수율이 60~70%가 되어도 무응답자의 체계적 특성으로 인한 영향을 배제하기 어려우므로 일반화에 유의해야 한다.

3) 전화면접법

전화면접법(telephone survey)은 조사원이 응답자를 직접 만나는 대신 전화를 이용하여 응답자로부터 정보를 수집하는 방법이다. 이 방법은 전화번호부를 이용하여 비교적 쉽고 정확하게 모집단에서 표본을 추출할 수 있고 빠른 시간에 저렴한 비용으로 조사를 실시할 수 있으며 최근에는 정치·경제·사회적인 문제에 대한 여론수렴이 필요할 때 많이 사용된다.

전화설문은 대인면접법에 비해 인건비와 교통비 등의 비용을 크게 줄일 수 있으며, 우편설문보다 높은 응답률을 보장할 수 있다. 특히 최근에는 컴퓨터를 활용한 전화설문(computer-assisted telephone interview)이 폭넓게 사용되고 있다. 그러나 질문내용이 복잡하고 면접시간이 길어지면 응답자들로부터 협조를 얻어 내기가 어렵다는 제한점이 있다. 또한 조사할 수 있는 양이 제한되어 있다. 전화면접은 10~15분이 적당하다. 또 응답자를 통제할 수 있는 방법이 한정되어 있기 때문에 양질의 많은 정보를 얻기는 어렵다는 단점도 있다(표 10-7).

〈표 10-7〉 전화면접법의 장단점

장점	• 대인면접법보다 조사시간과 비용이 절감된다. • 조사가 간단하고 신속하다. • 표본접촉범위가 넓으며 조사대상자에 대한 접근이 용이하다. • 익명성 보장(예: ARS 이용)으로 사회적으로 용인되지 않은 응답을 얻을 수 있다.
단점	• 응급상황에 대한 통제가 어렵고 시간적인 제약이 있다. • 대인면접법처럼 부가적인 정보습득이 어려워 조사내용에 한계가 있다. • 전화가 없거나 전화번호부 미기재자는 누락될 가능성이 있다. • 응답이 쉽게 중단될 수 있다.

4) 인터넷조사법

인터넷조사법(internet survey)은 인터넷에서 설문조사를 실시하여 정보를 수집하는 방법으로서 온라인조사법이라고도 하며 이메일(e-mail)을 사용하는 방법, 홈페이지를 활용하는 방법, 전문조사기관의 사이트에 의뢰하는 방법 등이 있다.

인터넷조사는 일반 조사법인 대인면접법이나 전화면접법, 우편조사법과는 달리 별도의 자료수집이나 코딩 등의 과정이 생략되기 때문에 상대적으로 인력, 시간, 비용을 절약할 수 있다. 또한 응답자에 대한 접근이 용이하고 음악이나 동영상 등의 멀티미디어의 활용이 쉬우며 실시간 분석과 연속적인 조사가 가능하다는 장점이 있다.

그러나 인터넷조사에서는 응답자 기록이 응답자의 익명성이 보장되기 어렵고, 확보된 이메일 목록이나 자신의 사이트에 들어온 응답자 외에는 조사할 수 없기 때문에 조사대상 표본집단의 대표성을 보장하기 어렵다. 또한 응답자의 신분 확인 방법이 제한되어 있는 경우 응답자의 중복응답 여부 등을 통제하지 못한다는 단점이 있다(표 10-8).

〈표 10-8〉 인터넷조사의 장단점

장점	• 인력, 시간, 비용이 절약: 표본수가 많아져도 추가비용이 들지 않는다. • 고수입 집단이나 고도의 기술전문가 집단에 쉽게 접근할 수 있다. • 인터뷰 비용 없이 사용자와 상호작용할 수 있다. • 설문응답이 편리하며 24시간 조사가 가능하다. • 실시간 분석과 연속조사가 가능하다.

단점	• 인터넷 사용 인구에 한해서만 조사할 수 있다. • 표본의 대표성을 확보하는 데 어려움이 있다. • 동일인의 복수응답: 응답자의 중복응답 여부를 통제하는 데 어려움이 있다. • 조사참여를 원치 않는 사람에게는 스팸메일로 인식될 수 있다.

5) 집단조사법

집단조사법(group survey)은 여러 사람이 한자리에 모이게 하여 조사원의 지도하에 일시에 설문조사를 실시하는 방법이다. 이 방법은 조사대상자를 개인적으로 만날 수 없거나 각 개인의 연락처를 알 수 없을 때, 다시 말해 우편조사나 개별면담이 불가능할 때 사용한다. 집단조사의 장점은 무엇보다 조사대상자를 한꺼번에 조사함으로써 소요시간과 경비를 최소화할 수 있다는 점이 있다. 조사자가 있는 장소에서 조사가 이루어지기 때문에 조사과정에서의 응답조건을 동등하게 할 수 있고, 설문지에 대한 의문점과 질문을 해결할 수 있어 완전한 응답을 구할 수 있다. 하지만 조사자가 원하는 표본(조사대상)을 동시에 집단적으로 구하기 쉽지 않다는 단점이 있다(표 10-9).

〈표 10-9〉 집단조사의 장단점

장점	• 소요시간과 경비를 최소화할 수 있다. • 조사를 간편하게 진행할 수 있어 조사원 수를 줄일 수 있다. • 조사의 조건을 표준화함으로써 응답조건을 동등하게 할 수 있다. • 설문지에 대한 의문과 질문을 그 자리에서 해결할 수 있다. • 조사원이 설문조사 전 과정을 관리함으로써 질문의 대리작성을 최소화할 수 있다.
단점	• 집단을 대상으로 시행되기 때문에 조사자가 원하는 표본을 구하기 어렵다. • 응답자들이 모집단을 대표하지 못하는 경우가 발생할 수 있다. • 응답자의 개인차를 무시함으로써 조사의 타당도가 낮아질 수 있다. • 조사대상자를 일정한 장소와 시간대에 모으는 것이 어렵다. • 조사과정에서 옆 사람이나 타인으로부터 영향을 받을 가능성이 있어 응답자를 통제하는 것이 힘들다.

4 설문조사 면접방법 지침

면접이 수행되는 방식은 조사대상에 따라 달라지며 또한 어느 정도는 조사내용의 특성에 따라 영향을 받게 마련이다. 하지만 다음과 같은 일반적인 면접지침은 대부분의 면접상황에 적용될 수 있다(Babbie, 2001).

1) 차림새와 태도

면접원의 의복과 차림새가 면접대상자들에게 거부감이나 부담이 되어서는 안 된다. 일반적으로 면접원의 차림새는 면접대상자들과 유사한 것이 좋다. 또한 면접원의 태도는 명랑해야 하며 무시하지 않으면서도 여유 있고 친절해야 한다.

2) 설문지에 익숙하기

면접원은 실수 없이 설문지를 읽어 내려갈 수 있도록 설문지에 익숙해야 한다. 만약 면접원이 설문지에 익숙하지 않으면 조사에 어려움을 겪게 되어 불필요한 부담이 응답자에게 부과될 수 있다.

3) 설문문항을 정확하게 따라 하기

질문의 표현을 약간만 변화시켜도 전혀 다른 응답이 나올 수 있기 때문에 면접원은 질문문항을 정확히 따라 가야 한다. 질문문항을 아무리 주의 깊고 세심하게 작성하더라도 면접원이 자신의 취향에 맞게 질문을 편의대로 한다면 전혀 소용이 없어지게 된다.

4) 응답을 정확하게 기록하기

개방형 질문의 경우 면접자는 응답을 정확히 기록해야 한다. 의역하거나 틀린 문장을 고치려는 시도도 해서는 안 된다.

5) 응답에 대한 심층규명

대인면접에서는 응답자가 부적절하거나 불충분하게 응답을 할 경우에는 캐묻기(probing)를 할 수 있다. 캐묻기는 개방형 질문에 대한 응답을 이끌어 내는 데 보다 빈번하게 요구된다. 적합한 캐묻기 표현으로 "그것은 어떻습니까?" 혹은 "어떤 방법입니까?"와 같은 것들이 있다. 그러나 캐묻기는 모든 경우에 중립적으로 이루어져야 하며, 어떤 방식으로든 다음 응답에 영향을 주어서는 안 된다.

함께 풀어 봅시다!

1 다음 설문지 작성에 관한 설명으로 옳지 않은 것은?

① 이중질문은 배제되어야 한다.
② 민감한 질문이나 개방형 질문은 뒷부분에 배치한다.
③ 일정한 유형의 응답경향이 조성되지 않도록 문항을 배치한다.
④ 사전검사는 연구문제의 핵심요소를 알지 못할 때 실시하는 조사이다.
⑤ 폐쇄형 질문의 응답범주는 상호배타적이어야 한다.

2 대인면접조사에 비해 전화면접조사가 갖는 특징으로 옳지 않은 것은?

① 신속하게 자료를 수집할 수 있다.
② 응답자의 익명성 보장이 어렵다.
③ 조사시간과 내용이 상대적으로 제한되어 있다.
④ 응답자와 조사자 간의 라포 형성이 쉽지 않다.
⑤ 표본접촉 범위가 넓어 접근성이 용이하다.

3 설문조사의 유형 중 하나로 이것은 우편조사에 비해 비용이 많이 들고 익명성 보장이 미흡하다는 가장 큰 단점이 있다. 반면에 면접상황에 대한 통제도 가능하며 관찰이 가능하다는 장점을 가지고 있는 설문조사방법은 무엇인가?

( )

정답 및 해설

1 ④
▶▶ 사전검사는 본 조사를 수행하기 전에 일정한 수의 사람들을 대상으로 하여 질문지가 잘 구성되었는지를 시험하는 조사이다.

2 ②
▶▶ 전화면접은 면접조사에 비해 익명성이 보장된다.

3 대인면접법
▶▶ 대인면접법(face-to-face interview survey)은 훈련을 철저히 받은 조사원이 직접 응답자와 대면접촉을 통해 자료를 수집하는 방법이다.

4 설문문항을 결정할 때 고려해야 하는 요소로 옳지 않은 것은?

① 꼭 필요한 문항인지를 살펴보고 조사대상과 관련없는 사항은 제외하는 게 좋다.
② 응답하는 데 시간적·정신적 노력이 많이 들지 않아야 한다.
③ 하나의 질문으로 조사하고자 하는 내용의 개념을 모두 측정할 수 있어야 한다.
④ 응답자가 응답할 수 있는 정보를 가지고 있어야 한다.
⑤ 민감한 내용이나 개인정보에서는 응답자가 응답을 꺼려할 수 있어 주의해야 한다.

❸
▶▶ 상황에 따라서는 하나의 질문에 두 개 이상의 응답이 가능한 경우나 혹은 하나의 질문으로는 조사하고자 하는 개념을 측정하지 못할 때 문항수를 늘려서 질문하는 것이 더 바람직하다.

5 설문지 작성 시 질문의 문항 배열방법으로 옳지 않은 것은?

① 응답을 하기 쉬운 질문을 먼저 한다.
② 질문을 논리적으로 배열한다.
③ 일정한 유형의 응답경향이 조성되지 않도록 문항을 배치한다.
④ 특수한 것을 먼저 묻고 일반적인 것은 뒤에 묻는다.
⑤ 민감한 질문이나 개방형 질문은 뒷부분에 배치한다.

❹
▶▶ 일반적인 것을 먼저 묻고 특수한 것을 나중에 묻는다. 그 밖에도 민감한 질문이나 개방형 질문도 뒤에 배치하는 것이 좋다.

11 CHAPTER

자료수집방법 II: 관찰과 내용분석

CONTENTS

관찰은 조사자의 참여연구에서 직접적인 시각적 경험으로 수집된 자료를 말한다. 관찰은 심리학과 초기 아동발달, 사회적 상호작용과 같은 이론적으로 중요한 영역, 공식적 조직과 인종적 배경이나 비공식적 지역사회 양쪽 모두에서 광범위하게 사용된다. 내용분석은 기록물의 내용을 수집하고 분석하는 기법으로, 사회복지 분야에서 사회문제분석, 정책에 대한 여론분석, 사회사업방법론의 분석 등에 유용하게 이용될 수 있다.

이 장에서는 자료수집방법의 또 다른 방법인 관찰과 내용분석에 대해 살펴본다. 상황에 적절한 과학적 자료수집을 하기 위한 한 방편으로 관여적 연구조사일 수도 있는 관찰과 전혀 다른 비관여적 연구조사인 내용분석을 학습하고자 한다.

CHAPTER

11 자료수집방법 Ⅱ: 관찰과 내용분석

학/습/목/표

- 관찰이 서베이와 어떻게 다르며, 관찰법의 장단점을 이해할 수 있다.
- 관찰의 구성과 과정, 종류를 설명할 수 있다.
- 내용분석이 관찰과 어떻게 다르며, 내용분석법의 장단점을 이해할 수 있다.
- 내용분석의 절차를 이해하고 설명할 수 있다.

1 관찰법

1) 관찰의 의의

관찰(observation)이란 주위에서 일어나는 다양한 일에 대한 지식을 얻는 가장 기본적인 방법이다. 관찰은 사회복지를 포함한 모든 과학적 연구의 기초방법이며 출발을 의미한다. 우리는 일상생활에서 관찰을 통하여 많은 현상을 보고 느끼고 배운다. 또한 우리는 친구나 동료, 조직의 구성원 등을 포함한 다른 사람을 관찰하고, 그들을 평가하게 된다. 관찰을 떠난 우리의 생활은 존재할 수 없다. 연구자가 행동과학 실험설계를 하고자 할 때 종속변수를 측정하는 데 있어 가장 필요한 것이 특정 행동을 관찰하고 기록하는 것이다. 이처럼 관찰은 일상생활 속에서 연구자와 직결된 조사방법일 뿐만 아니라 실제적 측면이 강한 자료수집방법이다.

과학적 조사연구에서의 관찰은 서베이(survey)와 명확히 구분되는 자료수집방법이다. 서베이방법에서는 응답자가 자료를 만들어 낸다. 응답자의 생각과 판단이 자료의 원천이 되는 것이다. 하지만 관찰에서는 관찰자가 자료를 산출해 낸다. 관찰자의 판단이 곧 자료가 된다. 이것은 단순히 자료수집방법의 차이에만 그치는 것이 아니라, 현상에 대한 규정을 '누구의 관점에서 하는가?'라는 사회과학의 근원적인 문제와도 맞닿는 것이다.

과학적 조사연구에서 자료수집이란 단순히 조사자의 성실성만을 요구하는 것이 아니다. 조사대상의 개념을 어떻게 규정할 것이며, 어떤 방법으로 현상을 측정할 것인지에 대한 판단을 명확히 하는 것이 중요하다. 비록 관점에 따라 다양한 현상 규정이 가능하지만, 즉 같은 대상자가 '남'이 될 수도 '여'로 규정될 수도 있겠지만, 과학적 조사연구에서는 그렇게 규정되는 근거를 명확하게 드러내는 것을 중요시한다. 자료수집에서 서베이방법과 관찰이 그런 점에서 뚜렷이 구분되는 것이다.

모든 현상에 관찰과 서베이방법이 함께 쓰일 수 있는 것은 아니다. 조사대상의 현상에 따라 관찰이 유리한 측면과 서베이가 더 유리한 측면으로 나누어질 수도 있다. 대체로 서베이방법이 인간의 내면적 가치나 태도에 관한 자료를 수집하는 데 효과적이라면, 관찰은 인간의 외부적 행동에 관한 자료를 수집하는 데 더욱 효과적이라고 알려져 있다. 자신이 무슨 생각을 하는지를 다른 사람은 보기가 어렵지만, 자신의 행동이 다른 사람에게 어떻게 비추어지는지를 자신이 생각하기는 어렵다.

관찰은 보통 사람들도 자료수집을 위해 많이 쓰는 방법이다. 그러나 일상적인 관찰과 과학적인 관찰은 엄격하게 구분되어야 한다. 과학적 방법으로 관찰이 사용될 때에는 더욱 체계적이고 의도적인 자료수집의 방법을 의미하는 것이 된다. 관찰은 관찰자의 감각기관을 매개로 하여 정보를 획득하는 것이다.

서베이조사에서는 응답자에게 질문하고 응답받기 위한 설문지나 면접 스케줄 등이 자료수집의 도구가 된다면, 관찰에서는 관찰자의 눈이나 감정, 마음까지도 포함하는 감각과 의식기관이 곧 자료수집의 도구가 된다. 따라서 과학적인 관찰에서는 자료수집의 도구가 되는 관찰자의 감각을 적절히 제어할 수 있는 지식이 필요하다(김영종, 2007; 양정하 외, 2013).

2) 관찰의 장단점

서베이를 비롯한 다른 자료수집과 비교할 때, 관찰은 나름대로의 뚜렷한 장단점을 가진다. 조사환경이나 수집될 자료의 성격에 따라서 그러한 장단점은 상대적으로 달리 작용할 수 있다.

(1) 관찰의 장점

① 관찰은 조사의 현장성 및 즉시성을 특징으로 한다. 응답자의 행위가 일어나는 현장에서 즉시 사실을 포착할 수 있고 진실된 모습을 포착할 수 있다. 관찰자는 피관찰자의 행동이 이루어지고 나서 기억을 '묻는 것'이 아니라, 그런 행동이 나타나고 있는 상황에서 '직접 보거나 듣는 것'을 통해 자료를 수집한다. 이는 자료수집에서 피관찰자의 단편적인 기억이나 편견에 따른 왜곡을 배제할 수 있다.

② 관찰은 비언어적 상황에 대한 자료수집을 가능하게 한다. 말로 표현될 수 없는 행동 혹은 말을 할 수 없는 피관찰자에 대한 자료수집을 할 수 있다. 언어 구사가 어려운 어린아이나 장애인을 위한 자료수집에 관찰 방법은 당연한 선택이 될 것이다.

③ 관찰은 자연스러운 환경에서 자료수집이 가능하다. 이는 연구 대상의 태도가 모호한 경우 관찰을 통해 자료수집이 유용하다. 특정 질문에 대해 응답자가 자신이 어떤 태도나 감정을 갖는지 스스로도 잘 모르는 경우 혹은 질문을 정확히 인지하기 어려운 경우 관찰을 통해 자료를 수집하는 것이 효과적이다.

④ 관찰은 상황에 따른 폭넓은 범위의 자료를 도출하기 쉬워 질적 조사연구나 탐색적 연구에 유리하다. 질적 조사연구에서는 자료수집의 대상과 방법을 미리 엄격하게 제한하지 않은 비구조화된 관찰방법을 주로 쓴다. 이는 질적 조사연구의 귀납적인 논리 전개에 유용하기 때문이다.

⑤ 관찰은 종단분석에 필요한 자료산출에 유리하다. 시간의 경과에 따른 변화를 염두에 두고 자료를 분석하는 종단분석은 자료수집이 시간 변화를 측정할 수 있어야 한다. 관찰의 과정은 종단자료의 산출을 자연스럽게 할 수 있다. 일반적으로 서베이방법에서는 특별히 디자인되지 않는 한 횡단분석을 위한 자료수집을 한다.

⑥ 관찰은 연구 대상의 무의식적 행동을 측정하기에 용이하다.

⑦ 연관찰은 연구대상이 면접을 거부하거나 비협조적일 때에도 관찰을 통해 자료를 수집할 수 있다.

(2) 관찰의 단점

① 관찰은 실제로 관찰을 수행하는 데 어려움이 따른다. 관찰의 대상이 되는 행위를 포착하기 위해 현장을 찾아다니거나 기다려야 하기 때문에 시간과 비용도 많이 소요된다.

② 관찰은 주로 사람의 외면적인 행동을 보기 때문에 내면의 의식상태를 파악하는 데는 한계가 있다. 사람은 겉으로는 웃고 있으나 속으로는 울고 있을 수도 있기 때문이다. 이처럼 관찰은 사람의 내면 의식이나 태도 등에 관한 자료를 수집하는 데 어려움이 있다.

③ 관찰은 사람의 행동이 다양성과 가변성을 가지기 때문에 관찰을 통해 얻은 결과를 일반화하는 데 제약이 따를 수 있다. 관찰 당시의 특수성 때문에 피관찰자가 그때에만 특수한 행위를 하였는데, 이를 식별하지 못하고 일상적으로 그러한 행위를 하는 것으로 기록하는 오류를 범할 수 있다.

④ 관찰은 자료수집과정에 관찰자의 주관적인 판단이나 편견이 개입될 수 있다. 관찰은 관찰자의 눈과 의식에 의해 자료를 도출하므로 관찰자의 편향성이 우려된다.

⑤ 관찰은 표본집단의 크기에 한계가 있다. 관찰자가 자료수집의 직접적인 도구가 되므로, 관찰대상 집단이 되는 표본크기를 확대하는 데 한계가 있다. 물론 관찰자 다수를 두어 표본을 확대할 수도 있지만, 그럴 때 발생하는 비용과 다양한 주관적 자료를 정리하는 데 어려움이 있다.

⑥ 관찰은 자연적 환경에서 조사하기 때문에 외생변수를 거의 통제할 수 없다. 비교적 자연스러운 환경에서 자료를 도출하는 것이 장점이기도 하지만, 한편으로는 자료의 일관성이나 엄격성이 떨어질 수 있다. 왜냐하면 이러한 자연스러운 환경은 자료수집 과정에서의 통제를 어렵게 하기 때문이다.

⑦ 관찰은 관찰자와 피관찰자 간의 신분 노출 때문에 익명성이 보장되기 어렵다. 따라서 예민한 이슈(범죄행위, 낙태, 부부관계 등)를 다루는 자료수집에서는 익명성이 보장되는 우편설문이 더욱 진솔한 자료를 도출할 수 있다.

⑧ 관찰은 수량화가 어려워 조사결과의 분석과 해석이 어렵다. 관찰된 사실을 수량화된

자료 형태로 바꾸기가 쉽지 않아 통계처리가 어렵다. 또한 다양한 자료가 많아서 이를 체계적으로 분류하여 이론이나 가설을 검증하는 데 활용하는 데에는 한계가 있다.

⑨ 관찰은 연구대상자로부터 허락을 얻기가 어렵다. 사람들은 보통 자신이 관찰의 대상이 되는 것을 좋아하지 않는다. 연구대상자가 관찰을 허락하지 않으면 관찰을 통한 자료수집방법은 현실적으로 적용되기 어렵다.

⑩ 관찰자 효과가 나타날 수 있다. 관찰자 효과란 일종의 반응성으로, 누군가로부터 자신이 관찰당하고 있다는 것을 느낄 때 평소와는 다르게 행동하게 되는 경향을 말한다.

3) 과학적 관찰방법의 구성

일상적인 관찰이 아닌 과학적 관찰이 되기 위해서는 관찰자의 주관성이 가능한 억제되어야 한다. 과학적 관찰은 체계적이고 의도적인 자료수집을 목적으로 하므로 무엇보다도 관찰자의 감각과 주관을 적절히 제어할 수 있는 장치가 필요하다. 이를 위해 과학적 관찰방법에서는 다음 요소를 고려한다(김영종, 2007).

(1) 관찰의 대상 행동

비언어적 행동, 공간적 행동, 언어 외적 행동, 그리고 언어적 행동 등과 같은 특정 변수는 관찰 가능한 행동지표를 통해서만 자료수집이 가능하다.

① 비언어적 행동

신체의 움직임 등과 관련된 행동으로 사회심리학적 과정에 대한 적절한 지표로 활용될 수 있다. 말을 하면서 나타나는 다양한 행동(표정, 시선이나 몸짓 등)은 특정 단어나 말의 의미를 강조하거나 희석하는 데 사용된다. 말의 내용만으로는 판독할 수 없는 말에 담긴 뉘앙스, 감정 등은 비언어적 행동의 관찰을 통해서만 파악될 수 있다.

② 공간적 행동

개인이 자신을 둘러싼 공간을 구조하는 시도와 관련된 행동이다. 예를 들어, 사람들이 이리저리 움직이는 것, 어떤 사람에게는 가까이 가거나 떨어지려 하는 것 등이 공간 행동에 속한다. 이런 행동의 자료수집을 위해서는 사람들의 이동성에 관한 범주, 빈도, 결과 등이 기록되어야 하는데, 대개는 관찰이 유일한 방법이 된다.

③ 언어 외적 행동

단어나 언어적 내용 등은 단지 의사 표현에서 작은 부분만을 차지한다. 내용이 아닌 다양한 언어 외적 행동(말의 횟수, 크기, 말을 자르는 경향, 발음의 독특성 등)이 더 중요한 자료수집의 대상이 될 수 있다. 목소리의 고저와 같은 특성을 통해 사람의 감정상태를 정확하게 측정할 수도 있다. 이런 언어 외적 행동은 대상자 스스로는 인식하기 어렵고, 관찰자의 자료수집으로 도출될 수 있다.

④ 언어적 행동

말의 내용과 구조적인 특성을 말한다. 언어적 행동에 대한 측정 지수는 사회적 상호작용에 관한 연구에서 널리 사용되고 있다. 언어적 행동 역시 대상자에게 물어보는 자료수집 방식으로는 부적절하다.

(2) 타이밍과 기록

체계적인 관찰조사에서는 관찰의 타이밍(timing)과 기록에 관한 규정이 필요하다. 어떤 행동을 처음부터 끝까지 모든 시간 동안 계속 관찰하는 것은 거의 불가능하다. 그래서 어떤 시점을 선별해서 관찰할 것인지에 관한 타이밍의 결정이 필요하다. 이를 위해 시간-샘플링[1] 스케줄이 사용될 수 있다. 샘플링된 관찰 행동은 반드시 전체 시간 동안의 행동을 가장 적절히 대변하는 것이어야 한다.

(3) 환경과 구조화의 정도

관찰을 자료수집의 한 방법으로 본다면, 다양한 유형의 연구에서 관찰이 사용될 수 있다. 연구환경의 특성으로 보자면 가장 엄격하게 상황이 통제되는 실험실 연구에서부터 자연스러운 상황의 현장연구에까지 관찰방법의 자료수집이 가능하다. 그럼에도 인위적으로

1) 시간-샘플링이란 관찰을 하게 될 시점을 전체 시간대에서 추출해 내는 것을 뜻한다.

통제되는 실험연구의 환경과 자연스러운 현장연구 환경에서의 관찰방법은 차이를 가질 수 밖에 없다. 실험 상황에서의 관찰은 피실험자의 실험에 대한 반응성과 그에 따른 편향을 고려하는 자료수집이 필요하고, 현장 상황의 관찰에서는 통제되지 않은 다양한 개념자료의 혼합에 대해 지속해서 유의할 필요가 있다.

4) 관찰의 과정

관찰을 수행하는 과정은 관찰의 유형에 따라 과정적 속성이 제각기 다를 수 있으므로, 관찰의 과정을 획일적으로 설명할 수는 없다. 다음에 제시하는 과정은 비구조화된 현장연구를 기준으로 살펴본다(Woodard & Doreian, 1994).

(1) 목표의 설정

연구의 목적과 조사문제를 고려하여 무엇을 관찰할 것인지를 결정한다. 이 결정은 질적 조사연구의 특성상 다음 단계에서 이루어지는 결정과 수집자료의 분석수준에 따라 변할 수 있다.

(2) 대상집단과 관찰의 유형 결정

연구의 목적에 적절한 대상집단은 무엇인지와 그 대상집단에 대해서 어떤 관찰방법이 적절한지를 결정한다.

(3) 관찰대상 집단으로부터 관찰 승인을 획득

관찰의 대상이 결정되면 일차적으로 대상집단에게서 관찰을 수행해도 좋다는 일종의 승인을 획득해야 한다. 승인은 해당 집단 혹은 해당 집단을 대표하는 곳에서 받아야 한다.

(4) 라포의 형성

관찰에 대한 승인을 받았다고 해서 관찰이 자연스럽게 이루어지지는 않는다. 라포가 형성되지 않은 상태에서는 관찰을 통한 자료수집이 어려울 수 있다.

(5) 관찰 및 필드 노트 작성

필드 노트(field note)의 작성을 위해서는 요점에 대한 수기(手記)방법이나 녹음기 등의 기계장치를 이용한 녹취(綠翠)방법을 쓴다. 필드 노트에는 사실관계의 기술뿐만 아니라 관찰자의 감정과 느낌도 함께 기록한다. 녹음기 등의 다양한 기록장치를 필드 노트의 보조 수단으로 사용하는 것이 효과적이다.

(6) 위기 상황에 대처

관찰의 과정 중에 피관찰자와 충돌하거나 외부 첩자로 인식 혹은 약점을 들추어내려는 사람 등으로 오인받아 위기가 발생할 수 있다. 이때 가능하면 힘이나 권위로 이를 해결하려 하지 말아야 한다. 힘이나 권위의 사용은 이후의 관찰과정을 왜곡시킬 수 있기 때문이다. 따라서 사전에 관찰집단의 여론주도층이나 의사결정권한을 가진 사람과 협조체제를 구축해 놓는 것이 유리하다.

(7) 종료

관찰을 끝내고 나오는 것이다. 연구자로서의 목적이 달성되었다 해서 그냥 돌아서서 나오는 것은 윤리적이지 못하다. 따라서 종료를 선언하는 의도적인 어떤 의식이 있어야 한다.

(8) 자료의 분석

관찰에 의해 수집된 자료는 이론 형성의 초기 단계에 적합한 자료분석으로서의 가치를 가진다. 구조화된 관찰은 유형화의 다음 단계인 양적 자료 산출도 가능하다.

(9) 보고서 작성

보고서 작성 시에 피관찰자의 신분과 행동에 대해 어느 정도로 비밀유지를 해야 하는지가 중요한 문제로 드러난다. 자료의 신빙성에 대한 근거를 제시해야 하는 필요성과 피관찰자의 프라이버시를 보호해야 하는 윤리성 문제는 갈등 상황을 일으킬 수 있다. 이러한 점에서 연구자에게는 보고서 작성에 균형 감각을 유지하려는 노력이 요구된다.

5) 관찰의 종류

(1) 직접관찰과 간접관찰

직접관찰은 조사자가 조사대상을 직접 보고 관찰하는 것을 말하고, 간접관찰은 조사대상 행동의 결과나 영향으로 나타난 사후적 흔적을 통해 조사대상의 행동을 간접적으로 관찰하는 것을 말한다. 마모측정(사물이 닳거나 줄어든 흔적을 통해 행위를 간접적으로 관찰하는 것)과 첨증측정(사물이 쌓여 있는 정도를 통해 행위를 간접적으로 관찰하는 것)은 간접관찰의 대표적인 예이다.

(2) 참여관찰과 비참여관찰

조사자가 관찰대상자의 활동에 참여하는 정도에 따른 분류방식이다. 참여관찰은 조사자가 관찰대상 집단의 사회적 과정에 완전히 참여하면서 동시에 관찰을 병행하는 방법이다. 연구대상의 삶을 당사자의 입장에서 이해하기 위해서 활용할 수 있는 방법이다. 참여관찰은 문화인류학 등에서 많이 사용하는 방법으로, 연구의 대상이 되는 사회나 집단에 그 일원으로 참여하여 구성원의 관점으로 사회적 과정을 바라보는 것이다. 특정 사회의 개인이나 집단의 가치를 이해하는 데 주로 참여관찰방법을 많이 쓴다.

비참여관찰은 관찰대상을 가능한 한 자유로이 방치해 두고 제3자의 입장에서 관찰대상의 자연스러운 행동을 관찰하는 방법이다. 어린이의 사회적 행동을 연구할 때 이 방법을 많이 활용한다. 비참여관찰은 관찰자가 연구대상이 되는 사회적 현상의 과정에 참여하지 않은 상태에서 관찰하고 자료를 수집한다. 비참여를 위해서는 일면경(일방경, one-way mirror)을 사용하거나, CCTV를 통해 현장에서 격리된 상태로 관찰하는 방법 등도 있다. 비록 현장에 노출되어 있기는 하지만, 그 사회적 과정에 참여하지 않고 일종의 '구경꾼'의 입장이 되는 것도 비참여관찰에 해당된다. 비참여관찰일지라도 진행함에 있어 관찰대상자의 동의를 구한 후 관찰이 진행되어야 한다.

▌관찰에서 관찰자가 수행하는 역할

① 완전참여자(complete participant): 관찰자로서의 조사자 신분을 노출하지 않고, 관찰대

상 속에 참여하며 관찰을 실시한다.

② 완전관찰자(complete observer): 관찰자로서의 조사자 신분을 노출하지 않고, 관찰대상에 일체 참여하거나 접촉하지 않으면서 오직 관찰만 수행한다. 예를 들어, 일면경 뒤에서 아동의 놀이치료 과정을 관찰하는 경우가 해당된다.

③ 참여관찰자(observer-as-participant): 관찰자로서의 조사자 신분을 조사대상에게 알리고, 조사대상 집단과 상호작용하면서 관찰을 수행(완전히 참여하지는 않음)한다.

④ 관찰참여자(participant-as-observer): 관찰자로서의 조사자 신분을 조사 대상에게 알리고, 조사대상 집단에 완전히 참여하면서 관찰을 수행한다.

(3) 조직적 관찰과 비조직적 관찰

관찰의 대상과 방법을 통제 또는 조직화하는가의 여부에 따른 분류방식이다.

조직적 관찰은 관찰의 대상, 방법, 내용, 기록 등을 미리 계획하고 통제하는 관찰방법으로, 체계적 혹은 구조화 관찰이라고도 한다. 관찰내용을 표준화하고 관찰표 등의 보조기구를 사용하여 관찰하는 것으로, 체계적 서술을 한다거나 인과관계에 관한 가설을 실험하려는 목적을 지닌 조사연구에 주로 사용된다.

비조직적 관찰은 사전에 준비된 관찰도구나 기준, 또는 범주 없이 관찰하는 방법으로 비체계적 혹은 비구조화 관찰이라고 한다. 비조직적 관찰은 인류학자들에 의해 많이 활용된다. 또한 문제 형성이나 가설 구성을 위한 자료수집을 목적으로 하는 탐색적 조사에 많이 사용되기도 한다.

(4) 현시적 관찰과 비현시적 관찰

관찰대상자에게 관찰자가 보이는지의 여부에 따른 구분방식이다. 현시적 관찰은 관찰대상자에게 관찰자가 나타나고 의식되는 관찰이다. 비현시적 관찰은 대상자에게 관찰자가 나타나지 않고 전혀 의식되지 않는 관찰이다.

(5) 실험실 관찰과 현지관찰(현장관찰)

실험실 상황은 외부 요인을 고도로 통제한다. 그러나 자연스러운 상황이 아니기 때문에 행위의 인위성에 대한 의문이 제기될 수 있으며, 관찰 과정이 대상에게 영향을 줄 가능성 또한 문제가 될 수 있다. 자연스러운 현장에서 이루어지는 현지관찰에서도 대상이 관찰되고 있다는 사실을 의식하여 일어나는 문제를 배제할 수 없지만 이 영향이 실험실 상황에 비해 일반적으로 더 빨리 소멸된다.

2 내용분석법

1) 내용분석의 의의

내용분석(content analysis)은 의사전달의 내용이나 기록물의 특성을 객관적·체계적으로 확인하여 진의를 추론하는 연구방법을 말한다. 즉, 인간이 남기는 모든 형태의 이용 가능한 자료를 객관적·체계적·양적으로 분석하고 연구하는 방법이다.

따라서 내용분석은 질적 내용을 양적 자료로 전환하는 방법이며, 기록뿐만 아니라 어떤 형태의 의사전달에도 적용될 수 있다. 그것은 특정 전달 내용을 코드화하고 표로 만든다. 예를 들어, 사회복지에서 전문직의 성향이나 주된 개념틀이 어떻게 변화되어 왔는가를 알아보기 위해 사회복지학회에서 발표된 논문 중에서 심리분석학적 개념, 생태학적 개념, 사회개혁적 개념 등이 언급되었던 횟수를 시기별로 집계해서 검토해 볼 수 있다. 또 한 개인을 대상으로 할 때 낙서, 일기, 편지, 자서전 등과 같은 자료를 분석하여 그 개인의 정의적 특성을 파악할 수 있다(강영걸·박성복, 2008).

내용분석은 관찰에 의한 측정과 비슷하다. 관찰이 인간의 행동을 직접 관찰하지만, 내용분석법은 인간이 이미 만들어 놓았거나 남겨 놓은 자료를 관찰한다는 점에서 다르다.

내용분석은 사회복지실천에 직접 적용될 소지도 많다. 피셔(Fisher, 1978)는 '실천가-클라이언트 관계'는 개별사회사업실천의 근본원리이고, 효과적인 원조관계의 세 가지 주요 조건은 실천가의 ① 감정이입, ② 온정, ③ 진실성이라고 하였다. 그런데 그 세 가지 조건이 중요하다고 하는 사실은 한 내용분석 연구에서 처음으로 밝혀졌다(Marsden, 1971). 이 연구에서는 치료과정을 기록하고 녹음한 발췌문을 주요 조건이 관찰되는 정도에 따라 평가하였다. 그 결과 그 세 가지 조건이 충족될수록 임상적 과정과 결과가 더 좋아지는 경향이 있었다.

이상의 내용을 정리하면, 내용분석법은 인간의 상징적 기호로 표현된 의사전달 기록물의 내용적 특징을 체계적으로 기술하고, 나아가 그 동기, 원인, 결과나 영향을 체계적으로 추리해 나가는 기법이다(김경동·이온죽, 1993).

따라서 내용분석은 의사전달의 연구에 알맞으며, 의사전달 연구에서 누가, 무엇을, 누구에게, 왜, 어떻게, 어떤 영향을 가지고 말하는가 하는 고전적 질문에 적절하게 대답할 수 있다. 그래서 내용분석은 '무엇'을 중요하게 다루어야 하며, 그렇게 수집된 자료를 '왜', '어떤 영향을 가지고'라는 문제를 제기하게 된다.

채구묵(2003)은 내용분석법의 정의가 담고 있는 구체적 내용을 다음과 같이 제시하고 있다.

① 의사소통의 기록물 등 커뮤니케이션(communication)의 내용을 분석대상으로 한다.

② 분석의 속성 혹은 측면은 분명하게 나타나 있는 명시된 내용과 문맥이나 내용 속에 숨어 있는 내포된 내용을 포함한다.

③ 객관적·체계적·양적인 분석방법을 사용한다.

2) 내용분석의 장단점

내용분석도 다른 접근법과 마찬가지로 특별한 장단점을 가지고 있다. 루빈과 바비(Rubin & Babbie, 2001)가 제시한 내용분석의 장단점을 소개하면 다음과 같다.

(1) 내용분석의 장점

① 경제성이다. 내용분석은 다른 접근법과 비교할 때 시간과 비용을 줄일 수 있다. 내용분석은 혼자서 할 수 있다. 즉, 대규모의 연구조사원이나 특별한 도구가 필요하지 않다. 내용분석에서는 연구자가 코딩할 자료에 접근할 수 있으면 된다.

② 장기간에 걸쳐서 발생하는 과정을 연구할 수 있다. 예를 들면, 2000년대에서 지금까

지 우리나라 사회복지정책에서 결혼이나 이혼에 대한 관점이 어떻게 변화해 왔는지를 연구해 볼 수 있다.

③ 안정성을 가진다. 내용분석은 연구가 잘못되었을 때 조사연구의 일부나 전부를 다시 시작하는 것이 일반적으로 다른 연구방법보다 쉽다. 예를 들면, 설문조사는 실패했을 때 시간과 비용을 들여 전체 조사연구를 다시 해야 하고, 더욱이 현장조사는 실패했을 때 조사연구를 다시 하는 것이 불가능할 수도 있다.

④ 비개입적인 연구방법이라 연구대상에 영향을 미치지 않는다. 내용분석은 의사전달 내용이나 문헌기록에 대한 분석이 공간적 혹은 시간적으로 완전히 분리되어 행해지기 때문에 분석대상에 아무런 영향을 미치지 않는다.

⑤ 양적 접근법으로 연구한 내용의 구체성을 통해 신뢰도를 높인다. 연구자는 원하면 언제든지 재코딩을 통해 코딩의 일관성을 확보할 수 있다. 이러한 점은 현장조사연구가 사후에 관찰과 범주에서 신뢰도를 높일 수 있는 어떠한 것도 할 수 없다는 데서 분명해진다.

⑥ 내용분석은 직접적 자료수집 방법으로 수집이 불가능한 자료의 분석을 가능하게 한다. 따라서 역사연구 등 소급조사가 가능하다.

⑦ 다른 조사 방법의 타당성 여부를 검토하기 위해 사용할 수 있다.

⑧ 기존의 자료를 활용하기 때문에 많은 분량의 자료를 다룰 수 있다.

(2) 내용분석의 단점

① 기록된 의사전달만을 연구할 수 있다. 의사전달의 양식은 말이나 글, 그림 등 다양할 수 있다. 그런데 내용분석이 가능하기 위해서는 그러한 의사전달이 어떤 양식으로든 기록되어 있어야 한다. 기록되어 있지 않으면 분석할 수 없다.

② 실제적인 타당도를 확보하기 어렵다. 문헌기록의 내용이 현실을 있는 그대로 반영하지 않았을 때 내용분석의 타당도가 떨어질 수 있다. 예를 들면, 특정한 사안에 관해 특정한 계층의 의견이 불균형적으로 많이 실린 신문기사를 분석하고서 그 결과를 마치 그 사안에 관한 국민의 여론이라고 한다면, 내용분석의 결과는 타당도가 낮을 것

이다. 그런데 이렇게 했더라도 코딩체계가 명확하게 확립되어 있고 코딩만 정확하게 이루어진다면, 분석을 반복하더라도 같은 결과를 얻을 수 있기 때문에 신뢰도는 높을 것이다.

③ 의사전달의 과정 그 자체를 분석하는 것이 아닐 때에도 타당도의 문제가 제기될 수 있다.

④ 분석할 자료를 구하기 어려운 경우가 많다.

⑤ 표본 크기가 큰 경우에 분석하는 데 시간과 노력이 많이 든다.

⑥ 부호화 과정에서 오류가 발생할 수 있다.

⑦ 분석 결과의 신뢰도에 문제가 있을 수 있다.

⑧ 분석대상이 되는 자료가 기존의 자료이므로 영향력이 큰 외생변수를 통제할 수 없다. 따라서 인과관계를 증명하는 데 적절하지 않다.

3) 내용분석의 절차

내용분석법은 자료수집 단계에서 자료를 수집하는 한 방법이지만, 인문·사회과학 분야의 한 연구방법이기도 하다. 여기서는 문제 형성, 모집단 선정, 표본추출, 내용의 범주화, 분석단위 선정, 자료의 분석 중심으로 살펴본다(최성철 외, 2010).

(1) 연구문제의 형성

내용분석의 연구문제는 다양하게 사용될 수 있다. 예를 들면, 인기가요, 잡지 커버스토리의 경향성, 신문 사설의 사상적 경향, 교재나 영화에서 성역할에 대한 고정관념, 성가에서 종교적 상징 등이 연구될 수 있다.

연구문제의 설정은 실천 현장에서의 경험, 개인적인 경험, 동료들과의 대화, 특정한 연구지원기관에의 연구제한서 작성, 일반적인 독서 등에서 출발하며, 내용분석에서도 문제형성 과정이 거의 같다. 연구문제가 결정되면 이에 대해 개념적 정의와 조작적 정의를 통하여 가설 설정과 검증이 가능한 형태의 변수로 명확히 표현한다.

(2) 연구 대상이 되는 모집단 규정

연구문제를 규정했으면 연구자는 분석대상으로 삼고자 하는 자료를 수집하고 분석해야 하는데, 모집단은 연구자가 분석대상으로 하는 모든 자료를 뜻한다.

그런데 이러한 모집단을 결정하는 데 있어서 모집단이 너무 모호하거나 광범위해서 어려움이 있을 수 있는데, 이때는 일정한 선정기준을 마련하여야 한다. 예를 들면, 우리나라 사회복지연구의 경향성을 조사하고자 할 때 우리나라 사회복지연구와 관련하여 출판된 학술지가 모집단이 된다. 그러나 모집단이 너무 막연하다. 따라서 이런 모집단은 학술지 간행의 연속성, 발표자의 지역적 분포 및 전공의 다양성, 논문 게제편수 등을 기준으로 모집단을 선정할 수 있다.

(3) 내용분석의 표본 선정(표본추출)

모집단의 사례 수가 많으면 표집을 통해 줄일 수 있다. 이 단계에서는 표본추출을 위해 먼저 표본추출 단위와 사례 수를 결정하고 그 다음 확률적 표집방법에 의해 추출하게 된다. 표본추출 단위는 단어, 몇몇 단어로 구성된 구(phrase), 문장, 문단, 절, 장, 책 전체, 작가 등이 될 수 있고, 어떤 수준에서도 표집이 가능하다. 앞서 규정된 모집단에 대한 표집틀(sampling frame)을 구하고, 표집방법을 정해 표본추출을 한다. 또한 의사소통의 다른 형태는 그들에게 적절한 개념적 수준에서 표집될 수 있다. 모집단이 시간적으로 연속된 정기적 기록물일 때 시간단위별 표집도 필요하다(Rubin & Babbie, 2001).

(4) 분석내용의 범주 설정

범주는 분석하고자 하는 내용을 분석하는 기준 또는 분류항목을 말한다. 예를 들어, 역대 대통령 취임사의 내용을 분석하는 경우 연설문의 내용이 '경제성장'과 '사회복지' 중 어느 범주에 속하는지 분류한다면 범주는 '경제성장'과 '사회복지'가 된다. 분석대상이 되는 자료로부터 다양한 범주항목들을 도출할 수 있다.

분석내용의 범주 규정에서 유의해야 하는 요건들은 다음과 같다.

① 연구목적이나 문제에 적합하게 변수들을 분명히 조직화(조작적 정의)의 과정을 거쳐

지표들을 구체화해야 한다.

② 범주는 포괄적이어서 분석될 항목이 빠짐없이 포함되도록 설정해야 한다(포괄성의 원칙).

③ 범주는 상호배타적이어서 분석되는 자료는 하나 이상의 범주에 해당되어서는 안 된다(상호배타성의 원칙).

④ 어느 한 범주에서 이루어진 자료의 분류가 다른 범주의 값에 영향을 미쳐서는 안 된다(독립성의 원칙).

⑤ 범주는 단일분류원칙에 따라 설정되어야 하고, 다른 수준의 분석과 혼합되어서는 안 된다.

(5) 분석단위 규정

분석단위는 내용 범주에 집어넣어 집계할 수 있는 의사소통의 단위를 말하는 것으로, 부호화(coding)의 단위가 된다. 분석단위에는 기록단위(recording unit)와 맥락단위(context unit)가 있다.

① 기록단위

기록단위는 기록만 함으로써 자료가 수집되는 경우로, 분석하고자 하는 내용의 특정요소가 한 번 나타남을 말해 주는 최소의 분석단위를 말한다. 단어, 주제, 문단(문장과 단락), 인물, 품목(항목, item), 공간 및 시간 등이 기록단위가 될 수 있다.

- 단어

단어는 분석단위 중 최하단위이고, 최소단위이다. 이 단위는 주로 선택한 용어의 카테고리가 얼마나 나타났는가를 제시하는 상대적 빈도를 표시하는 데 적용된다. 단어는 다른 것과 분명히 구분되고 확인하기 쉽기 때문에 분석이 쉬운 장점이 있지만, 표본추출이 방대하면 양이 많아 다루기 어렵고 단어만으로는 맥락에 따른 의미를 알기 힘들게 되는 단점이 있다.

- 주제

다음으로 큰 단위가 주제이다. 명제 중에서 가장 간단한 것은 단문, 즉 주어와 술어로

되어 있다. 주제는 유용한 분석단위이지만, 분석하기 힘든 단위이다. 주제는 간단한 문장으로 표시되는 수도 있으나, 때로는 여러 개의 문장, 문단 또는 본문 전체에 확산적으로 표명된 경우가 있다. 또한 한 문단 혹은 한 본문 속에 둘 이상의 주제가 내포되어 있을 수도 있다. 기록단위를 주제로 하면 자료수집 양이 줄어드는 장점이 있지만, 주제를 구분하는 경계가 불명확해서 주관적 판단이 개입될 가능성이 높아진다.

- 문단(문장과 단락)

문단은 형태적으로 구분하기 쉬운 점은 장점이나, 한 문단 속에 하나 이상의 주제가 포함되어 있는 경우가 많아 범주를 나누기 어려울 수 있다는 단점이 있다. 그래서 이를 구분하여 부호화하기 힘들기 때문에 잘 이용되지 않는다.

- 인물

인물은 의사소통에서 등장하는 개인 혹은 집단을 의미한다. 인물은 단어와 같이 구별하여 유용하게 사용될 수 있다. 인물은 소설, 희곡, TV극 등에서의 분석단위로 많이 사용될 수 있다.

- 품목(항목, item)

품목은 어떤 의사소통 전체의 단위로서, 예를 들면, 책 한 권, 수필 한 편, 하나의 TV 프로그램, 논문 한 편, 한 연설의 전문 등이다. 품목을 분석단위로 사용하려면 품목 내 내용의 변화 정도가 약하고 큰 의미가 없어야 한다.

- 공간 및 시간

인쇄물의 지면이나 방송의 시간도 분석단위가 된다. 예를 들면, 신문 사회면 혹은 정치면, 소설의 페이지, 방송시간의 저녁 8:00(혹은 8:00-9:00) 등이 분석단위가 될 수 있다.

② 맥락단위

출현 빈도만 가지고는 메시지의 진의를 파악할 수 없어 맥락까지 고려해야 할 때 맥락단위를 분석하게 된다. 예를 들어, 단어가 기록단위라면 그 단어의 의미 파악을 위해 한 개 혹은 몇 개의 문장으로 된 단락을 맥락단위로 규정할 수 있다. 즉, 어떤 한 단위가 어느 범주에 속하는지 분간하기가 어려울 때는 그 단위가 발견된 맥락을 함께 고려할 필요가 있다. 그런 점에서 맥락단위는 기록단위의 성격을 좀 더 명확히 하고자 검토하는 내용의 최대단원이라 할 수 있다. 달리 말하면 맥락단위는 적어도 기록단위보다 더 큰 것이어야 한다.

맥락단위 역시 일관되게 적용하기 위해서는 사전에 설정할 필요가 있다. 모든 기록단위나 범주체계에서 맥락단위를 필요로 하는 것은 아니다. 맥락 단위 분석은 기록단위에 비해 어렵기도 하고 시간도 많이 소요된다.

(6) 계량화 체계 마련

분석단위를 규정하고 나면 자료를 체계적으로 수량화할 수 있는 원칙을 마련해야 한다. 다음 〈표 11-1〉의 계량화 체계 중 한 가지를 택하여 체계적으로 자료를 분석할 수 있어야 한다.

〈표 11-1〉 내용분석의 계량화 체계(코딩체계)

시간·공간체계	어떤 내용 범주나 분석단위가 상대적으로 더 혹은 덜 강조되는지 그 정도를 알기 위해 특정한 내용에 할애된 지면의 크기, 할애된 시간 길이 등을 측정하는 것
출현체계	연구자가 찾고자 하는 어떤 특정 속성이 나타나 있는지 그렇지 않은지를 이분법적으로 파악하는 것
빈도체계	분석단위에 주어진 속성이 나타나는 횟수(빈도)를 파악하는 것
강도체계	어떤 진술의 강도를 측정하는 것. 다항으로 구성된 척도나 지수 혹은 단일 항목의 척도를 측정함

사전조사를 거치지 않은 코딩체계(=계량화 체계)를 내용분석에 사용하는 것은 금물이다. 연구자는 사전조사의 결과가 연구자의 분석적 관심에 적합한지의 여부를 확인하기 위해서 사전조사의 전반적인 결과를 면밀히 검토해야 한다.

(7) 내용 코딩

코딩은 형태들이나 요소들을 앞서 단계에서 마련한 계량화 체계(원칙)에 따라 한정된 수의 범주로 분류하는 것을 말한다. 분석대상이 되는 내용이나 주제는 코딩하는 사람에 따라 다른 해석의 여지가 많으므로 연구자는 정의를 분명하고 구체적으로 해야 한다. 코딩은 시간이 가장 많이 걸리는 부분이며, 코딩을 담당하는 코더(corder, 코딩하는 사람)들을 잘 훈련시키는 일은 분석의 신뢰도를 높이는 데 매우 중요하다.

(8) 신뢰도와 타당도 검증

신뢰도는 같은 내용을 한 사람이 여러 번 반복하거나 여러 사람이 각각 분석했을 때 동일한 결과를 가져오는 정도를 말하는 것으로 분석자의 기능, 판단력, 경험 또는 범주화의 명확성, 부호화 및 자료 자체의 명확성 등에 의하여 크게 좌우된다.

(9) 자료분석

계량화된 자료를 통계적 방법으로 분석하고 그 결과가 제기된 연구문제에 대하여 어떠한 해답을 제공하는가를 해석한다(Nachmias & nachmias, 1992).

함께 풀어 봅시다!

1 관찰에 대한 설명으로 옳지 않은 것은?

① 비언어적 행동에 관한 자료수집이 용이하다.
② 종단적 분석이 가능하다.
③ 연구대상이 비협조적일 때에는 자료수집하기가 어렵다.
④ 조사대상의 좀 더 진실한 모습을 포착할 수 있다.
⑤ 연구대상자의 태도가 모호한 경우에 유용하다.

2 관찰자가 연구대상이 되는 사회적 현상의 과정에 참여하지 않은 상태에서 관찰하고 자료를 수집하는 방법을 무엇이라고 하는가?

( )

3 관찰의 타당도를 높이는 방법이 아닌 것은?

① 관찰자를 충분히 훈련한다.
② 가급적 한 명의 관찰자가 관찰을 담당한다.
③ 사실과 해설을 구분하여 기록하도록 한다.
④ 기록을 동료에게 점검받는다.
⑤ 유사한 내용은 동일한 용어로 처리한다.

정답 및 해설

1. ③
▶▶ 관찰법은 연구대상자가 면접을 거부하거나 비협조적일 때에도 관찰을 통해 자료를 수집할 수 있다.

2. 비참여관찰
▶▶ 비참여관찰을 위해서는 일방 거울(one-way mirror)을 사용하거나, CCTV를 통해 현장에서 격리된 상태로 관찰하는 방법 등이 있다.

3. ②
▶▶ 관찰조사의 타당도를 높이기 위해서는 가급적 두 사람 이상의 관찰자를 활용하는 것이 좋다.

4 다음 중 내용분석에 대한 설명으로 <u>적절하지 않은</u> 것은?

① 분석단위로는 단어, 주제, 인물 등이 사용된다.
② 내용분석은 자료수집 단계에서 자료를 수집하는 방법 중하나이다.
③ 표집방법은 적용할 수 없다.
④ 양적인 분석방법과 질적인 분석방법 모두를 사용한다.
⑤ 연구대상자에 대한 자료를 간접적으로 분석한다.

❸
▶▶ 내용분석에서도 다른 자료수집방법에서 활용되는 표집방법이 적용될 수 있다.

5 내용분석에 관한 설명으로 <u>옳지 않은</u> 것은?

① 인간의 의사소통기록을 객관적이고 체계적으로 분석하는 방법이다.
② 조사대상자의 반응성을 유발하지 않기 때문에 비관여적이다.
③ 기록된 자료에만 의존해야 하는 한계점이 있다.
④ 장기간에 걸친 종단연구는 불가능하다.
⑤ 분석상의 실수를 언제라도 수정할 수 있다.

❹
▶▶ 장기간에 걸친 종단연구도 가능하다.

12 CHAPTER

욕구조사

CONTENTS

욕구란 무엇인가 결핍되어 불편한 상태이며, 충족과 발전을 필요로 하는 상태로서 현재의 결핍된 상태와 원하는 상태 사이에 존재하는 격차를 의미한다. 이러한 욕구를 개인이 가지고 있을 때는 개인적 욕구가 되고, 사회구성원 다수가 이러한 욕구를 가지게 되면 사회적 욕구가 된다. 따라서 욕구는 충족되어야 할, 즉 해결되어야 할 문제로 보고 많은 경우 욕구는 문제와 같은 의미로 사용되고 있다. 욕구조사(need assessment)는 일반적으로 단순히 어떤 정보를 파악하려는 기초적인 조사와 달리, 주로 서비스제공자를 위한 조사 유형으로 어떤 프로그램에 대한 의사결정을 하는 데 활용된다.

이 장에서는 욕구조사의 필요성과 욕구의 유형을 나누어 살펴보고자 한다. 또한 욕구조사에서 포함되어야 할 내용들을 살펴봄으로써 클라이언트를 위한 다양한 욕구조사를 위한 자료수집방법에 대해서 구체적으로 학습하도록 한다.

CHAPTER

12 욕구조사

학/습/목/표

- 욕구조사의 의의와 필요성을 이해할 수 있다.
- 욕구의 개념을 이해하고 학자에 따른 욕구 유형을 설명할 수 있다.
- 욕구의 내용을 확인하여 욕구조사의 유형을 설명할 수 있다.
- 욕구조사를 위한 자료수집방법의 종류와 각각의 차이점을 설명할 수 있다.

1 욕구조사의 의의 및 필요성

욕구조사는 프로그램 평가조사와 같이 응용조사의 성격을 띤다. 그리고 지역사회의 기존 서비스와 자원에 대한 확인과 이에 대한 목록 작성을 통해 의사결정자가 무엇이 더 필요하고 또 부족한 자원을 어떻게 적절하게 배분할 것인가를 결정하는 데 도움을 준다. 즉, 맥킬립(Mckillip)이 언급한 것처럼 욕구조사는 '자원 배분과 프로그램의 기획 및 프로그램 개발을 위한 의사결정 도구(decision-aiding tool)'로 활용된다(Mckillip, 1998). 결국 욕구조사는 특정 지역사회주민이나 특정 집단을 위한 새로운 정책대안이나 프로그램을 개발하기 위해 또는 기존의 정책대안이나 프로그램을 보완하기 위해 대상집단의 욕구와 종류와 수준을 파악하는 조사라고 할 수 있을 것이다.

따라서 사회복지프로그램이 실행되기 전에는 욕구조사가 반드시 시행되어야 하며, 이를 통해 새로운 프로그램의 실행에 대한 정당성을 확보해야 한다. 욕구조사를 통하여 프로그램이 실제 필요한지에 대해 정확한 정보를 제공할 뿐만 아니라 프로그램이 시행된 이후에도 그 진행과정에 대한 적절한 지침을 제공한다.

1) 욕구조사의 의의

욕구조사(needs assessment)는 지역사회 또는 특정 집단이 원하는 것이 무엇인가를 알아내기 위하여 실시하는 조사이다. 욕구(needs)에 대한 정의는 매우 다양하다. 개인이나 집단에서 욕구는 "인간의 생존과 성장발전을 위해 필요하여 구하는 것"인데 적절한 음식, 주택, 소득, 지식, 사회참여, 개인의 자유 등이다. 이러한 것들이 특정 개인 또는 소수의 개인에게 국한될 때는 개인적 욕구가 되고, 사회의 구성원 다수에게 확대되면 사회적 욕구가 되는 것이다. 이런 사회적 욕구는 사회적 문제로 보는 경향이 있다. 따라서 욕구(needs)란 '필요로 하는 것', '모자란 것'을 의미하며, 욕구조사는 지역사회나 클라이언트가 가지고 있는 문제를 해결하기 위하여 어떠한 사업이나 서비스를 개발해야 하는가를 파악하기 위하여 실시한다.

욕구조사는 오늘날 사회복지 분야에서 널리 활용되고 있는 만큼, 특정 지역사회 또는 특정 집단의 사회문제를 해소하기 위한 서비스의 개발이나 기존 서비스의 보완을 위한 작업에 앞서 대상집단의 욕구를 정확히 파악하기 위해 실시하고 있다. 욕구조사를 통해 얻어야 할 내용에는 지역사회 또는 집단이 어떠한 욕구나 문제를 가지고 있으며, 그 문제의 원인은 무엇이고, 그 문제를 해결하기 위한 대안들은 어떤 것이 있으며, 그런 대안들을 실제로 실행하기 위한 자원의 활용 가능성은 어떠한지 등이 포함된다(김치영·황인옥, 2015; 채구묵, 2005).

이처럼 욕구조사는 특정 목적을 달성하기 위해 복합적으로 사용하는 응용조사이다. 이런 욕구조사는 다음과 같은 목적을 달성하기 위해서 시행된다.

① 자원배분의 우선순위 결정에 그 근거를 제공한다. 즉, 주민들이 필요로 하는 각종 서비스 또는 프로그램을 식별해 우선순위를 파악함으로써 인력, 예산 등의 자원을 배분함에 있어 우선순위를 정하는 데 기여한다.

② 프로그램 운영에 필요한 예산 할당 기준을 마련한다. 또한 사회복지기관이 욕구조사 결과에 근거하여 사업의 필요성을 합리화하고 주장함으로써 외부로부터의 예산 지원이나 관련 입법 추진 등을 도모할 수 있다.

③ 현재 수행 중인 프로그램 평가에 필요한 보조자료를 마련한다. 이는 현재 시행 중인 프로그램이나 서비스의 문제점을 파악하고 평가하는 데 필요한 기초자료를 제공해

줌으로써 기존의 프로그램을 보완하고 개선하는 데 도움을 준다.

④ 프로그램을 수행하는 지역사회 내에 기관들 간의 상호의존 및 협동사항을 파악한다. 욕구조사 결과에 근거하여 동일한 지역사회 내의 복지기관들 간에 중복되는 프로그램이나 부족한 프로그램을 조정할 수 있다.

⑤ 욕구조사를 통해 기관의 정체성을 확인한다. 욕구조사는 사회복지기관들이 사회로부터 그 존속의 정당성을 인정받고 지원을 받을 수 있도록 도움을 제공할 수 있다.

⑥ 욕구조사를 통해 기관의 활동과 프로그램을 대상집단이나 지역사회에 홍보 한다. 특히, 복지기관의 사업을 홍보하고 지역주민들로 하여금 지역사회의 문제를 인식하게 함으로써 주민들의 참여와 지원을 유도할 수 있다.

사회복지 분야에서 쓸 수 있는 자원은 한정되어 있기 때문에 욕구조사는 제한된 자원을 누구에게 어떻게 배분할 것인가에 관한 관심을 기울일 수밖에 없는 것이다. 따라서 사회복지서비스를 계획하고 할 때는 어디서, 누가, 어떤 서비스를 필요로 하는지를 정확히 측정하기 위해 필요한 정보를 수집하는 방법이 곧 욕구조사인 것이다.

2) 욕구조사의 필요성

현대사회에서 사회복지 수요는 점차 증가하고 있으며 이를 감당할 자원은 한정되어 있다. 이로 인하여 사회복지기관의 책임성이 강조되고 있다. 그러므로 한정된 자원을 효과적으로 사용하기 위하여 욕구조사의 필요성이 널리 인식되고 있다.

욕구조사의 필요성은 다음과 같다.

① 지역사회 내에 현재 필요한 서비스가 존재하는지 파악하기 위해

② 새로운 서비스나 프로그램을 창출할 필요가 있을 정도로 클라이언트가 존재하는지 알기 위해

③ 기존의 서비스가 잘 알려져 있는지, 또는 클라이언트가 그것을 이용하고 있는지 알기 위해

④ 기존의 서비스를 이용하는 데 장애 요인은 없는지 파악하기 위해

⑤ 지속적인 사회문제나 이를 악화시키는 요인은 없는지 알기 위해
⑥ 프로그램을 구체적인 표적집단에 적합하도록 만드는 데 필요한 정보를 얻기 위해

욕구조사를 통해 얻을 수 있는 이점은 다음과 같다.

① 욕구조사는 클라이언트의 욕구에 맞는 프로그램을 개발하는 데 도움을 줌으로써 사회복지기관이 설립 목적에 부합되는 일을 할 수 있도록 해준다. 사회복지기관은 서비스를 받고자 하는 집단 또는 지역주민들의 욕구를 정확히 파악해야 하며, 이는 조직체가 그 본래의 기능을 성실히 수행하기 위해 필요한 일이라 할 수 있다. 욕구조사는 이러한 욕구를 정확하게 파악하는 것을 목적으로 한다.

② 욕구조사는 사회복지기관의 효율적·전문적 운영에 도움을 준다. 지역사회 내에 현재 필요한 서비스가 존재하는지 여부나 표적집단에 적합한 프로그램을 만들기 위한 정보를 얻기 위해서 필요하다. 사회복지기관들은 조직의 효율적 운영을 위해 욕구조사 → 정책결정 → 실행 → 평가의 순환과정을 거치면서 그 기능을 수행한다. 따라서 욕구조사는 정책결정을 위한 사전절차 또는 수단이 된다. 그리고 욕구조사는 욕구들의 상대적 중요성을 파악할 수 있도록 해줌으로써 각 프로그램 운영에 필요한 조직구성과 인원, 예산 배정에 도움을 주며, 기존 프로그램의 문제점과 이에 대한 보완책을 제시해 줌으로써 기관의 효율적·전문적 운영에 필요한 자료를 제공해 준다.

③ 욕구조사는 서비스 또는 프로그램을 지역주민의 욕구 변화에 따라 탄력성 있게 변화시킬 수 있도록 도움을 준다. 욕구조사를 통해 사회변화에 따라 변하는 지역주민들의 욕구 변화를 파악할 수 있게 되고, 기존의 서비스를 이용하는 데 장애요인이 없는지 파악할 수 있다. 또한 새로운 서비스나 프로그램을 창출할 필요가 있을 정도의 클라이언트가 존재하는지 알기 위해서는 욕구 변화에 대응하는 새로운 프로그램을 적절한 시기에 개발하도록 해준다. 그리고 욕구 파악을 통해 현재 수행 중인 사업에 대한 평가 자료를 제공해 줌으로써 사업을 조정할 수 있도록 해준다.

④ 욕구조사는 복지서비스를 제공하는 지역사회 내의 타 기관들과의 협력사항을 파악하는 데 도움을 준다. 욕구조사를 통해 기존의 기관들이 미처 파악하지 못했던 사항을

발견할 수가 있다. 또한 한 기관이 욕구조사를 통해 얻은 자료를 타 기관과 공유함으로써 지역 전체의 서비스 향상을 위해 활용할 수도 있다.

⑤ 욕구조사는 지역주민 스스로 지역의 중요한 문제를 파악할 수 있는 기회를 제공하는 데 도움을 준다. 욕구조사는 지역사회 주민들에게 문제를 부각시키고, 프로그램의 필요성을 인식시킴으로써 지역주민의 지원을 얻을 수 있고, 나아가 입법 추진에도 필요한 자료를 제공해 준다. 또한 프로그램의 필요성을 설득력 있게 제시해 줌으로써 지역주민과 다른 단체의 지원을 더 쉽게 얻을 수 있고, 지방자치단체나 중앙정부로부터의 예산 지원이나 입법 추진 등에 압력을 가하는 데 활용할 수 있다.

⑥ 욕구조사는 사회복지기관들이 사회로부터 그 존속의 정당성을 인정받고 지원을 받을 수 있도록 도움을 제공할 수 있다. 사회복지기관들이 사회로부터 그 정당성을 인정받고 지원을 받기 위해서는 클라이언트, 지역주민, 지역단체, 그리고 정부로부터 인정을 받을 수 있도록 적절한 서비스를 효과적·전문적으로 제공하여야 한다. 이러한 계획, 조직, 운영을 뒷받침해 주는 자료를 욕구조사를 통해 얻을 수 있다.

2 욕구의 개념 및 식별

1) 욕구의 개념

욕구란 '무엇을 필요로 하는가'에 관한 것이다. 사회복지적 관점에서 보면, 인간의 존엄을 유지하는 데 '필요하지만 충족되지 못하고 있는 어떤 것'이 욕구가 된다. 사회복지에서의 욕구는 분배적 개념으로 해석할 수 있다. 한정된 사회적 자원이 사회구성원에게 분배될 때, 인간 욕구가 하나의 근거기준이 될 수 있다. 그러나 어떤 개인이나 집단이 특정 상태에서 결핍이나 박탈을 느낀다고 해서 사회는 그것만을 기준으로 욕구라고 인정하지 않는다. 정치·경제학적 관점에서 보는 것처럼 사회복지의 욕구는 '개인이나 집단이 갖는 결핍이나 박탈이 사회의 정치·경제적 역학관계를 통해서 사회적으로 인정되고 배분이 허용되는 상태'

를 뜻한다고 할 수 있다.

이처럼 욕구를 분배의 개념으로 해석한다면 욕구 사정을 위해서는 두 가지 차원에 대한 이해가 필요하다. '누가, 무엇을' 필요로 하는지를 결정하는 데 있어서 '누가' 필요로 하는가에 관한 주체의 차원과 '무엇을' 필요로 하는가에 관한 객체적인 차원으로 나누어 볼 수 있다.

① 욕구의 주체: 빈민, 장애인, 아동, 노인, 여성 등과 같은 자연 발생적 혹은 인위적 의존 인구나 소외와 결핍을 경험하는 특정한 개인, 집단, 조직, 지역 등

② 욕구의 객체: 의식주, 취업, 의료, 재활, 보육, 케어, 상담, 교육 등과 같이 욕구의 주체에게 필요하다고 인정되는 물질이나 서비스 등

욕구 사정의 과정에는 주체와 객체의 상호기대가 동시에 포함된다. 주체와 객체의 중간에서 욕구의 규정에 영향을 미치는 집단도 있는데, 주체의 보호자나 옹호집단의 경우가 그렇다. 사회복지서비스의 대상자는 대개 정치·경제적 파워가 약하거나 도덕적으로 낮은 평가를 받기 때문에 옹호집단이 욕구의 규정에 참여하는 경우가 많다.

욕구의 규정에는 다양한 객체 관련자의 관점도 포함된다. 이들의 관심과 기대 혹은 이해가 욕구의 주체를 확인하는 과정(누가 어떤 도움이 필요한가를 결정하는 과정)에 반영된다. 욕구의 객체를 제공하는 집단들은 대개 이해집단의 성격을 갖추고 있어서 욕구 사정의 주체와 객체에 대한 결정에서 경쟁관계에 있을 가능성도 크다.

사회적으로 유용한 자원은 한정되어 있다. 욕구의 규정은 어떤 주체에게 어떤 객체가 제공되어야 할 것인지를 결정하는 것이다. 욕구를 규정하는 과정에는 주체와 객체, 옹호집단 등의 다양한 이해가 관련되어 있으며, 이들 간의 상호작용을 거쳐서 욕구가 규정된다. 그러므로 욕구 규정이 사회적 과정임을 인식하고, 그에 적합한 욕구 사정의 방법을 확보하고 활용하는 것이 중요하다(김영종, 2007).

2) 브래드쇼의 욕구 유형

브래드쇼(Bradshow, 1972)는 욕구 판정을 위해 사용할 수 있는 인식기준에 따라 욕구를 규범적 욕구(normative needs), 인지적 욕구(felt needs), 표현된 욕구(expressed needs), 비교된

욕구(comparative needs)의 네 가지로 분류하였다.

(1) 규범적 욕구

규범적 욕구(normative need: 전문가의 판단에 의해 규정된 욕구)는 관습이나 권위, 일반적 여론의 일치로 확립된 표준을 의미하며, 기존의 자료나 유사한 지역사회의 조사나 해당 분야의 전문가들의 판단에 의해 제안된 욕구이다. 여기서 인식기준은 전문가가 설정한 기준 미만의 상태이며, 전문가들은 그들의 경험과 지식에 근거하여 어떤 수준이 충족되어야 하는 기준인지를 설정한다. 이 기준과 현재 상태와의 차이에 의해 욕구가 파악되며, 현재의 상태를 규범적으로 끌어올리기 위해서 필요한 서비스가 제시될 수 있다. 규범적 욕구는 전문가의 판단에 의존하기 때문에 클라이언트 집단의 욕구와 거리가 있을 수 있다.

규범적 욕구의 장점은 이 욕구의 목표가 기존의 서비스 수준과 비교 가능한 비율로 표시되는 데 있으며, 실제 비율이 특정 기준에 미치지 못하면 욕구가 존재한다고 보는 것이다. 따라서 계량화가 쉽고, 구체적인 변화의 표적을 만들 수 있다는 것이다. 반면 욕구 단계가 지식, 기술, 가치 변화에 따라 변화하기 쉽다는 단점을 가지고 있다.

(2) 인지적 욕구

인지적 욕구(felt need: 느낀 욕구, 감지된 욕구, 체감적 욕구)는 사람들이 욕구로 생각하는 것, 선호(want)하는 것을 말한다. 여기서 인식기준은 체감이며, 이 경우 집단 성원들의 느낌이 욕구 파악의 기준이 된다. 표적집단이 어떤 욕구 상태에 있는지, 또는 어떤 서비스를 원하고 선호하는지를 직접 물어보아서 욕구의 상태나 서비스를 파악할 수도 있고, 지역사회 공개토론회를 통해 인지적 욕구에 관한 자료를 얻을 수도 있다.

인지적 욕구의 장점은 당사자의 정확한 욕구 파악이 용이하며, 필요한 서비스 내용과 정도에 대한 정보를 확보할 수 있다. 반면에 사람의 기대에 따라 각각 기준이 불안정하고 수시로 변경될 수 있어서 실제욕구보다 과대 추정될 수 있다. 조사대상을 어떻게 선정하느냐에 따라 대표성에 문제가 있을 수 있다는 단점이 있다.

(3) 표현된 욕구

표현된 욕구(expressed need: 표출된 욕구)는 인시적 욕구가 행동으로 표출되어서 실제 수요(demand)로 드러난 것을 말한다. 여기서 인식기준은 표적집단의 표현 또는 행위이며, 이 기준에 의해 파악된 욕구를 표현적 욕구라고 한다. 인지적 욕구는 집단 성원들이 내면적으로 느끼고 있는 정도에 의해 파악되는 데 반해 표현적 욕구는 집단 성원들의 의사가 실제 외부로 나타난 행위에 의해 파악된다. 따라서 개인이 서비스를 얻기 위해 실제로 노력했는가의 여부가 핵심적인 변수로 작용한다. 사회복지에서는 가장 많이 이용되는 욕구 개념이기도 하다.

표현적 욕구는 인지한 욕구를 실제로 행동에 옮기게 되는 상황을 강조한다. 하지만 욕구를 가진 사람 모두가 서비스에 대한 수요자로 표현하는 것은 아니다. 따라서 표현되지 않은 잠재적 클라이언트가 무시되거나, 전달체계상 장애가 있는 클라이언트는 배제될 가능성이 있어 현상유지적인 경향을 보이는 단점이 있다.

(4) 비교된 욕구

비교된 욕구(comparative need: 상대적 욕구)는 비슷한 조건에서 상대적으로 서비스를 못 받는 상태에 있을 때 나타나는 욕구이다. 달리 말하면 집단 A와 집단 B의 상황이 크게 다를 바 없는데도 특정 서비스를 A만 받고 있거나 수혜 비율이 A에서 더 높을 때 상대적으로 B가 해당 서비스를 더 필요로 하는 욕구 상태에 있다고 보는 방식이다. 여기서 인식기준은 비교이며, 동일한 특성을 가지고 있는 사람들의 서비스 상태가 비교 기준이 된다. 즉, 동일한 특성을 가지고 있는 사람들은 서비스를 받고 있는데 어떤 사람은 서비스를 받고 있지 않은 경우에 나타나는 욕구이다.

위에 제시된 욕구 유형들은 장단점을 가지고 있으므로 어느 한 가지가 모든 의사결정사항에 적절할 수는 없다. 따라서 두 가지 이상의 방법을 이용하면 더 좋은 결과를 얻을 수 있다.

3) 매슬로우의 욕구 분류

욕구조사를 할 때 수많은 모든 욕구를 다 조사하는 것은 불가능하다. 그러므로 인간이 갖는 욕구를 몇 가지 범주로 분류하는 것이 도움이 된다. 욕구 분류의 몇 가지 예를 살펴보면 다음과 같다.

매슬로우(Maslow)는 인간의 욕구를 다섯 가지 범주로 나누고 범주들 간에 단계가 있는 것으로 보았다. 그는 인간은 가장 기본적으로 생리적 욕구의 충족을 추구하며, 이것으로부터 점차 상향적인 욕구를 추구하는 것으로 보았다. 즉, 가장 기초적인 생리적 욕구가 충족되면 안전에 대한 욕구를 추구하고, 안전에 대한 욕구가 충족되면 소속과 사랑의 욕구를 추구하고, 소속과 사랑에 대한 욕구가 충족되면 존경의 욕구를 추구하고, 존경의 욕구가 충족되면 마지막으로 자아실현의 욕구를 추구한다는 것이다.

매슬로우에 따르면 인간의 욕구는 어느 한 욕구를 충족하면 그 결핍에서 벗어나고 이러한 결핍의 욕구가 충족되어야만 인간은 성장을 추구하게 된다고 보았다. 결핍의 욕구는 생리적 욕구, 안전의 욕구, 소속과 사랑의 욕구, 그리고 존경의 욕구로 구성되었으며, 성장의 욕구는 자아실현의 욕구가 해당된다.

물론 인간의 욕구가 꼭 이러한 단계적인 순서로 추구되는가에 관해서는 논란이 있으며, 예외적인 경우도 있다는 지적도 있다. 그러나 사회복지서비스를 제공하는 데 어떠한 욕구를 먼저 충족하고자 하는 결정에 좋은 지침이 된다고 할 수 있다.

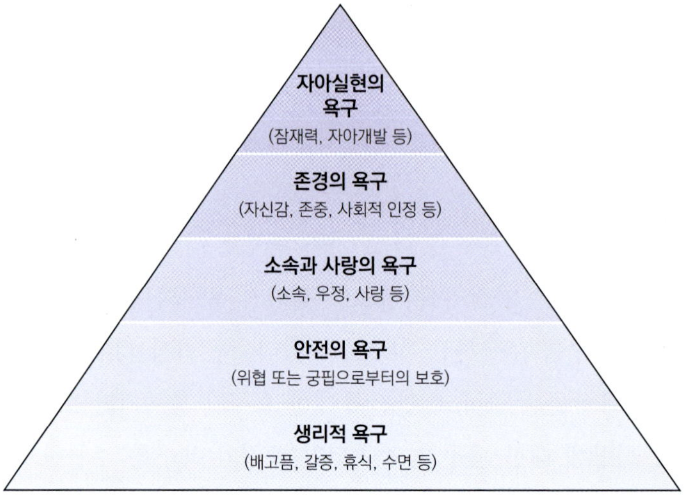

[그림 12-1] 매슬로우의 욕구 5단계

매슬로우의 욕구 분류는 욕구의 특성에 따른 분류라고 할 수 있다. 이에 비하여 집단에 따라 욕구가 다른 경우가 많다. 이러한 경우에 집단 소속원 자신들의 욕구뿐만 아니라 부모, 가족, 지역사회 등 관련 있는 사람들이 가지고 있는 욕구도 욕구조사에는 중요한 자료가 된다. 집단에 따른 욕구의 유형을 다음과 같이 분류할 수 있다(채구묵, 2005; 황창순 외, 2015).

① 아동: 돌봄, 조기교육, 정서안정, 여가, 공부방 등

② 청소년: 교육, 여가, 친구관계, 비행, 가출, 진로교육 등

③ 장애인: 상담, 교육, 직업, 건강, 여가, 운동, 재활, 부모교육, 활동도우미 등

④ 노인: 건강, 여가, 직업, 배우자, 소득 등

⑤ 여성: 직업, 부부관계, 육아, 자녀문제, 가족문제, 여가 등

3 욕구조사의 내용

1) 욕구 확인

욕구의 확인이란, '무엇을' 필요로 하는가에 관한 것으로 인간다운 삶에 중요한 것으로 간주되는 요소의 결핍이나 장애를 질적 상태로 확인하고 표식하는 것이다. 예를 들어, 거주지, 음식, 건강, 소득 등이 부족한 상태를 바람직한 상태와 비교하여 사회적인 욕구로 확인하는 것이다. 사회적 욕구를 확인하는 과정에는 다음과 같은 조건이 필요하다(김영종, 2007).

첫째, 욕구 충족을 위한 자원과 기술의 존재 여부이다. 가용자원과 기술 수준 안에서 변화 가능한 상황만이 욕구로 확인될 수 있다. 아무리 절박한 문제라도 현재의 자원과 기술로 변화될 가능성이 없을 때는 그것이 욕구나 문제로 확인되지 않는다.

둘째, 정치적 과정이다. 특정 상황이 사회의 조직적 개입을 요구하는 것으로 확인되기 위해서는 다원화된 정치적 결정과정을 거쳐야 한다. 이 과정에서 다수 집단이나 소수지만 정치적 영향력이 큰 집단이 이를 문제로 인정하는 것이 중요하다.

셋째, 객관적인 정의와 측정이 가능해야 한다. 문제해결에 필요한 사회적 자원의 조달과 배정에 대한 책임성을 확실히 하기 위해서 욕구로 규정될 상태나 조건은 객관적으로 정의되고 측정 가능한 것이어야 한다.

2) 욕구조사의 유형

욕구조사는 그것을 행하는 사회복지조직의 형태나 프로그램의 형태에 따라 클라이언트 중심(client-oriented)의 욕구조사, 서비스 중심(service-oriented)의 욕구조사, 그리고 지역사회 중심(community-based)의 욕구조사로 나눌 수 있다(김기원, 2001).

(1) 클라이언트 중심의 욕구조사

클라이언트 중심의 욕구조사는 특정 인구집단, 즉 아동, 노인, 장애인 등을 위하여 서비스나 프로그램을 제공하는 조직에 의하여 행해지는 조사이다.

이 조사에서는 먼저 특정 인구집단을 규정하고 그 집단 내에서 빈번히 나타나고 있는 문제의 수준과 크기를 확인하기 위해 실시하는 조사이다.

예 지역 청소년상담센터에서 청소년 인구를 대상으로, 노인복지회관에서 노인인구를 대상으로 그들의 욕구와 문제에 따른 서비스 수준을 조사하는 것이다.

(2) 서비스 중심의 욕구조사

서비스 중심의 욕구조사는 의료 서비스, 재활 서비스, 고용 서비스 등과 같은 특수한 전문 서비스를 제공하는 기관에 의하여 실시하는 조사로, 그들 기관이 제공하는 서비스의 품질이나 개선 사항에 관한 정보를 파악하기 위해 실시된다.

서비스 중심의 욕구조사는 기존 사회복지기관이나 프로그램의 계획 및 평가를 위하여 유용하게 쓰인다.

예 학교부적응 학생들에게 학교또래관계 증진 프로그램 제공, 노인들의 치매 예방을 위한 교육 및 조기검진 실시 등을 통하여 이들에게 필요한 서비스 수준을 조사하는 것이다.

(3) 지역사회 중심의 욕구조사

클라이어트 중심의 욕구조사와 서비스 중심의 욕구조사는 기존 사회복지조직이나 프로그램의 기획(planning)이나 평가를 위하여 유용하다. 그러나 서비스에 다양한 인구집단을 통합하지 못하거나, 지역사회 내의 다른 서비스 조직과의 관련 속에서 서비스를 통합적으로 제공하지 못하고 있다. 그래서 서비스 간 혹은 기관 간 서비스의 중복과 결여 현상 등을 개선하는 체계적이고 통합 조정된 서비스를 계획하고 수행하는 데는 큰 도움이 되지 못한다. 따라서 지역사회 중심의 욕구조사는 클라이언트 중심의 욕구조사와 서비스 중심의 욕구조사를 통합한 형태의 조사이다. 지역사회에 거주하는 주민을 대상으로 문제를 확인하여 문제해결의 우선순위, 적절한 개입대상 인구 및 적절한 서비스 수준 등을 파악하는 것이다. 이때 지역사회 주민은 개별적 클라이언트임과 동시에 특수한 서비스를 받는 대상이기 때문에 이 두 가지를 모두 포함하게 된다.

지역사회 중심의 욕구조사는 지역의 일반주민들을 대상으로 직접 자료수집을 하여 포괄적이고 많은 정보를 얻을 수 있는 장점이 있지만, 실질적으로 실행하는 데 있어서는 어려움이 큰 것이 문제이다.

3) 욕구조사에 포함되어야 할 내용

욕구조사의 내용은 대상집단이나 지역사회에 따라 다를 수 있다. 욕구조사를 통해 수집되어야 할 내용을 크게 세 분야로 분류할 수 있다.

(1) 지역사회의 일반적 특징에 관한 기초자료

대상지역의 특징에 관한 개략적인 정보를 통해 지역의 특성과 필요로 하는 프로그램의 유형을 파악할 수 있다. 기초자료는 지역적 특성, 소득수준, 가족 수, 성별 분포, 연령, 혼인, 거주 형태, 종교 분포, 주택 보급률, 국민기초생활보장 대상자 수 등이다.

예

지역주민의 인구학적·구조적 특징에 관한 자료: 연령분포, 가족 수, 결혼상태, 거주기간, 직업, 소득수준, 빈곤인구율, 주택보급률, 범죄율 등

(2) 욕구 파악을 위한 자료

대상집단의 현황과 문제를 파악하고, 현재 제공되고 있는 서비스는 어떠한 것이며, 그에 대한 만족도와 부족한 점들을 파악하여 어떠한 서비스를 강화하거나 새롭게 제공해야 하는가를 조사한다.

① 대상집단의 현재 삶의 상태를 파악하는 자료: 사회, 경제, 교육, 고용, 건강 등 개인적인 현재 상태를 파악하는 자료로서 욕구수준과 효과성을 평가하는 기준이 된다.

② 기존의 프로그램이나 정책대안 평가를 위한 자료: 기존 프로그램의 인지도, 이용도, 장단점, 서비스 태도, 자격조건, 경제적 부담 등을 파악하고 프로그램 개선에 사용할 정보를 제공한다.

③ 신규 프로그램이나 정책대안 개발을 위한 자료: 대상집단의 구성원들이 가지고 있는

욕구를 확인하고 상대적 중요성을 파악하여 새로운 프로그램이나 정책대안을 얻는 토대가 된다.

(3) 사회자원을 활용하기 위한 자료

서비스나 프로그램을 개발하고 실행하는 데 필요한 자원이 어떠한가를 파악하여 실행 가능성과 문제해결능력을 조사한다. 즉, 지역사회 정보(의사소통망)체계, 지역사회 서비스 자원, 정치적 자원 등이다.

① 의사소통망에 관한 정보: 프로그램이나 정책대안의 존재 여부와 내용을 클라이언트에게 알려줄 수 있는 공식적·비공식적 의사소통망과 전달 매체를 파악해야 한다.

② 지역사회 서비스 자원에 관한 정보: 프로그램이나 정책대안을 계획할 때 활용할 수 있는 지역사회 내 인적·물적자원을 파악해야 한다.

③ 정치적 자원에 관한 정보: 프로그램 정책대안이 성공적으로 집행되기 위해 지역사회 주민과 지역사회를 대표할 수 있는 사람들이나 지도자들의 지지가 필요하다.

4 욕구조사를 위한 자료수집

욕구의 확인과 추산에 필요한 자료를 확보하기 위해 다양한 조사방법의 기법을 활용하게 된다. 어떠한 방법을 선택할 것인가는 조사의 상황을 고려하여 결정하게 된다. 욕구조사를 위한 자료수집은 기존 자료 분석, 서베이, 공청회 등을 활용하여 수집할 수 있다(채구묵, 2005; 김영종, 2007).

1) 일반 인구 조사방법

일반 인구 조사방법(general population survey)은 대상지역의 주민들로부터 추출된 표본에 대해 설문조사를 실시하여 필요한 자료를 얻는 방법이다. 지역주민들 가운데 추출된 표본을 대상으로 면접이나 설문조사를 통해 욕구를 측정하는 것이기 때문에 지역사회 욕구조사 시 가장 많이 사용되는 방법 중 하나이다. 일반 인구 조사방법을 통해 얻을 수 있는 정보는 다음과 같다.

① 주민 개개인이 인지하고 있는 문제
② 다수의 개인이 느끼는 욕구, 즉 사회문제
③ 문제를 가진 개인들의 특성
④ 개인이 이용할 수 있는 서비스
⑤ 서비스를 이용할 의사나 장애가 되는 요인
⑥ 지역사회에서 원조를 받고 있는 기관(개인)의 정보 등

따라서 일반 인구를 조사하기 위해서는 욕구를 명확히 규정하고, 대표집단을 신중히 선택해야 한다. 또한 조사하고자 하는 욕구와 관련된 설문지를 작성하되, 필요한 서비스와 관련해서도 설문을 작성해야 한다. 일반 인구 조사방법에는 자료를 수집하는 절차에 따라 면접조사, 설문지 조사, 우편조사, 전화조사 등이 있다.

일반 인구 조사방법의 장단점은 〈표 12-1〉과 같다.

〈표 12-1〉 일반 인구 조사방법의 장단점

구분	내용
장점	• 사용된 조사방법과 도구는 다른 지역에서도 융통성 있게 사용이 가능하다. • 다른 조사기법의 보완도구로서 쓰일 수 있다. • 조사도구는 수정이 가능하며 신축성이 있다. • 비교적 타당한 결과를 얻을 수 있다.
단점	• 높은 비용과 오랜 시간이 걸린다. • 일반 인구를 대상으로 조사를 하다 보면 많은 조사인력이 필요하다. • 전문적 조사기술이 필요하다.

2) 델파이기법

델파이기법(delphi technique)은 특정 주제나 문제에 대해 일단의 전문가를 대상으로 익명처리된 설문조사를 수차례 반복함으로써 일종의 집단 협의 방식으로 합의에 이르는 조사방법으로서, 어떤 문제에 대하여 전문가들 사이의 합의점을 찾는 방법이다. 논리적으로는

'한 사람의 의견보다는 두 사람의 의견이 정확하고, 다수의 판단이 소수의 판단보다 타당하다'는 점에 근거를 두고 있다(김익균·고순철, 1999). 따라서 델파이기법은 전문가들에게 우편으로 의견이나 정보를 수집하여 분석한 결과를 다시 응답자들에게 보내 의견을 묻는 식으로 만족스러운 결과를 얻을 때까지 계속하는 방법이다. 어떤 불확실한 사항에 대한 전문가들의 합의를 얻으려고 할 때 적용될 수 있다.

이러한 델파이기법은 대면(face to face)집단의 상호작용이 아닌 익명집단의 상호작용을 통해 도출된 자료를 분석하는 것이다. 그리고 개인의 의견을 집단적 통계분석으로 처리한다. 반복되는 설문조사 과정에서 전문가 패널의 의견이 수정될 수도 있다. 델파이기법은 집단 커뮤니케이션 과정을 구조화하는 방법으로 정보의 흐름을 제어하며, 다음과 같은 절차로 진행된다(성규탁, 1998).

① 전문가를 선정한다.
② 주요 관심사에 관한 질문지를 작성한다.
③ 질문지를 발송한다.
④ 회수된 응답내용의 합의 및 합의되지 않은 부분으로 나누기 위하여 통계적으로 집계한다.
⑤ 1차 분석의 결과에서 합의도가 낮으면 그 결과를 다시 응답자들에게 보내어 1차 분석의 결과를 참조한 각자의 의견을 묻는다.
⑥ 회수된 응답을 재분석한다.

이렇게 하여 일정한 정도의 합의점에 도달할 때까지 여러 번 반복 응답하게 하여 합의점을 도출한다.

델파이기법의 장단점을 살펴보면 〈표 12-2〉와 같다.

〈표 12-2〉 델파이기법의 장단점

장점	• 전문가를 한자리에 모으는 수고를 덜고 응답자의 시간을 효율적으로 사용할 수 있다. • 전문가가 자유로운 시간에 의견을 말할 수 있다. • 익명이므로 참가자의 영향력을 줄일 수 있다. • 응답을 위해 한곳에 모일 필요가 없다. • 질문의 형식이나 내용을 적절히 선택함으로써 다양한 분야에 활용이 가능하다.
단점	• 반복되는 설문조사로 시간과 비용이 많이 든다. • 반복하는 동안 응답자의 수가 줄어드는 문제가 있다. • 극단적인 판단은 의견일치를 위해 제외되는 경향이 있어 창의적인 의견들이 손상될 수 있다. • 전문가의 합의된 의견이 실제 욕구와 반드시 일치하는 것은 아니다. • 연구자가 사전에 결정한 방향으로 패널의 의견이 유도될 위험이 있다.

3) 표적 인구 조사방법

표적 인구 조사방법(target population survey)은 프로그램 제공을 통해 문제해결의 대상으로 삼는 표적집단에 설문조사를 실시하여 욕구와 서비스 이용상태를 파악하는 기법이다. 일반 집단 서베이가 전체 주민을 조사대상으로 하는 데 비해 표적집단 서베이는 노인, 청소년, 장애인, 여성 등 서비스의 클라이언트에 해당되는 집단들을 대상으로 설문조사를 실시하여 그들 집단의 욕구, 기존 서비스 이용실태, 새로운 서비스 개발에 필요한 의견을 파악하는 방법이다. 표적 인구 조사를 통해서 얻을 수 있는 정보는 표적집단이 갖는 문제나 욕구, 표적집단이 이용할 수 있는 서비스의 파악에 있어서 용이하다. 하지만 표본이 전체를 대표할 수 있는 타당성을 가지려면 표본이 확률적 표집방법으로 선정되어야 하고, 표본의 크기가 적당해야 한다. 표적집단 서베이를 통해 얻은 자료는 그 집단에만 적용될 수 있고 주민 전체에게 일반화되기 어렵다는 한계를 가지고 있다.

표적 인구 조사방법의 장단점은 〈표 12-3〉과 같다.

〈표 12-3〉 표적 인구 조사방법의 장단점

장점	표본을 통해 전체 표적 인구의 욕구를 파악할 수 있다.
단점	• 시간적·비용적 측면에서 경제적이지 못하다. • 질문지의 경우 회수율이 낮다. • 사회적으로 요구하는 '바람직한 응답'만을 얻을 수 있다. • 표적 인구로부터 얻은 정보는 그 집단 이외에는 적용할 수 없다.

4) 주요정보제공자 조사

주요정보제공자 조사(key informants survey)는 특정 지역사회의 조건이나 문제에 관한 전문적 지식이나 견해를 가지고 있는 주요 정보 제공자들을 서베이 혹은 면접하여 지역사회의 욕구를 파악하는 조사이다. 주요 정보 제공자에는 해당 지역의 사회복지기관 직원, 관련 직종의 전문직 종사자, 지역유지, 정치적 지도자, 행정관료 등 지역문제에 대해 직접적으로 잘 알고 있다고 생각되는 사람들로부터 욕구조사에 필요한 의견을 수집하는 방법이다. 이들로부터 얻는 정보는 중요한 자료가 될 수 있다. 지역사회를 위한 복지사업에서 계획과 자원의 할당이 흔히 정치적으로 이루어진다는 사실을 감안할 때 이들의 의견은 매우 중요하다.

주요정보제공자 조사방법의 장단점은 〈표 12-4〉와 같다.

〈표 12-4〉 주요정보제공자 조사방법의 장단점

구분	내용
장점	• 지역주민 대다수의 문제, 지역사회의 문제나 논의대상이 될 문제를 쉽게 파악할 수 있다. • 상대적으로 비용과 인력이 적게 들어 경제적이다. • 지역사회의 유지나 지도자들이 지지하거나 반대하는 서비스 또는 프로그램을 파악할 수 있다. • 주민들 중 정치적으로 활동적이고 영향력이 큰 집단들의 관심사항을 파악할 수 있다. • 표본을 쉽게 선정할 수 있다. 즉, 표본추출이 용이하다. • 양적 정보뿐만 아니라 질적 정보도 파악할 수 있다.
단점	• 주요정보제공자, 특히 정치적 지도자들이 중요하다고 생각하는 문제들은 정치적 민감성이나 감정에 의해 결정되는 경우가 많다. • 선정하는 과정이 자의적일 수 있어 필요한 의견을 골고루 수집하지 못할 수 있다. • 지역사회 지도자들은 그들과 접촉이 가능한 집단들만 대변하는 의견을 제시할 수 있다. • 의도적인 선정으로 인하여 정보제공자의 편향성(bias)이 나타날 수 있다. • 표본의 대표성이 낮다. 지역대표자나 지도자가 주민의 의견을 대변할 수 있느냐는 의문이 있다. • 정보제공자들이 가지고 있는 정보의 양과 질에 의존하게 된다.

5) 서비스제공자 조사

서비스제공자 조사방법은 서비스제공자나 프로그램 운영자로부터 지역주민이나 대상 집단의 문제나 욕구, 기존 프로그램의 평가 및 새로운 프로그램의 개발에 필요한 의견을 수집하는 방법이다(채구묵, 2005). 서비스제공자 조사방법의 장단점은 〈표 12-5〉와 같다.

〈표 12-5〉 서비스제공자 조사방법의 장단점

구분	내용
장점	• 사회적으로 잘 알려지지 않은 문제(약물중독이나 미혼모 등)를 파악할 수 있다. • 현존하거나 잠재적인 지역사회 또는 기관의 활용자원에 대해 정확한 정보를 얻을 수 있다. • 지역사회 전반 또는 개인의 제 문제에 대한 원인 또는 배경을 파악하는 데 유용한 자료를 얻을 수 있다. • 대상 집단의 욕구를 전문적인 판단에 의해 파악할 수 있다.
단점	• 서비스제공자들은 표적집단에 의해 인지되지 않은 문제를 문제시하기 때문에 그러한 문제들을 해결하기 위한 서비스를 실행할 때 여러 가지 어려움이 발생할 수 있다. • 서비스제공자들에 의해 인지된 문제들은 표적집단의 실제문제라기보다 제공자들의 문화적·계급적 편견일 수 있다. • 이들은 주로 클라이언트를 대상으로 하므로 광범위한 욕구를 파악하기는 어렵다. • 그들의 기관에서 제공하거나 제공하게 될 프로그램에 유리한 욕구에 대해 언급할 가능성이 있다.

6) 지역사회 공청회

지역사회 공청회(포럼, community forum)는 지역사회의 사람들이 함께 모여 자신들의 욕구에 대해 자유롭게 의견을 교환하고 상호작용을 할 수 있는 토론회를 통해 욕구를 조사하는 방법이다. 즉, 지역사회 공청회를 통한 자료수집은 한 지역사회 내에 거주하는 모든 사람들이 참여할 수 있는 공개적인 모임을 개최하여 주민들로 하여금 그 지역의 욕구나 문제에 대해 의견을 파악하는 것이다.

지역사회 공청회는 지역사회 주민들이 누구보다도 자신들의 욕구를 잘 파악하고 있다는 전제하에서 주민들의 직접적인 의견을 들어 보자는 데 의의가 있다. 가능하면 광범위하게 공표하여 지역사회 내의 여러 계층과 집단들이 참석하도록 해야 한다. 모임 장소, 일시, 목적, 모임을 추진하는 사람(기관) 등을 포함한 공고를 적어도 1개월 전에 하고 1~2주일 전에는 적극적인 홍보와 소집활동을 전개하여야 한다. 공청회를 진행하는 방법은 여러 사람이 골고루 의견을 발표할 수 있는 기회를 갖도록 하는 것이 중요하며 모임이 끝나면 참가자에게 모임을 통해 얻은 직접적인 결과를 통보해 주는 것이 좋다(성규탁, 1994).

결국 지역사회 공청회는 어떠한 문제에 대한 주민들의 느낌이나 심정을 파악해 보고, 기타 측정방법들을 통해서 얻기 힘든 자료를 구할 수도 있고, 나아가 주민들의 지지와 협조를 얻기 위해 이용할 수도 있다.

지역사회 공청회의 장단점은 〈표 12-6〉과 같다(Reid & Smith, 1981).

〈표 12-6〉 지역사회 공청회 조사방법의 장단점

장점	• 비용과 시간 면에서 효율적이며, 현실적 실행 가능성이 높다. • 광범위한 주민계층 및 집단의 의견을 확인할 수 있다. 각 개인, 집단, 기관별로 문제에 대한 인식과 관심이 다른 것도 구별해 볼 수 있다. • 서베이조사를 위한 사전준비의 기회가 될 수도 있다. • 복지기관의 활동에 대한 홍보와 활동에 주민들의 협조와 지지를 얻을 수 있는 계기 마련이 될 수 있다.
단점	• 모든 지역주민이 참여하는 것이 아니고 관심 있는 사람들만 참석하기 때문에 참석자의 대표성 문제가 있다. • 지역의 현안 및 특정 문제에 직·간접적인 이해관계를 가진 이익집단의 영향을 배제할 수 없다. • 관심 있는 소수의 사람들만 의견을 발표함으로써 지역 전체의 의견보다 몇몇 개인의 의견이 강조될 수 있다. • 기대했던 것보다 많은 정보를 얻지 못할 수 있다. • 참석자들의 이해관계에 따라 특정 욕구나 이슈가 부각될 가능성이 크고, 토론회 진행상 어려움이 있을 수도 있다.

7) 2차 자료분석: 사회지표 분석, 행정자료 조사

기존 사회적 자료분석은 복지기관 서비스 이용 자료분석과 함께 이미 존재하는 자료를 분석하는 2차 자료분석의 한 방법이다. 각종의 2차적 자료들을 적절하게 활용하면 욕구조사에 필요한 의미 있는 정보를 제공해 줄 것이다.

일반적으로 2차적 자료는 쉽게 구할 수 있고, 이용하기 편리하다는 장점을 가지고 있지만 여기에는 몇 가지 제한점이 있다. 즉, 2차적 자료는 오래된 것이거나 신뢰성이 약하거나 불완전한 자료일 가능성이 있으므로 이러한 자료에만 의존하는 것은 과소 또는 과대평가(underestimating or overestimating)의 가능성이 있다. 특히 클라이언트의 서비스 이용 현황 자료에만 의존하게 되면 문제의 심각성을 과소평가할 가능성이 크므로 유의해야 한다.

① 사회지표 분석

클라이언트 집단의 욕구를 파악하기 위해 기존의 사회지표를 분석하는 방법이다. 사회지표는 정부기관이나 각종 연구기관 및 단체에서 체계적으로 수집한 자료로 어느 정도 신뢰성을 갖춘 자료이기 때문에 특정 클라이언트 집단의 욕구를 간접적으로 파악하는 데 도움을 준다.

〈표 12-7〉 사회지표 분석의 장단점

장점	• 자료수집과 분석이 용이하다(손쉽게 욕구조사를 할 수 있다). • 시간과 비용이 적게 든다. • 객관적 자료로서 신뢰성이 있다. • 지역사회 주민 욕구의 장기적 변화를 파악하기 쉽다.
단점	• 간접적 측정치이기 때문에 정확한 욕구를 확인하기 어렵다. • 사회지표의 속성을 벗어난 욕구 파악은 어렵다. • 지표 작성 기준이 발행 기관마다 다른 경우가 많아 자료의 분해나 결합에 어려움이 있다.

② 행정자료 조사

욕구 파악을 위해 행정기관, 사회복지관, 연구소 등 사회단체가 행정 및 관리를 위해 수집·기록한 정보(예: 업무일지, 면접기록지, 서비스 대기자 명단)를 이용하는 방법이다.

〈표 12-8〉 행정자료 조사의 장단점

장점	• 비용이 적게 든다. • 조사에 신축성을 기할 수 있다. • 다양한 정보를 포함하고 있기 때문에 다른 욕구 측정 방법을 보완할 수 있다
단점	• 행정 및 관리를 위해 수집된 자료이므로 욕구 측정에 알맞은 양식으로 되어 있지 않은 경우가 있다. • 사회복지 서비스 제공기관의 자료는 대부분 기존 서비스 이용자에 관한 자료이기 때문에 서비스를 이용하지 않는 사람들에 대한 정보는 없는 편이다. • 일부 자료는 비밀보장을 위해 외부에 공개되지 않는 경우가 많다.

이상과 같이 욕구조사에 관한 다양한 기법을 살펴보았다. 욕구조사는 욕구 규정과 관련된 과정에 대한 이해와 함께 조사방법에 대한 지식과 능력을 필요로 한다.

조사자는 다양한 욕구 상황에 대해 다양한 기법을 적절히 선택할 수 있어야 한다. 어떤 기법을 선택하는가에 대한 결정은 욕구조사의 목적, 욕구조사가 수행되는 기관의 성격, 특정 자료의 가용성, 측정의 명확화가 요구되는 정도 등을 복합적으로 고려하여 선택한다. 이상적으로는 하나 이상의 다양한 기법을 복합적으로 사용하여 비교를 통해 욕구조사의 정확성을 높이는 것이 바람직하다.

함께 풀어 봅시다!

1 욕구조사의 유형에 관한 설명으로 옳지 않은 것은?

① 사회지표조사는 특정 상황에 부합되는 자료의 부재 가능성이 있다.
② 서비스제공자 조사는 대상집단의 욕구를 전문적인 판단에 의해 파악할 수 있다.
③ 지역주민 서베이는 수요자 중심의 욕구사정에 적합하다.
④ 지역사회공청회는 조사대상자를 상대로 개별적으로 자료를 수집하는 데 유리하다.
⑤ 주요정보제공자 조사는 정보제공자들이 갖고 있는 정보의 양과 질에 의존한다.

2 욕구조사를 하는 목적으로 보기 어려운 것은?

① 지역사회 내의 기관들과 상호의존 및 협동사항을 파악한다.
② 욕구조사를 통해 기관의 정체성을 확인한다.
③ 프로그램 운영에 필요한 예산할당 기준을 마련한다.
④ 욕구조사를 통해 기관활동과 지역사회 홍보를 한다.
⑤ 욕구조사를 통해 기관운영에 좋은 프로그램만을 선정할 수 있다.

3 욕구조사방법 중 한 지역사회 내에 거주하는 모든 사람들이 참여할 수 있는 공개적인 모임을 개최하여 주민들로 하여금 그 지역의 욕구나 문제에 대해 의견을 발표하도록 하여 주민들의 의견을 파악하는 방법은 무엇인가?

(   )

정답 및 해설

1 ④
▶▶ 지역사회공청회는 조사자가 주민들을 한자리에 참석시켜 공개적인 모임을 통하여 욕구나 문제를 관찰하고 파악하는 방법이다.

2 ⑤
▶▶ 주민들이 필요로 하는 각종 서비스나 프로그램을 식별하여 제공하기 위한 목적으로 욕구조사를 실시해야 하며, 기관운영의 편리성으로 욕구조사를 선별하는 것은 바람직하지 않나.

3 지역사회 공청회
▶▶ 지역사회 공청회(포럼, community forum)는 지역사회의 사람들이 함께 모여 자신들의 욕구에 대해 자유롭게 의견을 교환하고 상호작용을 할 수 있는 토론회를 통해 욕구를 조사하는 방법이다.

4 **델파이기법의 단점으로 적절하지 않은 것은?**

① 반복적인 과정을 거치므로 시간이 많이 걸린다.
② 극단적인 의견은 판단의 합의를 얻기 위해 제외된다.
③ 응답을 위해 한곳에 모일 필요가 없다.
④ 반복적인 과정 중에 응답률이 점차 낮아질 수 있다.
⑤ 전문가들의 견해와 실제 욕구 사이에 차이가 있을 수 있다.

❸
▶▶ 응답을 위해 한곳에 모이지 않아도 되는 것은 델파이기법의 장점이다.

5 **주요정보제공자를 활용한 욕구조사에 관한 설명으로 옳지 않은 것은?**

① 지역주민에 대한 간접적인 욕구 확인방법이다.
② 지역사회 전체의 의견을 반영할 수 있다.
③ 정보제공자에 따라 수집할 수 있는 정보의 양과 질이 달라질 수 있다.
④ 지역사회 전반의 문제에 대해 잘 알고 있는 사람으로 구성된다.
⑤ 상대적으로 적은 비용이 소요된다.

❷
▶▶ 지역사회 전체의 욕구보다는 주요정보제공자들의 주관적 견해가 개입될 가능성이 크다.

13 CHAPTER

평가조사

CONTENTS

평가조사는 평가를 목적으로 실시되는 조사이다. 최근 사회복지현장에서는 프로그램 평가에 대한 관심이 높아지면서 프로그램에 대한 효과성과 효율성 등을 파악하여 클라이언트에게 보다 나은 서비스를 제공하고자 평가조사를 실시한다. 특히 평가를 하는 것은 관리자 입장에서는 프로그램에 대한 지속과 예산 편성 등과 관련한 결정을 하는 데 중요한 정보를 제공하게 된다. 또한 프로그램에 대한 평가는 예산을 지원하는 기관이나 정부 및 클라이언트에 대한 사회복지사로서의 책무성(accountability)을 검증할 수 있는 좋은 도구가 된다. 따라서 좋은 사회복지프로그램이 되기 위해서는 직원, 예산, 안정된 재정, 효과 검증을 위한 조사연구, 이론적 근거, 서비스의 철학 그리고 서비스의 경험적 평가에 대한 체계적 노력이 필요하다(Royse et al., 2006).

이 장에서는 평가의 목적과 그 유형을 살펴보고 평가요소에 대한 이해를 돕고자 한다. 이 내용을 통해 다양한 프로그램 평가방법을 익힘으로써 자신에게 유익한 프로그램 평가모델을 활용할 수 있도록 학습하고자 한다.

CHAPTER

13 평가조사

학/습/목/표

- 평가조사의 의의와 목적을 이해할 수 있다.
- 평가조사의 종류와 그 각각에 대해 간략히 설명할 수 있다.
- 평가의 기준 및 요소를 이해하고 설명할 수 있다.
- 평가조사의 절차를 이해하고 각 단계별로 설명할 수 있다.

1 평가조사의 의의 및 목적

1) 평가조사의 의의

프로그램 평가조사(program evaluation research)는 프로그램의 효과성, 효율성, 적절성, 만족도 등을 체계적으로 분석하여 결정권자로 하여금 합리적인 결정을 내릴 수 있도록 정보를 산출하는 사회적 과정이다(김기원, 2001). 프로그램 평가에 대해 로시와 프리맨(Rossi & Freeman, 1982)은 "사회적 개입 및 대인서비스 프로그램의 개념화, 설계, 기획, 관리행정, 실행, 효과, 효율 및 활용에 대한 이해와 증진을 목적으로 하는 연구"라고 하였다. 또한 "프로그램 발전을 위하여 프로그램의 기획 및 진행의 과정, 종결에 나타나는 긍정적·부정적 요인의 원인을 총체적·체계적인 평가기준을 통하여 진단하는 것"이라고 하였다(우수명, 2004). 여기서 공통적으로 제시되는 것은 프로그램의 개선과 발전을 위해서는 프로그램 평가가 이루어져야 한다는 것이다. 따라서 평가조사는 사회복지프로그램이 본래 의도한 목적을 제대로 달성하고 있는지를 평가하기 위해 실시하는 응용조사의 한 유형이라고 볼 수 있다. 사회와 인간을 위한 서비스 프로그램에 대해 좀 더 나은 결정을 하기 위한 도구로서 프로그램 평가를 생각해 보면 이는 주어진 자원을 가장 잘 활용하여 클라이언트의 문제를 해결하고 삶의 질을 향상시키는 데 기여한다고 하겠다(Royse et al., 2006). 그렇다면 과연 프로그램 평가는 반드시 필요한 것인가? 이에 대하여 자세히 알아보기 위해서는 다음 질문을 생각해 볼 필요가 있을 것 같다(황성동, 2016).

① 클라이언트가 필요로 하는 도움을 받고 있는가? 그리고 클라이언트를 돕기 위한 더 좋은 방법은 없는가?
② 클라이언트를 돕는 노력이 지난해와 어떻게 다른가? 과연 원하는 목표를 성취하였는가?
③ 우리 기관의 성공률을 다른 기관의 성공률과 비교하는 방법은 무엇인가?
④ 현재 진행 중인 프로그램을 지속하여야 하는가?
⑤ 우리 기관의 프로그램을 어떻게 하면 개선할 수 있는가?

결국 평가조사를 통해 현재 실시되고 있는 프로그램과 개입기법 등을 계속 실시해야 하는지, 중단해야 하는지, 수정이 필요한지, 수정이 필요하다면 어떤 부분을 수정해야 하는지 등에 대한 시사점을 얻을 수 있다. 특히 사회복지기관의 책임성을 강조하는 추세에 따라 평가조사가 많이 사용되고 있다.

2) 평가조사의 목적

평가조사는 사회복지기관이 클라이언트에게 제공하는 일체의 서비스 목적과 수단의 적합성을 파악하여 클라이언트 당사자에게 끼치는 영향을 측정하는 사회복지프로그램을 통한 서비스 제공의 연속적인 과정이라고 할 수 있다. 따라서 평가조사는 다양한 의문을 제시하고 해답을 구하는 과정이다. 그 의문들의 성격에 따라 조사의 방향이 달라지고, 그 의문들이 곧 평가의 목적을 형성한다. 누구에 의해 어떤 목적으로 평가의 정보가 활용되는가에 따라서 성격은 달리 나타난다. 평가조사에서 답해야 할 평가의 의문도 달라지고, 수집되어야 할 평가정보의 유형도 그에 따라 달라진다(김영종, 2007; 서정민 외, 2015).

프로그램을 평가하는 목적을 좀 더 구체적으로 살펴보면 다음과 같다.

① 프로그램 과정상 환류적 목적

프로그램 평가는 프로그램의 계획이나 운영과정 개선에 필요한 환류적(feed-back) 정보를 제공해 준다.

평가조사는 프로그램을 중단할 것인지, 축소 또는 확대할 것인지, 그대로 유지할 것인지에 대한 합리적인 판단의 근거가 된다. 또한 프로그램 내용을 수정하거나 보다 효율적으로 운영하는 데 필요한 정보를 제공해 준다.

② 기관운영의 책임성을 이행

프로그램 평가는 사회복지기관이 책임성 있는 운영을 하도록 자극하며 돕는 역할을 한다. 사회복지기관은 사회로부터 복지활동을 할 수 있도록 위임을 받았기 때문에 사회에 대해 복지활동을 성실히 수행할 책임을 져야 한다. 예산을 포함, 인적·물적자원의 사용과 기관의 목적을 얼마나 달성하였는지 등에 대한 효율성과 효과성을 평가하여 책임성 이행의 근거를 마련한다. 사회복지기관이 프로그램 운영에 대해 책임을 지는 것은 사회에 대한 의무이며, 이러한 의무는 민주주의 원칙에 입각한 것이라 할 수 있다. 오늘날은 복지비용의 제한 때문에 효과성과 효율성을 기반으로 하는 책임성이 더욱 강조되고 있다. 프로그램 평가는 사회복지기관이 어느 정도 책임성을 발휘하고 있는지를 평가할 수 있는 중요한 자료가 되며, 프로그램 담당자로 하여금 더욱더 책임성을 다하도록 하는 자극과 지침이 되고 있다.

③ 이론 형성

프로그램 평가는 이론 형성에 기여한다. 프로그램 실시 전후의 차이를 측정하여 프로그램의 실시가 어떤 영향을 미쳤는지를 평가함으로써 인과관계를 검증하여 이론화할 수 있다. 즉, 프로그램 평가는 프로그램 운영방법에서부터 프로그램 결과에 이르는 과정을 검토, 분석, 검증하는 작업이다. 검증결과 타당성이 있는 것으로 확인된 가설은 이론을 형성하는 데 기여하고 그렇지 못한 경우는 이론을 수정하는 데 기여한다.

④ 프로그램 진행과정의 개선

형성 평가는 프로그램 진행과정을 평가하여 프로그램의 저해요인을 개선시키고 환류하여 보다 나은 프로그램이 될 수 있는 근거를 제공한다.

⑤ 설계적 목적

새로운 프로그램 개발을 검토하기 위해 평가를 실시한다.

⑥ 합리적인 자원배분

프로그램 평가 결과에 따라 효과적인 프로그램과 단기적인 효과만이 존재하는 프로그램을 선별하여 차등적인 자원 할당이 이뤄져야 한다.

⑦ 서비스 전달체계의 개선

서비스가 전달되는 과정을 평가하여 서비스가 지체되거나 클라이언트의 접근성이 어렵거나 본래 목적과 다르게 진행될 경우 시정하여 서비스 전달이 원활하게 이뤄지도록 한다.

3) 프로그램 평가조사의 중요성

① 사회복지 분야의 책임성 요구

사회복지 분야에 투입된 공적자원과 민간자원의 투명성과 서비스의 효과성, 효율성 등에 대한 책임성이 지속적으로 요구되고 있다.

② 사회복지기관의 정체성

사회복지기관들이 자신이 수행하는 프로그램이 기관의 목적에 얼마나 적합한지를 객관적으로 평가하고, 정체성을 확립하는 데 기여할 수 있다.

③ 내부적으로 효과적이고 효율적인 기관 운영

프로그램을 수행하는 데 사용되는 인적자원과 물적자원을 보다 효과적이고 효율적으로 사용하는 데 중요한 역할을 한다.

④ 전문성 형성

프로그램들이 복잡하고 다양한 사회적 욕구와 문제를 체계적이고 통합적으로 충족시키고 있는지를 평가함으로써 전문성 형성에 기여할 수 있다.

⑤ 수혜자 중심적 프로그램 운영

프로그램의 내용이나 운영이 수혜자 욕구에 적극 부응하여 수혜자에게 편의를 제공하고 있는지를 평가하여 수혜자 중심적인 운영을 할 수 있다.

⑥ 운영 방향의 일관성

프로그램의 평가지표가 미리 제시되는 경우, 기관 운영자는 평가지표에 따라 일정한 방향으로 프로그램을 운영할 수 있다.

⑦ 객관적 이론의 정립

사회복지프로그램과 관련된 객관적인 이론을 정립하는 데 있어서 평가의 자료가 논리적인 이론 형성에 기여하게 된다.

2 평가조사의 종류

평가조사는 사용 목적에 따라 총괄 평가와 과정 평가로 분류할 수 있으며, 평가주체에 따라 내부 평가와 외부 평가로 구분할 수 있다.

1) 사용 목적에 따른 분류

프로그램 평가는 사용 목적에 따라 총괄 평가, 형성평가, 통합평가로 구분할 수 있다.

(1) 총괄평가(summative evaluation)

총괄평가는 프로그램이 종료된 후에 실시한다. 프로그램이 의도한 목적을 달성했는지, 의도하지 않았던 부정적인 효과는 없었는지 등을 평가하기 위한 조사이다. 총괄평가를 통하여 프로그램의 지속, 중단, 확대 등에 관한 총괄적인 의사결정을 해야 할 때 실시한다. 여러 개의 대안적인 프로그램들 중 어느 것을 선택해야 하는지를 결정해야 할 때도 총괄평가를 실시한다. 총괄평가는 크게 효과성 평가(effectiveness evaluation)와 효율성 평가(efficiency evaluation)로 구분된다. 효과성 평가는 프로그램이 원래 달성하고자 설정했던 목표가 달성되었는지에 초점을 두며, 효율성 평가는 프로그램의 결과과 투입된 비용에 비추어 정당화될 수 있는지에 초점을 둔다.

① 효과성 평가(effectiveness evaluation)

효과성이란 한 조직이나 프로그램의 목표 성취 정도와 관련이 있다. 의도했던 목표가 성취되었는지, 성취되었다면 프로그램 때문이었는지를 확인하는 것이 효과성 평가의 질문이다. 그래서 효과성 평가에서는 먼저 조직이나 프로그램의 목표들이 무엇인지를 찾아내는 것이 일차적으로 중요하다(김영종, 2007).

효과성 평가는 주로 다음과 같은 질문에 대한 답을 찾는다.

- 의도했던 프로그램 효과가 과연 그 프로그램에 의해 발생했는가?
- 발생한 프로그램 효과는 프로그램 목표와 대비하여 어느 정도인가?
- 프로그램 효과의 크기는 해결하고자 했던 원래의 사회문제를 해결하는 데 충분한가?
- 의도하지 않았던 부수효과가 있었는가? 있었다면 그것은 어느 정도인가?

이러한 평가를 통해 프로그램의 중단, 축소, 현상, 유지, 확장에 관한 결정을 하는 데 필요한 정보를 얻는다.

효과성에 대한 정보는 직접 혹은 간접적 자료수집을 통하여 구할 수 있다.

- 직접자료: 서비스 대상에 대한 의도된 성과가 나타나는지를 직접적으로 보여 줄 수 있는 자료(예: 특정 지역의 빈곤 감소, 클라이언트 가족의 기능 회복 등)
- 간접자료: 성과를 간접적으로 유추해 볼 수 있는 자료(예: 특정 지역의 수급자 증가율 감소, 서비스에 대한 만족도 등)

프로그램의 효과성을 나타내는 정보를 구하기 위해서는 서비스 목표가 성취된 정도를 나타내는 성과 측정이 필요하다. 하지만 많은 경우에 성과 측정의 자료는 직접적으로 산출되기 어렵다. 특히 사회복지서비스 프로그램에서는 효과성을 직접 성과로 나타내는 것이 어려운 문제로 여겨져 왔다. 성과가 장기간에 걸쳐 나타난다는 것, 대상자의 사회심리적 변화를 다룬다는 것, 또한 대상자의 서비스 수급으로 일반 사회가 얻는 혜택이 광범위하게 확산되어 있다는 점 등이 사회복지서비스의 성과 측정을 어렵게 하는 이유이다. 대상자의 만족도나 참여도 등과 같은 간접적인 성과지표를 사용하게 되는 것도 이러한 어려움에서 기인한 것이라고 할 수 있다(김영종, 2009).

② 효율성 평가(efficiency evaluation)

효율성 평가는 프로그램 수행의 비용 적절성을 평가하기 위한 조사이다. 즉, 얻고자 하는 성과를 얻는 데 프로그램이 얼마나 비용 효율적인가를 평가하는 조사이다. 효율성은 주로 투입과 산출의 비율로 표시되는데, 투입은 프로그램의 비용을 의미하며, 산출은 프로그램의 효과를 의미한다. 이를 공식으로 나타내면 다음과 같다.

$$\text{효율성} = \frac{\text{프로그램 산출(또는 성과)}}{\text{프로그램에 대한 투입}} = \frac{\text{효과}}{\text{비용}}$$

효율성 평가는 다음과 같은 내용을 파악한다.

- 프로그램의 직접적 비용은 얼마인가?
- 부작용이나 사회적 충격을 포함한 사회적 비용은 얼마인가?
- 프로그램의 효과(편익)는 비용을 정당화할 만큼 큰 것인가?
- 적절한 비용으로 프로그램을 성사시켰는가?
- 더 적은 비용으로 같은 결과를 산출할 수 있는 다른 방안이 있는가 등

프로그램의 효율성(efficiency) 개념은 두 가지 용법으로 쓰인다. 보통은 투입-산출(input-output)의 관계를 나타내는 것으로 쓰이지만, 투입-성과(input-outcome)와 같이 프로그램 목표의 획득에 드는 자원 비용[1]의 관계로 쓰이는 경우도 있다.

1) 자원비용이란 인력, 시간, 돈, 자료, 장비 등에 소요되는 것을 비용으로 환산한 것이다.

효율성을 측정하기 위해서는 다음과 같은 비용 관련 분석자료가 필요하다.

- 산출비용: 프로그램 산출물 단위에서 기준한 생산비용
- 성과비용: 프로그램 목표 성취에 기준한 부과비용
- 상대적 비용: 동일한 산출물을 대안적인 방식으로 생산할 때 소용되는 비용
- 비용 환산: 투입, 산출, 성과 등을 단일한 화폐 가치로 환산

산출(output)을 계산하는 데 필요한 정보는 대부분 노력정보[2]가 제공한다. '프로그램이 얼마만큼의 일을 했는데, 거기에 들어간 비용은 얼마인가'로 평가하는 것이 투입-산출의 효율성 평가가 된다. 성과(outcome)의 계산은 산출과 다르다. 성과는 산출에다 목표 성취의 정도를 덧붙이거나, 목표 성취의 정도만으로 계산한다. 그 정도의 목표 성취를 위해 투입된 비용이 얼마인지를 비교해서 투입-성과 효율성이 나온다. 그래서 투입-산출 효율성과 투입-성과 효율성은 분명히 다른 정보를 나타내는 것임을 구분해야 한다(김영종, 2009).

효율성 평가에서 성과를 측정하고, 비용을 환산해 내는 것은 중요한 과업이다. 서비스 프로그램의 실행으로 기대되는 성과들을 찾아내는 것도 쉽지 않지만, 이를 수량화시키거나 화폐가치로 환산하는 작업도 쉬운 일은 아니다. 그럼에도 사회복지실천에 대한 책임성이 요구되는 현실에서 효율성 평가는 효과성 평가에 대한 강조 못지않게 점차 중요한 부분을 차지하고 있다.

(2) 형성평가(formative evaluation)

형성평가는 프로그램 운영 도중에 이루어지는 평가로 프로그램 수행 과정에서의 문제점을 발견하여 프로그램을 수정·보완하고자 하는 목적을 가진 평가조사이다. 즉, 프로그램 운영과정상의 장단점을 파악하여 프로그램 향상을 위한 개선방안을 마련하는 데 도움을 주기 위한 조사이다. 과정 평가를 통해 얻어진 내용들은 프로그램 개선을 위한 환류자료로 활용된다. 형성평가는 과정평가와 거의 동일한 의미로 사용되나 구분 기준에 따라 약간의

2) 노력정보는 프로그램 활동 혹은 업무 수행을 평가하는 목적에 필요한데 다양한 프로그램을 대변할 수 있는 변수들에 대한 축약적 의미의 수치나 자료가 노력정보로 사용된다. 예를 들어, 클라이언트의 참여도, 업무자가 수행한 활동의 양이나 질, 투입된 자원정보 등이다.

차이가 있다. 형성평가는 평가의 목적(프로그램의 보완과 개선을 위한 정보 수집)에 초점을 둔 평가이고, 과정평가는 평가의 내용(프로그램 진행 과정에 초점을 둔 정보수집)에 초점을 둔 평가이다. 보통 프로그램의 보완과 개선을 위해 그 진행과정을 모니터링하기 때문에 두 평가를 같은 뜻으로 보아도 무방하다.

프로그램 형성평가는 프로그램이 계획대로 실행되고 있는지의 여부와 함께 어떻게 하면 프로그램을 가장 잘 실행하고 유지할 수 있는지에 관련된 다른 많은 문제들에 대한 답을 추구하게 된다. 이와 관련된 질문들을 살펴보면 다음과 같다(성숙진 외, 1998; 채구묵, 2005).

- 표적집단 가운데 어느 정도 서비스를 받고 있으며, 어떤 유형의 클라이언트가 서비스를 받지 못하는가?
- 프로그램은 원래 계획대로 운영과 활동이 이루어지고 있는가?
- 표적집단 중 왜 많은 수의 클라이언트가 서비스 받기를 거부하는가?
- 프로그램의 인적, 물적 자원은 계획된 시점에서 투입되고 있는가?
- 프로그램은 관련된 법규나 규정에 맞게 수행되고 있는가?
- 어떤 유형의 임상가가 특정 목표 클라이언트에게 가장 적합한가?
- 시설의 새로운 절차에 대하여 종사자들이 어떻게 반응하는가? 그로 인하여 어떤 어려움을 겪게 되는가?
- 클라이언트들은 서비스에 대하여 만족하고 있는가? 만족하고 있다면 그 이유는 무엇이며 또한 만족하지 못한다면 그 이유는 무엇인가?
- 클라이언트들이 프로그램 참여를 중도에 그만두는 경우가 많은 이유는 무엇인가?

(3) 통합평가

통합평가는 총괄평가와 형성평가를 합쳐 놓은 평가이다. 총괄평가적 접근으로 평가를 한 후 형성평가적 접근을 통해 평가하는 것이다.

2) 평가 시점에 따른 분류

(1) 적합성 평가(appropriateness evaluation)

적합성 평가는 개별 프로그램의 평가를 이루어지기 전에 그 프로그램의 가치를 따져보는 데 의의를 두는 평가이다. 적합성이란 프로그램이 추구하는 수단이나 전략보다는 프로그램이 추구하는 목표가 궁극적으로 사회적 가치에 부합하는지를 가리키는 개념이다.

적합성 평가는 효과성 평가와 효율성 평가가 진행되기 이전에 그 평가들이 추구하는 목표가 사회적 가치나 사회정책적 입장에서 바람직한지에 관해 검토하는 평가이다.

(2) 메타평가(meta-evaluation)

메타평가는 이미 이루어진 프로그램 평가를 차후에 종합적으로 검토해 보는 평가이다. 평가에 대한 평가라고 불리며 이미 완성된 평가를 최종 보고서로 발간하기 이전에 평가 방법의 적정성, 자료수집의 오류 여부, 그리고 평가 결과의 해석 타당성 등을 종합적으로 검토한다. 기존 평가연구를 통합 정리하는 평가방법을 지칭하기도 한다.

3) 자료의 성격과 조사방법에 따른 분류

(1) 양직 평가(quantitative evaluation)

양적 평가는 평가를 위해 주로 계량화된 자료를 수집하여 분석하는 조사이다. 실험 등을 통한 객관적 자료수집을 추구하며, 연역적 방법에 의한 조사를 강조한다. 보통 구조화된 질문지를 이용하여 숫자, 비율 등 강성자료(hard data)를 수집한다. 양적 평가는 정량평가이다.

(2) 질적 평가(qualitative evaluation)

질적 평가는 자연스러운 상황에서 수량화되지 않은 자료를 수집하여 귀납적으로 분석하는 조사이다. 인터뷰와 관찰을 통해서 수집되는 수량화될 수 없는 연성자료(soft data)에 기초하여 분석한다. 질적 평가는 프로그램의 성과를 객관적으로 평가하는 것이 아니라 프로그램 관리자와 대상자를 중심으로 한 면접과 관찰을 토대로 프로그램 자체 및 프로그램을 둘러싼 상황을 이해하여 프로그램을 개선하는 데 더 큰 관심을 갖는다. 질적 평가는 정성평가이다.

4) 평가주체에 따른 분류

평가조사는 평가주체에 따라 외부 평가와 내부 평가로 구분할 수 있다.

(1) 외부평가(outside evaluation)

외부평가는 고문평가(consultant evaluation)라고도 한다. 프로그램을 수행하는 조직의 구성원이 아닌 조직 밖의 전문가에 의해서 수행되는 평가이다. 즉, 외부평가는 프로그램의 개발·집행을 담당하는 조직체 외의 전문가인 대학교수, 연구기관의 연구원, 다른 조직체의 실무자 등이 행하는 평가이다.

외부평가는 기관과 조직 성원들에게 위협적인 것이 될 수 있어 이들과 협조관계가 이루어지지 않을 경우 신뢰성과 객관성이 확보된 조사가 이루어지기 어려울 수 있다. 따라서 외부평가가 잘 이루어지도록 기관과 조직 성원들을 안심시켜야 하며, 조직 내 성원들과 긴밀한 관계를 유지해야 할 필요가 있다.

〈표 13-1〉 외부평가의 장단점

장점	• 객관적·합리적·과학적 평가를 할 수 있다. • 평가가 전문적이란 점 등이 있다.
단점	• 지나치게 경직된 평가가 될 수 있다. • 기밀에 속하는 자료를 제한적으로 사용할 수밖에 없다. • 직원들에게 초조감, 압박감을 주어 평가과정에 불참할 가능성이 있다. • 평가 결과를 받아들이지 않거나 제한적이며 선별적으로 받아들일 수 있다.

(2) 내부평가(inside evaluation)

내부평가는 프로그램의 개발·집행을 담당하고 있는 사람들이나 같은 조직체 내의 다른 구성원들이 행하는 평가이다. 사회복지기관의 최고관리자, 프로그램 관리자, 프로그램 수행인력 등 조직 내의 구성원에 의해서 이루어지는 평가이다. 일반적으로 평가를 통해서 얻은 결과를 토대로 조직 운영이나 프로그램을 개선하려는 목적을 갖는다.

기관 내 자체 평가인 내부평가는 평가의 자료나 결과를 기관 외로 유출하지 않고 기관 내의 결정을 위해 비공식적으로 사용되는 경우가 많다.

〈표 13-2〉 내부평가의 장단점

장점	• 평가자가 기관에 관한 내용을 자세히 알고 있기 때문에 자료의 접근이 쉽다. • 평가대상자들과 비교적 쉽게 라포(rapport)를 형성할 수 있다. • 평가의 시간과 비용을 절약할 수 있다. • 평가 자체가 생산적이지 못할 때에는 평가의 설계를 신속히 변경할 수 있다. • 평가의 활용도를 높일 수 있다는 점을 들 수 있다.
단점	• 형식적인 평가로 그칠 가능성이 많다. • 객관적이지 못하거나 부정직한 평가로 흐를 가능성이 있다. • 정당성이 결여된 인상을 받을 수 있다. • 변화를 시도하거나 주도할 힘의 바탕이 약하다.

5) 기타 평가조사 유형

(1) 투입평가(input evaluation)

투입평가는 프로그램을 위한 투입(input)이 프로그램 서비스 단가, 최상의 실천 기준, 프로그램 목적과 목표, 지역 욕구 등을 얼마나 잘 반영하고 있는지 확인하고 사정하는 평가를 말한다. 투입평가에서 확인하는 내용은 다음과 같다.

- 프로그램 목적과 목표: 투입이 프로그램 목적과 목표들을 얼마나 잘 지원하고 있는가?
- 지역욕구: 프로그램 투입이 지역 욕구에 대해 얼마나 잘 대응하고 있는가?
- 최상의 실천기준: 프로그램 목적을 성취하기 위해서 필요하다고 생각되는 최상의 실천 기준을 만족하고 있는가?
- 단가: 서비스 단위당 비용이 적절한가?

(2) 성과평가(outcome evaluation)

성과평가는 프로그램 수혜자들에게 미친 전반적인 영향을 평가하는 것이다. '프로그램이 성공적으로 목적하는 바를 성취하였는가?'와 '수혜자들이 프로그램으로부터 서비스를 제공받은 이후 어떻게 달라졌는가?'에 초점을 둔다.

성과평가를 수행하려면 반드시 성과를 평가할 수 있는 측정단위가 존재해야 하며, 가장 최선의 측정단위를 선택하는 것이 중요하다.

(3) 비용-효과분석(cost-effectiveness analysis)

비용-성과(cost-outcome)분석이라고도 하는데, 프로그램 수행에 투입된 비용을 프로그램의 효과(성과)와 비교하여 분석하는 방법이다. 프로그램에 투입된 것(물질/비물질적인 내용)을 화폐가치로 환산하고, 그것을 프로그램 시행 결과의 총 단위로 나눈 값으로 계산한다.

예를 들어, 총 1,000만 원을 투입하여 10명의 자활을 성공시켰다면, 한 단위당(여기서는 1명) 평균 투입비용을 100만 원이라 볼 수 있다(1,000÷10명). 비용-효과분석에는 투입비용만을 화폐가치로 환산하고 성과는 프로그램의 성과단위를 그대로 사용한다.

(4) 비용-편익분석(cost-benefit analysis)

프로그램의 궁극적 효과를 현재의 화폐가치로 환산한 것(이득)과 프로그램 시행에 투입한 비용을 비교하는 방법이다. 투입과 성과를 모두 화폐가치로 환산하여 비교한다는 점에서 비용-효과분석과 차이가 있다.

예를 들어, 투입비용 1,000만 원인 프로그램을 통해 10명을 취업시켰을 때, 실직 상태에 있던 10명이 노동시장으로 복귀함으로써 얻게 되는 소득을 계산한 후(예: 월 150만 원 ×10명 =1,500만 원)이를 투입비용과 비교하는 것이다.

3 평가의 기준 및 요소

1) 평가의 기준과 평가요소

프로그램 평가의 기준(내용)이란 평가를 위한 준거를 말한다. 즉, 프로그램을 평가하기 위해 프로그램의 어느 측면을 평가의 초점 내지는 기준으로 삼아야 할 것인가를 의미한다. 프로그램의 평가요소는 프로그램 평가의 대상이 되는 요소를 의미한다. 프로그램 평가기준이 설정되면 각 평가기준별로 평가의 대상이 되는 요소를 정할 수 있다.

프로그램 평가조사에 필요한 기준과 기법을 살펴보면 다음과 같다(한동우, 2000; 채구묵, 2005).

① 합법성(legitimacy): 사회복지프로그램이 관련 법률과 운영규칙 등에 얼마나 적합하게 운영이 되는가에 따른 평가이다.

② 노력성(effort): 다양한 프로그램과 관련된 사람들이 프로그램을 위해 얼마나 노력하고 일을 하고 있는지에 따른 평가이다. 예를 들어, 활동시간, 활동내역, 프로그램 장비, 서비스를 이용한 클라이언트의 수 등이다.

③ 효과성(effectiveness): 목적 달성 정도를 나타내는 평가기준으로서 프로그램의 성공 여부로 나타난다. 예를 들어, 클라이언트의 인지적 변화, 행동상의 변화 등이다.

④ 효율성(efficiency): 투입과 산출의 비율로서, 최소한의 비용으로 최대한의 산출을 얻는 것을 의미한다. 예를 들어, 프로그램 노력(노력의 평가요소들)에 대한 비용, 프로그램 결과(효과성의 평가요소들)에 대한 비용 등이다.

⑤ 적절성(adequacy): 프로그램의 실현 가능성을 의미한다. 즉, 현실적으로 적합한 양과 질의 범위 내에서 프로그램이 계획되고 운영되었는가를 기준으로 평가하는 것이다.

⑥ 접근 가능성(accessibility): 모든 사람들이 시간적·공간적·비용적·심리적·지리적으로 손쉽게 서비스를 이용할 수 있는가에 의해 평가된다.

⑦ 형평성(equity): 서로 다른 처지에 있는 사람들을 다르게 대우하는 수직적 형평성, 같은 처지에 있는 사람을 똑같이 처우하는 수평적 형평성이 있다. 이는 프로그램 배분에 있어서의 공평성이라고 정의할 수 있다. 예를 들어, 프로그램의 접근성으로 대상집단에게 동일한 접근기회가 주어지는지 여부와 그 정도, 프로그램 활동이 지역 내에 균등하게 배분되는 정도 등이다.

2) 프로그램 진행과정에 따른 평가요소

프로그램 평가요소는 프로그램 진행과정과 관련하여 검토해 볼 수 있다. 프로그램은 투입(inputs), 전환(throughputs), 산출(outputs), 성과(outcomes)의 과정으로 진행된다. 이 요소들은 프로그램 평가의 기본 요소가 된다. 이를 자세히 살펴보면 다음과 같다(정무성·정진모, 2001).

(1) 투입: 이용자나 서비스 자원과 관련된 변수

투입은 프로그램의 목표 달성을 위해 소요되는 자원을 의미한다. 사회복지프로그램에서의 투입은 이용자, 인적자원, 물적자원, 시설, 설비의 다섯 가지 요소를 포함한다. 연구자는 프로그램 목표와 관련하여 다음의 요소들을 평가할 필요가 있다.

① 대상: 이용자
② 인적자원: 프로그램 담당 직원, 직원의 업무 부여시간, 자원봉사자의 수 및 자원봉사시간 등
③ 물적자원: 자금, 예산 등
④ 시설: 활용된 편의시설 등
⑤ 설비: 이용된 물품, 장비 등
⑥ 프로그램에 작용하는 기제들: 법, 규정, 규칙 등

(2) 전환: 개입방법과 관련된 변수

전환은 서비스 전달과정, 즉 목적 달성을 위해 투입되는 자원을 활용하여 프로그램을 진행시키는 과정을 의미한다. 전환은 서비스의 종류, 서비스의 내용, 서비스 개입의 방법 등을 포함한다.

① 서비스 종류: 예를 들어, 실직자의 경우 직업훈련, 취업알선, 동기부여 등
② 서비스 내용: 직업훈련의 경우 제과, 중장비, 컴퓨터 관련 과정 등
③ 서비스 개입방법: 직업훈련의 경우 교육훈련 내용, 기법 및 기술 등

(3) 산출: 서비스의 산출과 관련된 변수

산출은 프로그램 활동을 통해 얻어진 직접적인 산물을 의미한다. 산출은 그 자체로서의 가치보다는 대상집단이 바라는 이익, 변화가 나타날 수 있도록 하기 때문에 중요하다. 산출과 관련된 주요 변수들을 살펴보면 다음과 같다.

① 상담건수
② 서비스에 참여한 이용자 수
③ 서비스 제공시간
④ 제공된 활동의 양
⑤ 취업인원 등

(4) 성과: 변화내용과 관련된 변수

성과는 이용자가 프로그램 참여를 통해 성취된 삶의 질 측면에서의 변화를 의미한다. 즉, 프로그램 서비스를 받은 후 참가자가 얻은 이익, 참가자에게 나타난 변화, 효과 등을 의미한다. 성과는 지식, 기술, 태도, 가치, 행동, 환경, 지위의 변화 등과 관계가 있다. 성과와 관련된 주요 변수를 살펴보면 다음과 같다.

① 참가자의 지식, 기술, 태도의 변화
② 참가자의 지식, 기술, 태도의 변화에 따른 행동변화
③ 참가자의 환경과 지위의 변화 등

4 평가조사의 절차

평가조사는 사회복지프로그램을 특정한 목적을 가지고 평가하는 것이기 때문에 일반조사절차와 달리 역동적이고 상호 연관된 과업과 결정상황이 많이 있다. 평가조사의 절차는 다음 10단계를 거쳐서 이루어진다(김기원, 2001; 김동기 외, 2015; 양정하 외, 2003).

① 평가의 목적 및 대상의 결정
② 프로그램의 책임자 및 담당자의 이해와 협조 요청
③ 프로그램의 목표 확인
④ 조사대상의 변수(variables) 확인
⑤ 이용 가능한 자료측정도구 결정
⑥ 새로운 측정도구의 개발
⑦ 적절한 조사설계 형태의 선정
⑧ 조사의 수행
⑨ 결과의 분석 및 해석
⑩ 결과보고 및 실제적 활용

이 단계를 구체적으로 설명하면 다음과 같다.

1) 평가의 목적 및 대상의 결정

평가조사의 첫 번째 단계에서는 평가조사를 하기로 결정하였다면 무슨 목적(총괄 평가, 과정 평가)으로 어떤 프로그램(특정 프로그램, 일부 프로그램, 전체 프로그램)을 평가할 것인지를 결정해야 한다. 또한 어떤 내용을 위주로 평가(노력, 효과성, 효율성, 예상 못한 결과 중의 일부 또는 전체)할 것인지 등을 결정해야 한다. 또한 이러한 평가의 목적 및 대상을 결정할 때에는 평가를 위한 비용, 인력, 시간, 평가결과의 실제 이용자 등을 고려해야 한다.

2) 프로그램의 책임자 및 담당자의 이해와 협조 요청

프로그램의 평가는 그 프로그램의 운영을 책임지고 있는 사람과 프로그램을 실제적으로 수행하는 담당자가 평가의 목적, 방법 등을 잘 이해하고 협조해 줌으로써 가능하다. 프로그램 담당자는 평가의 결과가 예상하지 못하게 나올 수 있기 때문에 불안감과 두려움이 있을 수 있다. 이러한 이유로 평가조사 전에 평가조사의 목적 및 내용 등에 대한 충분한 협의와 토의가 이루어져야 하고, 프로그램 관련자와 평가자 사이에 긴밀한 협조관계가 이루어질 수 있도록 해야 한다. 특히 평가의 주체가 외부인일 경우에는 더욱 이러한 점에 유의해야 한다.

3) 프로그램의 목표 확인

평가조사의 핵심은 프로그램의 목표에 대한 실제적 달성 정도를 측정하는 것이다. 따라서 프로그램의 목표를 명확히 확인하는 일은 무엇보다도 중요하다. 프로그램의 목표는 명확하고, 구체적이고 측정 가능하도록 설정되어야 한다. 이를 위해서 프로그램이 누구에 의해서 제공되는지, 누구를 위해 제공되는지, 무엇을 제공하는지, 기대하는 변화는 무엇인지 등이 서술되어야 한다.

① 누구에 의해서 제공되는지는 클라이언트에게 직접적인 서비스를 제공하는 사람의 수, 자격은 어떻게 되는지 등 개인적 특성을 의미한다.

② 누구를 위해 제공되는지는 대상집단, 표적 인구 등 클라이언트의 특성을 의미한다.

③ 무엇을 제공하는지는 서비스의 내용, 빈도, 장소 등을 의미한다.

④ 기대되는 변화는 변화의 정도, 내용, 지속기간 등을 의미한다.

4) 조사대상의 변수 확인

클라이언트의 변화에 대한 가설을 세우고 이를 검증하기 위한 경험적 조사를 실시하는 것은 평가조사의 주요 목적이다. 조사대상의 변수(variables) 선정은 독립변수, 매개변수 및 종속변수를 확인하고, 평가조사의 목적 및 내용과 관련하여 변수를 결정하는 것이다. 종속변수는 개입의 결과이므로 당연히 선정되어야 할 것이지만 독립변수와 매개변수에 있어서는 적절한 것을 고려해야 한다.

5) 이용 가능한 자료측정도구 결정

선정된 변수에 따라 그것들을 실제로 측정하기 위한 자료와 측정도구가 있는지를 검토한다. 기존에 사용했던 측정도구가 있다면 이를 사용할 수 있는지 등을 검토한다.

6) 새로운 측정도구의 개발

선정된 변수를 측정하기 위해서 기존의 측정도구를 사용할 수 없다면 새로운 측정도구를 개발해야 한다. 측정도구의 개발은 기존에 있던 측정도구를 수정하거나 새로운 측정도구를 만드는 과정으로 이루어진다. 새로운 측정도구는 특히 신뢰도와 타당도가 높은 측정도구가 될 수 있도록 개발해야 한다.

7) 적절한 조사설계 형태의 선정

조사설계는 다른 조사처럼 다양한 조사설계 중 어떤 특정한 설계형태를 택할 것인지를 결정해야 한다. 평가조사의 설계는 기본적으로 일반 조사설계와 다른 점이 없지만, 평가조사에서 사용되는 특별한 조사설계는 공공회계,[3] 비용-편익분석,[4] 그리고 비용-효과분석[5] 등이 있다.

8) 조사의 수행

실제로 자료를 수집하는 조사활동을 수행한다. 평가조사는 일반조사와는 달리 조사수행과정에서 프로그램 관련자와의 관계, 역할 등에 있어서 갈등이 있을 수 있으므로 계속적인 이해와 협조체제를 유지해야 할 것이다.

9) 결과의 분석 및 해석

실제적인 조사활동을 통해 수집된 자료를 통계절차를 이용하여 분석하고 결과가 무엇을 의미하는지 명확히 해석해야 한다. 통계적 지식이 없어도 조사결과를 통계전문가에게 의뢰하여 분석·해석할 수는 있지만 통계적 지식을 갖추면 보다 융통성 있게 자료를 분석할 수 있고

3) 공공회계(social audits)는 투입된 자원이 원래의 의도한 수혜자에게까지 원활하게 잘 전달되었는지 그 과정을 추적하는 것이다.

4) 비용-편익(cost-benefit)분석은 프로그램에 투입된 비용과 산출된 급여를 비교하여 이를 프로그램의 효과성을 측정하는 기준으로 이용하는 분석방법이다.

5) 비용-효과(cost-effectiveness)분석은 지출된 비용과 프로그램의 효과를 비교하는 분석방법이다.

그 의미를 조사의 목적에 맞게 잘 해석할 수 있는 장점이 있다.

10) 결과보고 및 실제적 활용

평가조사는 통계적 지식이 없는 사람도 이해할 수 있을 정도로 서술·보고되어야 한다. 그리고 보고서는 일반 조사보고서의 양식에 따라 보고될 수도 있지만 그것이 공개적으로 출판되는 경우가 아닌 때에는 보다 일반적인 언어로 조사 보고자의 재량에 따라 적절한 양식을 선택할 수 있다. 보고서에는 프로그램 평가와 관련한 건의사항 등이 반드시 포함되어야 한다. 보고서의 실제적인 활용은 조사의 목적과 관련되어 평가조사 의뢰자의 의도에 따라 사용되어야 한다(김동기 외, 2015; 김치영·황인옥, 2015).

함께 풀어 봅시다!

정답 및 해설

1 평가조사에 대한 설명으로 옳지 않은 것은?

① 효율성 평가에는 대표적으로 비용효과분석과 비용편익분석이 있다.
② 성과평가는 목표달성 평가라고도 한다.
③ 비용편익분석은 프로그램의 성과를 화폐가치로 환산할 필요가 없다.
④ 총괄평가는 양적 접근을 주로 활용한다.
⑤ 과정평가는 질적 방법을 많이 활용한다.

❸
▶▶ 프로그램에 드는 비용뿐만 아니라 프로그램의 성과도 화폐적 가치로 환산한다.

2 외부평가자와 비교하여 내부평가자를 활용할 때의 장점이 아닌 것은?

① 프로그램 관련 정보에 대한 접근이 용이하다.
② 프로그램에 관한 많은 지식을 갖고 있다.
③ 현실적인 제약요건들을 융통성 있게 감안하여 평가할 수 있다.
④ 프로그램 운영자로부터 평가에 대한 협조를 구하기가 수월하다.
⑤ 해당 기관으로부터 객관성과 독립성을 유지할 수 있다.

❺
▶▶ 내부평가자는 기관에 소속된 신분이기 때문에 해당 기관으로부터 객관성과 독립성을 유지하기 어려운 단점이 있다.

3 프로그램의 궁극적 효과를 현재의 화폐가치로 환산한 후 그것을 프로그램 시행에 투입한 비용과 비교하는 성과평가 방식을 무엇이라고 하는가?

( )

비용편익(cost-benefit) 분석
▶▶ 비용-편익분석으로 프로그램 효과를 화폐로 환산하여 투입비용을 비교하는 방식이다.

4 **다음은 프로그램 평가조사 모델 중 어떠한 모델을 설명하는 것인가?**

> 이것은 목적지향적 평가라고도 하며, 프로그램 운영이 끝날 때 행해지는 평가이다. 성질이 비슷한 새로운 프로그램을 다시 시작할 것인지 혹은 종결할 것인지를 결정하는 데 유용하게 사용된다.

① 총괄 평가조사　② 형성 평가조사
③ 비용-편익조사　④ 효율성 평가조사
⑤ 통합 평가조사

❶
▶▶ 총괄평가는 프로그램 종료 후에 프로그램의 시작, 지속, 종결 등에 대한 총괄적인 의사결정을 하기 위해 실시하는 평가이다.

5 **다음 평가조사 유형에 대한 설명으로 올바르게 짝지어지지 않은 것은?**

① 형성평가: 프로그램 운영 도중에 이뤄지는 평가
② 효율성 평가: 비용 최소화와 산출 극대화 평가를 위해 투입과 산출을 비교 평가
③ 메타평가: 프로그램의 평가를 이루기 전에 프로그램의 가치를 따져보는 평가
④ 양적 평가: 계량화된 자료를 수집하여 분석하는 정량평가
⑤ 내부평가: 프로그램을 직접 담당하지 않는 기관의 내부자가 행하는 평가

❸
▶▶ 메타평가는 이미 이루어진 프로그램 평가를 차후에 종합적으로 검토해 보는 평가이며, 프로그램의 가치를 따져보기 위해 프로그램 시작전에 실시되는 것은 적합성 평가이다.

14 CHAPTER

질적 조사연구

CONTENTS

우리는 앞에서 양적 조사연구에 대해 살펴보았다. 질적 조사연구에서는 양적 조사연구와는 달리 가설을 설정하지 않는다. 왜냐하면 질적 조사연구에서는 일반적인 법칙을 발견하는 것이 쉽지 않고, 가설을 설정하면 오히려 연구의 폭을 제한할 수 있다고 보기 때문이다. 인간이 사회적 행위를 하는 동기나 목적을 깊이 있게 이해하기 위해서는 인간 행위의 계량화가 아니라, 그 행위 이면의 의미에 대한 해석적인 이해가 필요하다. 이처럼 연구에서 인간 행위의 해석과 의미화를 강조하는 질적 조사연구방법을 학습하고자 한다.

이 장에서는 상호관련성을 가진 많은 철학적·이론적·사회적 관점에 그 기반을 둔 질적 조사연구방법론에 대해 살펴보고자 한다. 특히 질적 조사연구의 목적을 이해하고 질적 조사연구 유형에 따른 과정을 살펴봄으로써 양적 조사연구와의 차이점을 학습하고자 한다.

CHAPTER

14 질적 조사연구

학/습/목/표

- 질적 조사연구가 무엇이며, 연구의 목적을 이해할 수 있다.
- 질적 조사연구의 종류와 그 각각에 대해 간략히 설명할 수 있다.
- 질적 조사연구과정을 이해하고 설명할 수 있다.
- 질적 조사연구방법과 양적 조사연구방법의 차이점을 설명할 수 있다.

1 질적 조사연구에 대한 이해

1) 질적 조사연구의 개념

질적 조사연구(qualitative research)는 양적 조사연구와 차별되는 개념으로 쓰인다. 질적 조사연구방법이란 사회·문화 현상과 관련된 내부자의 목소리나 사회적 행위자의 관점, 하나의 현상이 발생하는 총체적인 맥락 속에서 그 현상을 파악하려는 연구방법을 말한다. 질적 조사연구방법은 19세기 말 문화인류학 중 문화기술학의 영향에서 비롯되었으며, 제2차 세계대전 말엽에는 시카고 사회학파 중심의 심층 관찰에 기반을 둔 풍부한 질적 조사연구가 이루어졌다.

질적 조사연구에 대해 설명하기 위해서는 과학적 인식 방법의 패러다임을 먼저 소개해야 한다. 실증주의라는 전통적인 과학적 패러다임에 반발하여 질적 조사연구의 방법론적 논리가 성립되었기 때문이다. 넓은 의미에서 실증주의는 곧 과학적 방법을 뜻한다. 경험을 중시하는 모든 과학적 방법은 실증주의적 성격을 띤다 해도 무방하다. 실증주의는 현재까지도 자연과학뿐만 아니라 사회과학에서도 지배적인 위치를 차지하고 있으며, 사회복지 조사연구들도 보통은 이러한 논리적 실증주의 입장을 은연중에 따르고 있다(김영종, 2015).

질적 조사연구를 주장하는 사람들은 사회·문화현상 연구에 대해 자연현상과 같은 연구방법의 사용을 주장하는 실증주의 전통을 비판하면서, 사회·문화현상은 자연현상과 다른 방법으로 연구해야 한다고 주장하는 입장이다. 이와 같은 방법론적 이원론의 관점에서 보면 사회·문화현상 연구는 사람들의 사회적 행위를 연구하는 것인데, 주요 연구대상인 사회적 행위에 담긴 인간의 행위 동기나 목적은 자연현상과는 다르다는 것이다.

인간이 사회적 행위를 하는 동기나 목적을 깊이 있게 이해하기 위해서는 인간 행위의 계량화가 아니라 그 행위 이면의 의미에 대한 해석적인 이해가 필요하다고 본다. 이처럼 연구에서 인간 행위의 해석과 의미화를 강조하므로, 이 연구방법을 해석적 연구방법 또는 질적 조사연구방법이라고 한다.

질적 조사연구에서는 양적 조사연구와는 달리 가설을 설정하지 않는다. 질적 조사연구에서는 일반적인 법칙을 발견하는 것이 쉽지 않고, 가설을 설정하면 오히려 연구의 폭을 제한할 수 있다고 보기 때문이다. 질적 조사연구방법은 현상에 대한 깊이 있는 의미를 발견하거나 행위자가 만들어 내는 주관적 세계와 관련한 내용을 파악하는 데에 유용하다. 그러나 연구자의 주관 개입이 염려되어 연구의 객관성에 대한 문제 제기를 받을 수 있으며, 연구결과의 일반화에 어려움이 있다.

그렇다면 어떤 때에 질적 조사연구를 하는 것이 유리할까? 황성동(2006)은 다음과 같은 경우에 질적 조사연구가 적절하다고 말한다.

① 잘 알려지지 않은 주제에 대한 탐색적 접근을 하고자 할 때
② 민감하고 정서적으로 깊이 있는 주제를 심층적으로 조사하고자 할 때
③ 실제로 어떤 삶을 살고 있는 사람에게서 생생한 경험에 대한 이해와 그 의미를 도출하고자 할 때
④ 사회복지실천에서 프로그램이나 정책 및 기관의 내면을 탐구·평가하고자 할 때

2) 질적 조사연구의 특성

오늘날 대부분의 과학적 조사연구들은 논리적 실증주의 전통에 의해 이루어지고 있다. 그러나 사회과학과 같이 인간과 사회의 끊임없는 사회적 상호작용을 연구하는 분야에서는,

전형적인 실증주의 입장이 받아들여지기 힘든 경우가 많다. 실증주의 조사방법에 대한 불만으로 인해 사회복지학, 사회학, 심리학, 교육학 등에서는 대안적인 조사 접근방법을 개발해 왔다. 이러한 접근방법을 묶어 보통 질적 조사연구라 하고, 전통적인 양적 조사연구와 구분하여 사용한다. 질적 조사연구 내에서도 다양한 접근방법이 있지만, 모든 질적 조사방법에는 몇 가지 공통된 특징이 있다. 그 내용을 살펴보면 다음과 같다.

(1) 자연스러운 상황에서 질적 자료를 수집하고 분석

질적 조사연구를 수행하는 조사자는 자연스러운 상황과 현장에서 질적인 자료를 수집하고 분석한다. 질적인 자료는 수치화된 것이 아니라 이야기(narrative)식 서술이나 그림 등이다. 조사자와 조사대상자의 주관적인 생각이나 느낌 등을 가치 있는 자료로 간주하며, 조사의 절차와 방법에 융통성과 유동성이 있다. 자료수집 과정에서 수집 대상과 방법이 바뀔 수도 있고, 수집 중 새롭게 나타난 개념을 개방적으로 받아들여 계속 검토할 수도 있다.

(2) 조사자 자신의 조사 도구로서 주관성을 활용

질적 조사연구에서는 조사자와 조사대상자 간 가까운 상호작용을 통해 자료수집이 이루어지며, 조사자의 조사 및 관찰 행위 자체가 조사하고자 하는 대상에게 영향을 미친다고 본다. 양적 조사연구에서는 가능한 객관적인 입장에서 접근하고, 가능한 한 주관성으로 인한 오류를 제거하려고 하는 반면에, 질적 조사연구에서는 조사자와 조사대상자의 주관적인 인지 및 느낌, 그리고 해석 등을 모두 합법적인 자료로 인정한다. 이런 점에서 질적 조사연구에서 조사자는 매우 중요한 자료수집의 도구이며, 조사자의 주관성은 배제되기보다 활용된다. 따라서 질적 조사연구에서 조사도구로서 조사자의 자질을 매우 중요한 이슈이다.

(3) 자료수집과 자료분석을 동시에 진행

양적 조사연구에서는 자료수집을 완료한 후에 분석을 시행하지만, 질적 조사연구에서는 자료수집과 분석을 동시에 진행한다. 즉, 자료를 수집하는 과정에서 분석을 병행한다. 특별한 상황에 주의를 기울이며 자료를 귀납적으로 분석하며, 참여자들의 관점과 그들이 부여하는 의미에 초점을 둔다.

(4) 조사 절차의 유연성

양적 조사연구에서는 조사에 필요한 절차나 단계들이 사전에 엄격하게 통제되어 이루어지지만, 질적 조사연구에서는 양적 조사연구에 비해 보다 많은 유연성을 지니고 있다. 즉, 조사자들의 경험이나 직관 등에 의존하여 조사단계나 절차들을 결정하고, 그것을 통해 새로운 개념들을 추출한다.

(5) 귀납적이며 탐색적 혹은 기술적인 성격을 지님

질적 조사연구는 현실에서 일어나는 경험적 자료를 수집해 해석함으로써 그것을 근거로 잠정적인 이론에 도달하는 귀납적 방법을 이용한다. 따라서 질적 조사연구의 시작단계에서는 광범위한 자료들이 수집되지만, 연구가 진행되어 갈수록 보다 제한적이고 세부적인 내용의 자료들이 수집된다. 또한 양적 조사연구에서는 주로 변수 간의 관련성이나 영향관계, 어떤 현상의 원인을 밝히고 설명하는 데 주된 초점을 둔다면 질적 조사연구는 무슨 일이 일어나고 있는지, 연구 참여자들의 생활상, 그들의 생각 등을 묘사하고 심도 있게 이해할 수 있도록 탐색하고 기술하는 것이 주된 초점이다.

(6) 일반화의 가능성이 낮음

질적 조사연구에서는 작은 규모의 표본이 가능하다. 질적 조사연구는 일반적으로 소수 사례에 대한 깊이 있는 이해를 추구한다. 그러나 적은 표본 수에 기초해 얻은 조사 결과를 일반화하기에는 한계가 있다.

3) 질적 조사연구의 유형

질적 조사연구방법의 유형은 다양한 형태로 나타나지만, 여기서는 가장 보편적으로 활용되는 ① 내러티브 연구, ② 현상학적 연구, ③ 근거이론 연구, ④ 문화기술지 연구, ⑤ 사례연구에 한정하여 간략히 살펴본다. 연구자는 이러한 다섯 가지 접근의 유사점과 차이점을 검토하여 질적 조사연구자 자신이 어떤 접근을 사용하는 것이 그 연구에 적합한지를 결정한다(Creswell, 2007, 조홍식 외 역, 2010).

(1) 내러티브 연구

내러티브 연구(narrative inquiry)는 많은 형식을 가지고 있으며, 다양한 분석적 방법을 사용하고 있고, 여러 다른 사회과학과 인문과학 분야에 뿌리를 두고 있다. 내러티브란 어떤 텍스트나 담론에 부여된 용어일 수도 있고 아니면 개인이 진술한 이야기에 특정하게 초점을 맞추면서 특정 질적 조사연구 접근의 맥락 안에서 사용되는 텍스트일 수도 있다. 내러티브는 방법일 수도 있고, 연구하는 현상일 수도 있다. 방법으로서 내러티브는 개인이 자신의 삶에 대해 말한 이야기(storytelling)에 표현된 경험을 가지고 시작한다. 저자들은 삶에 대해 표현된 이야기를 분석하고 이해하기 위한 방법을 제공해 왔다.

내러티브 연구에 대한 첫 번째 접근은 저자들이 사용한 분석 전략을 가지고 내러티브 연구의 유형을 구별하는 것이다. 폴킹혼(Polkinghorne, 1995)은 이러한 접근을 취하면서, 이야기 전반의 주제에 대한 기술이나 이야기의 유형에 대한 분류를 창출하기 위해 생각하는 패러다임을 사용하는 '내러티브에 대한 분석'과 연구자가 사건이나 사고에 대한 기술을 수집하고 나서 구조를 활용하여 그것들을 하나의 이야기로 형성하는 '내러티브 분석'을 구분한다.

두 번째 접근은 내러티브 연구 실천에서 발견되는 형식의 다양성을 강조하는 것이다. 전기 연구는 연구자가 다른 사람의 인생 경험에 대해 기록하고 글을 쓰는 내러티브 연구의 한 유형이다. 자서전은 연구 대상인 개인들이 기록하고 저술하게 된다. 생애사는 사적인 경험 이야기가 단일한 혹은 복합적인 에피소드나 사적인 상황, 또는 민속에서 발견되는 개인의 사적 경험에 대한 내러티브 연구임과 동시에, 개인의 전체적인 인생을 그리는 것이다. 구술사는 한 사람 혹은 여러 사람으로부터 사건과 그것의 원인 및 영향에 대한 개인적인 반성을 모으는 것으로 구성된다.

내러티브 연구는 교실에 있는 교사와 아동 혹은 조직에 대해 진술된 이야기와 같은 구체적인 맥락적 초점을 가질 수도 있다. 내러티브는 이론적 렌즈나 관점에 의해 이끌릴 수도 있다. 그 렌즈는 자전적 진술을 사용하여 중남미인들을 옹호하기도 하며, 여성의 이야기를 보고하기 위해 페미니스트 렌즈를 사용할 수도 있고, 여성의 목소리가 어떻게 억제되었고, 얼마나 복합적이며 모순되어 있는지 보여 주는 렌즈일 수도 있다.

(2) 현상학적 연구

현상학적 연구(phenomenology)는 경험(체험)의 본질이나 어떤 현상에 대한 사람들의 주관적인 경험의 의미를 탐구하는 조사이다. 연구자는 연구과정 중 최대한 편견이 없이 관찰자가 되기 위해 현상에 대한 연구자 자신의 선입견을 배제하는 방법(판단중지, epoche)을 사용한다.

현상학의 기본적 목적은 현상에 대한 개인의 경험을 보편적 본질에 대한 기술, 즉 사물의 자연적 특성을 포착하는 것으로 축소한다. 이러한 목적을 달성하기 위하여 질적 조사연구자들은 현상을 확인한다. 이 인간 경험은 불면증, 남겨지는 것, 분노, 애도 등과 같은 현상이 될 수 있다. 이어서 연구자들은 현상을 경험한 사람들로부터 자료를 수집하고, 모든 개인에게 나타나는 경험의 본질에 대한 복합적인 기술을 전개하게 된다(Moustakas, 1994).

현상학은 강력한 철학적 요소를 가지고 있다. 그것은 독일의 수학자인 에드먼드 후설(Edmund Husserl)[1]과 그의 관점을 확장시킨 하이데거(Heidegger), 사르트르(Sartre), 메를로-퐁티(Merleau Ponty) 등의 저작에 뿌리를 두고 있다. 현상학은 사회과학과 의학, 특히 사회학, 간호학과 의학, 교육학 등에서 인기가 있다.

(3) 근거이론

근거이론(현실기반이론, grounded theory)은 1967년 사회학자인 글레이저와 스트라우스(Glaser & Strauss)가 발전시킨 이론이다. 두 사람은 그 이전에 많은 사회과학적 연구에서 가설의 검증을 지나치게 강조(연역법)한 나머지 경험적 자료를 토대로 이론을 도출하는 행위(귀납법)를 간과해 왔다고 주장하였다. 이들은 이미 존재하는 이론적인 개념의 틀이나 선험적

1) 에드먼드 후설(Edmund Husserl, 1859~1938)은 의식의 분석과 기술을 통해 엄격한 학문으로서 철학을 얻기 위한 방법인 현상학을 창시했다. 이 방법은 체험생활의 구조와 관심 속에서 모든 철학 체계와 과학 체계가 생겨나고 이론이 발달한다는 점을 지적함으로써, 관찰을 강조하는 경험론과 이성·이론을 강조하는 합리론 사이의 대립을 해소하려는 노력을 보여 준다.

인 가정을 사용하기보다는 지속적인 자료 수집과 분석을 토대로 경험적 자료에 근거한 이론과 개념, 가설을 찾고자 했다.

근거이론의 목적은 귀납적 방법에 입각해 경험적 자료에 충실한 이론을 개발하는 것이다. 귀납적 관철을 통해 어떤 패턴을 발견해 내면서 그 패턴에 기초한 개념과 임시가설(working hypothesis)을 발전시켜 나간다.

근거이론에서는 비확률표집 중 의도적 표집(유의표집)의 일종인 이론적 표집방법을 사용한다. 이는 경험적 자료에 근거한 이론을 귀납적으로 도출하는 데 도움이 될 것으로 보이는 사례를 의도적으로 표집하는 방법이다. 이론적 표집의 특징은 이론적 포화상태에 이를 때까지 유사한 사례를 계속해서 표본으로 선정하여 자료수집과 분석을 되풀이한다는 것이다. 이렇게 새로운 사실이 더 이상 발견되지 않는 시점을 '이론적 포화상태'라고 한다.

근거이론의 절차를 살펴보면 다음과 같다.

① 새로운 설명을 요하거나 기존의 설명으로는 부족한 어떤 현상에 대해 이론을 개발하기 위한 조사문제를 선정한다.

② 이론 개발에 도움을 줄 수 있는 사람이나 설명하려고 하는 현상을 경험했거나 경험하고 있는 사람을 표본으로 선정한다.

③ 표본으로 선정한 사람들과 면접을 통하여 자료를 수집한다. 유사한 사례를 경험한 사람을 추가로 면접하면서 앞서 수집한 자료분석 결과에서 새로운 사실이 더 이상 나오지 않을 때(포화상태)까지 지속적으로 비교한다.

④ 3단계 체계적 코딩(개방코딩, 축코딩, 선택코딩)을 수행한다. 근거이론에서 코딩(부호화, coding)은 자료(data)를 분해하고 개념화하며 이론을 생성하기 위해 개념들을 통합하는 분석과정을 말한다.

⑤ 코딩 단계에서 분류한 개념을 연결하여 논리적 가설이나 이론을 제시한다.

〈표 14-1〉 근거이론의 코딩

개방코딩 (open coding)	• 연구자가 인터뷰, 관찰, 각종 문서 등의 자료를 바탕으로 밝히고자 하는 어떠한 현상에 대해 최초로 범주화하는 과정이다. • 특정 현상에 대해 개념을 명확히 하고, 그 속성과 범주를 자료 내에서 형성해 나가는 과정이다. • 이를 위해 자료를 한 줄이나 한 문장씩 검토하면서 자료로부터 도출된 다수의 개념을 의미 있고 대표성 있는 범주로 묶고 명명하면서 범주와 속성을 생성한다.
축코딩 (axial coding)	• 개방코딩을 통해 생성된 범주들을 하위범주들과 연결하고 주요 범주들을 패러다임이라는 모형(인과적 조건, 맥락적 조건, 중재적 조건, 작용/상호작용, 결과)으로 통합하고 재구성하는 과정이다.
선택코딩 (selective coding)	• 핵심(중심) 범주를 선택하고 선택한 핵심 범주를 다른 범주들과 연결시켜 가면서 이론을 통합시키고 정교화하는 과정이다. • 모형 내 범주 간 관계를 진술하는 명제를 구체화하거나 범주들을 통합하는 이야기를 서술한다. • 선택코딩은 분석결과들을 추상화된 이론으로 전환하는 과정이라고 볼 수 있다.

(4) 문화기술지

문화기술지(민속지학, ethnography)는 인류학에서 발전한 질적 조사이다. 일정한 집단은 끊임없이 상호작용을 하는 가운데 일정한 유형의 행동과 사고를 공유한다. 그러한 문화 속에 사는 사람들의 관점에서 그 문화를 기술하는 데 주안점을 둔 것이 문화기술지이다.

일반적으로 질적 조사에서는 현상에 대한 풍부한 기술(description)과 해석(interpretation)이 강조되는데, 문화기술지에서는 연구자의 해석보다는 문화 속에 속한 사람들의 관점을 통해 그 문화를 있는 그대로 기술하고 보여주는 데 주력한다. 따라서 조사자는 그 문화 속에서 살고 있는 중요한 정보제공자(key informant)에게 의존하게 된다.

문화기술지는 문화 공유 집단이 가지고 있는 가치, 행동, 신념, 언어의 공유되고 학습된 패턴을 기술하고 해석하는 형태로 집단에 대한 장기간의 관찰을 수반하게 된다. 즉, 연구자가 그 사람들의 일상생활에 몰입된 참여관찰을 통해 집단을 장기간 관찰하거나, 집단참여자들을 관찰, 면접하게 된다. 문화기술지 연구자는 문화 공유 집단의 행동, 언어, 상호작용의 의미를 연구한다. 문화기술지에는 고해적 문화기술지, 생애사, 자기 문화기술지, 페미니스트 문화기술지, 문화기술적 소설, 사진과 비디오, 전자미디어에서 발견되는 시각적 문화기술지 등 많은 유형이 있다.

(5) 사례 연구

사례연구(사례조사, case study)는 사회복지학, 심리학, 약학 등에서 임상적인 개입의 효과를 평가할 때 선호해온 방법으로 한 사례에 대한 심층적인 서술에 초점을 둔 질적 조사연구이다. 이때 한 사례는 개인이 될 수도 있고, 어떤 집단이나 프로그램, 사건, 활동이 될 수도 있다.

스테이크(Stake, 2005)는 사례 연구는 방법론이 아니라 연구해야 할 것, 즉 경계를 가진 체계 내의 사례에 대한 선택이라고 했지만, 다른 사람들은 그것을 탐구전략, 방법론, 포괄적인 연구전략 등으로 표현하고 있다. 사례 연구는 시간 경과에 따라 하나의 경계를 가진 체계(사례) 혹은 경계를 가진 여러 체계(사례)를 탐색하고, 다양한 정보원천(관찰, 면접, 시청각 자료, 문서와 보고서 등)을 포함하여 상세하고 심층적인 자료를 수집하며, 사례 기술과 사례에 기반을 둔 주제를 보고한다.

사례 연구 접근은 사회과학자들에게 친숙하여 많은 학문 분야에 걸쳐서 활용되고 있다. 스테이크(1995)는 사례 연구를 위한 절차를 체계적으로 설정하였으며, 'Harper School'에 대한 예에서 그 절차를 폭넓게 인용하고 있다. 스테이크는 많은 사례 연구 분석에 대한 가장 최근의 저서에서 단계별 접근을 제시하고 있다(Stake, 2006).

질적 사례 연구의 유형은 해당 사례가 한 개인이나 여러 사람, 집단, 전체 프로그램, 활동 등을 포함하는가와 같이 경계를 가진 체계의 규모에 따라 구분된다. 또한 질적 사례 연구는 사례분석의 목적에 따라 구분될 수도 있다. 목적에는 세 가지 유형이 있다(Creswell, 2007, 조홍식 외 역, 2010).

① 도구적 단일 사례 연구: 연구자는 하나의 이슈나 관심에 초점을 맞추고 나서 이 이슈를 예증하기 위한 하나의 경계를 가진 체계를 선택한다.

② 집합적(다중) 사례 연구: 하나의 이슈나 관심이 다시 선택되지만, 연구자는 여러 개의 연구현장에서 여러 개의 프로그램을 선택하거나 단일 현장 내에서 여러 개의 프로그램을 선택할 수도 있다. 종종 연구자는 이슈에 대한 서로 다른 관점을 보여 주기 위해 여러 사례를 의도적으로 선택하기도 한다.

③ 본질적 사례 연구: 초점이 사례 그 자체(프로그램을 평가하거나 어려움을 겪고 있는 학생을

연구하는 등)에 맞춰진다. 왜냐하면 그 사례가 비일상적이거나 독특한 상황을 보여 주기 때문이다. 이는 내러티브 연구의 초점을 닮았지만, 사례에 대해 상세하게 기술하는 사례 연구의 분석절차는 그 맥락이나 주위환경 내에서 여전히 진실을 붙들고 있다.

(6) 질적 조사연구의 유형별 접근 비교

이상의 다섯 가지 질적 조사연구의 유형 간 기본적인 차이점은 〈표 14-2〉에서 확인할 수 있다. 〈표 14-2〉에 나타난 바와 같이, 가장 기본적인 차이점은 각각의 유형이 성취하려고 시도하는 연구의 초점 혹은 일차적 목적이 다르다. 인생을 탐색하는 것은 이론을 창출하거나 문화집단의 행동을 기술하는 것과는 다르다. 또한 학문 분야의 기원에 중복되는 점이 있기는 하지만, 일부 접근은 단일한 학문 전통을 가지고 있지만(예를 들어, 근거이론은 사회학, 문화기술지는 인류학이나 사회학), 다른 접근은 광범위한 다학제 간 배경을 가지고 있다(예를 들어, 내러티브와 사례 연구). 자료수집은 강조점(예를 들어, 문화기술지에서는 관찰, 근거이론에서는 면접)과 자료수집의 범위(예를 들어, 현상학에서는 면접만 활용하지만, 사례 연구에서는 사례에 대한 깊이 있는 그림을 제공하기 위해 다양한 형식을 활용)에 따라 다양하다.

〈표 14-2〉 질적 조사연구의 유형별 특성

특성	내러티브 연구	현상학적 연구	근거이론 연구	문화기술지 연구	사례 연구
초점	개인의 인생을 탐색	경험의 본질을 이해	현장에서 나온 자료를 근거로 이론을 개발	문화공유집단을 기술하고 해석	단일 사례나 여러 사례에 대한 심층 기술과 분석을 전개
설계에 가장 적합한 문제 유형	개인적인 경험에 대한 이야기를 말하고자 할 때	체험한 현상의 본질을 기술하고자 할 때	연구 참여자의 관점에서 근거이론을 개발하고자 할 때	문화의 공유된 패턴을 기술하고 해석하고자 할 때	단일 사례나 여러 사례에 대한 깊은 이해를 제공하고자 할 때
학문배경	인류학, 문헌정보학, 역사학, 심리학, 사회학을 포함한 인문학	철학, 심리학, 교육학	사회학	인류학, 사회학	심리학, 법학, 정치학, 의학
분석단위	한 명 이상의 개인을 연구	경험을 공유해 온 여러 개인을 연구	많은 개인이 관여하는 과정, 행동, 상호작용을 연구	같은 문화를 공유하는 집단을 연구	사건, 프로그램, 활동, 한 명 이상의 개인을 연구

자료수집 형식	주로 면접과 문서 활용	주로 개별면접이지만 문서와 관찰, 예술작품도 활용될 수 있음	주로 20~60명 정도의 개인과 면접	주로 관찰과 면접을 활용하지만 현장에서 오랜 시간을 보내면서 다른 자료원들을 수집	면접, 관찰, 문서, 인공물과 같은 다양한 자료원을 활용
자료분석 전략	이야기, 재구성한 이야기, 주제 전개, 종종 연대기 사용	의미 있는 진술, 의미 단위, 텍스트에 근거한 기술, 구조적 기술, 본질에 대한 기술	개방코딩, 축코딩, 선택적 코딩	문화 공유 집단에 대한 기술, 집단에 대한 주제	사례에 대한 기술, 사례에 대한 주제, 사례 간 주제
보고서	개인의 인생 이야기에 대한 내러티브 전개	경험의 본질을 기술	하나의 도형으로 설명되는 이론을 창출	문화 공유 집단이 생활하는 방식을 기술	하나 이상의 사례에 대한 상세한 분석을 전개

출처: Creswell, J. W. (2010). 질적 조사연구방법론: 다섯 가지 접근. 조흥식 외 역, p.117.

각 유형별 접근의 결과로서 작성된 보고서는 이전에 이루어진 모든 과정으로부터 형성된다. 개인의 인생에 대한 이야기는 내러티브 연구를 형성한다. 현상에 대한 경험의 본질을 기술하는 것은 현상학이 된다. 종종 시각적 모형으로 그려지는 하나의 이론은 근거이론에서 나타나며, 문화 공유 집단이 생활하는 방식에 대한 총체적인 관점은 문화기술지로 드러난다. 경계를 가진 체계, 한 사례 혹은 여러 사례에 대한 심층 연구는 사례 연구가 된다.

〈표 14-3〉 질적 조사연구 유형별 접근의 보고서 구조

특성	내러티브 연구	현상학적 연구	근거이론 연구	문화기술지 연구	사례 연구
연구의 일반적인 구조	• 서론(문제, 질문) • 연구절차(내러티브, 개인의 중요성, 자료수집, 분석결과) • 이야기 보고 • 개인의 인생에 대한 이론화 • 내러티브의 확인된 부분 • 확인된 의미의 패턴(사건, 과정, 발현, 주제) • 요약	• 서론(문제, 질문) • 연구절차(현상학과 철학적 과정, 자료수집, 분석, 결과) • 의미 있는 진술 • 진술의 의미 • 의미 있는 주제 • 현상에 대한 철저한 기술	• 서론(문제, 질문) • 연구절차(근거이론, 자료수집, 분석, 결과) • 개방코딩 • 축코딩 • 선택적 코딩과 이론적 명제, 모형 • 이론에 대한 논의 및 선행 문헌 대조	• 서론(문제, 질문) • 연구절차(문화기술지, 자료수집, 분석, 결과) • 문화에 대한 기술 • 문화적 주제에 대한 분석 • 해석, 교훈, 제기된 질문	• 도입 삽화 • 서론(문제, 질문, 사례 연구, 자료수집, 분석, 결과) • 사례/사례와 그 맥락에 대한 기술 • 이슈를 전개 • 선택된 이슈에 대한 상세한 논의 • 주장 • 종결 삽화

출처: Creswell, J. W. (2010). 질적 조사연구방법론: 다섯 가지 접근. 조흥식 외 역, p.118.

〈표 14-3〉의 전체적인 틀은 학술지 논문 분량의 연구를 설계하는 데 사용할 수 있다. 그러나 각 접근에 많은 단계가 있기 때문에 학위 청구논문이나 단행본 분량을 가진 저작의 장으로도 활용될 수 있다. 분명히 이러한 구조는 연구의 결론에 따라 다르게 나타나고 형성되겠지만, 그것은 따라야 할 설계 이슈를 위한 틀을 제공해 준다.

2 질적 조사연구의 방법과 과정

질적 조사연구의 방법과 과정은 연구의 속성이나 주제에 따라 다양하게 전개될 수 있지만, 여기서는 ① 연구문제 형성, ② 연구설계 수립, ③ 대상자의 표집, ④ 자료수집, ⑤ 자료분석 및 해석, ⑥ 보고서 작성으로 나누어 살펴본다(양정하 외, 2013).

1) 연구문제 형성

지금까지 살펴본 바와 같이 질적 조사연구는 사물의 현상을 기술하고 이해하기 위하여 이루어진다. 따라서 연구문제도 질적인 형태로 제안된다. 즉, 변수 간의 인과관계나 집단 간 비교가 아니라 연구자가 알고자 하는 아이디어나 문제로부터 연구를 시작한다. 연구문제를 적절하게 잘 설계하기 위해서는 다음과 같은 질문을 해볼 수 있다.

① 탐구하고자 하는 현상, 실재, 사회적 실체의 본질이 무엇인가?

② 탐구하고자 하는 현상에 대한 지식이나 증거로 삼을 내용은 무엇인가?

③ 연구에서 다루고자 하는 주제, 관심 영역은 무엇인가?

④ 이론적이나 지적으로 해결하고자 하는 궁금증이 무엇인가?

⑤ 무엇을 설명하고자 하는가?

⑥ 이 연구의 목적은 무엇인가?

⑦ 왜 이 연구를 수행하고 있는가?

2) 연구설계 수립

연구문제가 형성되면 이를 구체화하기 위하여 연구주제와 관련된 문헌 및 선행연구에 대해 조사를 하고 나서 전체적인 연구 절차에 대한 구체적인 계획을 세운다. 그러나 문헌 고찰이 항상 필수적인 것은 아니며, 때로는 자료수집이나 자료수집을 하고 나서 이루어질 수도 있다. 왜냐하면, 연구자가 관련 주제나 조사대상에 대한 편견이나 선입견을 갖지 않기 위함이다.

3) 대상자의 표집

일반적으로 모집단에서 표본을 뽑을 때 대표성, 타당도 등을 고려하여야 한다. 그러나 질적 조사연구에서는 모집단이 불분명한 경우가 많기 때문에 표본을 뽑을 때 나름대로 모집단과 여러 가지 특성이 비슷하다고 판단되는 표본을 선정하는 유의표집이나 눈덩이표집과 같은 비확률표집을 주로 사용한다.

4) 자료수집

질적 조사연구에서는 연구자가 보고 듣고 느끼는 모든 것이 연구자료가 되며, 그 외에도 현장에서 이루어지는 모든 상황이 자료로 활용될 수 있다. 이때 정보의 중립성을 고려하여 정보제공자와의 지나친 친밀한 관계는 조심하여야 한다. 또한 자료수집에서 중요한 점은 연구문제에 대한 적절한 해답을 얻을 수 있는 조사대상자가 자연스럽게 생활하는 현장을 선택하고, 그 현장에 성공적으로 접근하는 것이다. 이를 위해 그들의 언어나 관습 등을 익혀야 한다.

5) 자료분석 및 해석

자료를 분석할 때는 이론을 바탕으로 전반적인 분석틀을 개발하여 사용하기도 하고, 이론적 배경이나 분석틀 없이 분석하기도 한다. 자료분석의 초점은 수집된 원자료에서 어떤 중심 주제나 패턴을 찾아내는 데 있다. 이를 위해 자료의 의미를 해석하고 범주별로 분류하고 재조합하는 과정을 거친다. 질적 조사연구에서 자료를 분석하는 데 많이 사용하는 방법은 내용분석이다.

6) 보고서 작성

연구과정이 끝나게 되면 보고서를 작성하게 된다. 질적 조사연구의 보고서 역시 연구과정과 마찬가지로 엄격하게 정해진 형식은 없다. 그러나 보통 양적 조사연구와 마찬가지로 질적 조사연구의 보고서에는 문제 제기, 이론적 배경, 연구설계, 자료수집 및 방법, 연구결과, 향후 연구 및 정책적 함의 등이 포함된다.

양적 조사연구의 보고서와의 차이는 질적 조사연구는 자료수집과 분석이 동시에 이루어지기 때문에 기술할 때에도 같이 기록하는 점이다. 분석대상도 양적 조사연구의 통계추론이 아니라 연구대상의 의미 구축에 대한 자료정리, 분류 및 추상화를 주로 하기 때문에 분석적 서술방법을 많이 활용한다.

3 질적 조사연구와 양적 조사연구의 비교

질적 조사연구와 양적 조사연구는 현상이나 사건을 체계적으로 조사하고 탐구하기 위한 방법이란 점에서는 같지만, 각각의 방법은 적합한 상황과 연구기법에서 차이가 있다. 질적 조사연구는 사회현상을 이해하는 데 초점을 두며, 언어, 이미지에 대한 분석과 관찰과 비구조화된 인터뷰를 사용하여 특정 경험에 대한 의미를 찾고, 이론 검증보다는 이론 형성을 목적으로 한다. 양적 조사연구는 사회현상을 묘사하고 설명하는 것이 목적으로 연구결과를 일반화하는 것이 필수적이며, 이를 위해서는 표본의 대표성을 확보하여야만 한다. 따라서 질적 조사연구는 산술적 통계분석을 잘 사용하지 않지만, 양적 조사연구는 대체로 통계분석을 사용한다. 질적 조사연구와 양적 조사연구의 상세한 비교는 〈표 14-4〉를 참조하기 바란다.

〈표 14-4〉 양적 조사연구와 질적 조사연구의 비교

구분	양적 조사연구	질적 조사연구
실재의 본질	객관적 실재를 형성하는 인간의 특성과 본질이 존재한다고 가정. 따라서 복잡한 패러다임(paradigm)에 관계된 변인에 대한 연구가 가능	객관적 실재라고 일반화시킬 수 있는 인간과 속성과 본성은 없다고 가정. 따라서 단편적인 연구가 아닌 총체적 연구의 필요성을 주장
인과관계	결과에 시간적으로 선행하거나 동시에 일어나는 원인이 실재	원인과 결과의 구분이 불가능
연구목적	일반적 원리와 법칙 발견	특정 현상에 대한 이해
	인과관계 혹은 상관관계 파악	특정 현상에 대한 해석이나 의미의 차이 이해
연구대상	대표성을 갖는 많은 수의 표본, 주로 확률적 표집방법을 사용	적은 수의 표본, 주로 비확률적 표집방법을 사용
연구자와 연구대상과의 관계	가치중립적(연구자와 연구대상의 관계가 밀접하게 되면 연구자료가 왜곡될 수 있어 거리 유지)	가치개입적(연구자와 연구대상은 서로 밀접한 관계를 유지)
자료수집	다양한 측정도구 사용	연구자가 중요한 연구도구
	구조화된 양적 자료 수집	비구조화된 질적 자료 수집
자료분석	통계적 분석(기술통계, 추리통계방법 활용)	질적 분석(내용분석) 혹은 기술통계분석
연구방법의 예	설문지를 활용한 조사연구, 실험설계에 의한 실험연구, 점검표를 활용한 관찰연구 등	관찰법, 면접법을 활용한 사례 연구, 문화기술적 연구 등
일반화	일반화 가능	연구 자체가 독특하므로 일반화시킬 수 없음

출처: 성태제·시기자(2006). 연구방법론, p.33.

4 질적 조사연구에 대한 논쟁

양적 조사연구를 선호하는 연구자는 종종 질적 조사연구의 결과에 대해 의심스러워한다. 그래서 1950~1960년대의 저널에서는 양적 조사연구와 질적 조사연구에 대한 상대적인 가치와 중요성에 관련된 논쟁이 시작되었다. 사회복지 분야에서 적절한 연구방법에 관한 이 논쟁은 최근 사회복지저널에서도 가끔 치열하게 재현되고 있는데, 이는 사회복지조사자들이 양적·경험적 접근방법을 더 많이 사용하고 있기 때문이다.

다시 말하면, 양적 조사연구방법을 선호하는 사람들은 질적 조사연구방법이 그 효과성을 증명하고 실천을 이끌어 내는 데 필요한 지식을 도출하지 못한다고 믿고 있다. 한편, 질적 조사연구방법을 선호하는 사람들은 실증주의적 접근방법이 단순히 조작적으로 정의되고 측정될 수 있는 데이터에만 집중하는 경향이 있기 때문에 양적 조사연구방법은 아주 제한적이고 피상적인 것이라고 반박한다. 또한 경험주의자들은 전체를 보는 대신에 문제 상황을 분해하고 쉽게 계량화할 수 있는 것에만 초점을 둔다고 공격받고 있다. 즉, 경험주의자들이 '객관성'에 대한 집착으로 말미암아 연구 참여자와 나머지 구체적인 것들 사이에 발생하는 중요한 상호작용을 종종 간과하고 있다.

그렇다면 두 가지 연구방법 중 어떤 견해가 옳은가? 사회복지에 적절한 방법은 무엇인가? 결론부터 말하면, 사실상 두 방법 모두 적합하다. 현상에 대한 이해에서 양적 접근과 질적 접근은 모두 나름대로 한계가 있으므로, 특히 훈련과정에 있는 조사자는 두 가지 연구방법을 모두 사용할 수 있도록 학습해야 한다. 사회복지사는 두 가지 방법을 모두 사회복지실천에 유익하게 활용할 수 있으며, 각 연구방법은 다른 연구방법에 의한 연구 결과를 더 풍성하게 하는 데 사용될 수 있다.

실제 프로그램 평가조사를 하는 연구자들은 두 가지 방법을 통합적으로 활용하고 있다. 예를 들면, 계량적인 설문조사와 포커스 그룹을 활용해서 연구의 폭과 깊이를 아우르는 결과를 산출한다. 결국, 양적 조사연구와 질적 조사연구는 상호보완적이며, 조사하고자 하는 프로그램이나 현상을 이해하는 연구자의 능력을 향상시키는 데 이바지한다고 할 수 있다(Royse, 2004; 황성동, 2006 재인용).

마데이(Madey, 1982)는 프로그램 평가에서 질적 조사연구방법과 양적 조사연구방법을 통합함으로써 생기는 유익에 대해 다음과 같이 구체적으로 제시하고 있다(황성동, 2006 재인용).

① 질적 조사연구방법은 조사도구를 구성하는 설문항목을 선택하는 데 도움을 주며, 경험적으로 검증된 개념에 대한 외적 타당성을 제공해 줄 수 있다.

② 질적 조사연구방법에서 연구자의 현장 기록은 양적 조사연구의 조사결과를 설명하고 보충하는 구체적인 사례로 활용될 수 있다.

③ 양적 조사연구방법에서 그 대상자가 대표성을 띠는지 혹은 대표성을 띠지 못하는 사람으로 구성되어 있는지를 확인해 주고, 후속 인터뷰나 관찰에 대해 지침을 제공해 줄 수 있다.

④ 양적 조사연구방법은 데이터를 수집하는 데서도 엘리트 편향[2]을 수정하고 좀 더 큰 규모로 데이터를 체계적으로 수집하도록 하여, 질적 조사연구의 결과에 대한 타당성을 확보함으로써 질적 조사연구자에게 유익을 줄 수 있다.

질적 조사연구에서 과학적 엄격성을 높이기 위한 방법은 조사연구자의 반응성과 조사연구자의 편견을 줄이는 것과 관련이 있다. 질적 조사연구의 엄격성을 높이기 위한 전략은 다음과 같다.

① 다원화(삼각측정, triangulation) 전략이다. 가장 대표적으로 사용하는 방법으로 자료수집에서 있을 수 있는 오류를 최소화하기 위해 다양한 출처와 방법, 여러 관찰자를 활용하는 다원화 전략이다. 다원화 전략에는 이론 다원화, 연구방법 다원화, 관찰자 다원화, 자료 다원화 등 다양한 방법이 있다.

- 이론 다원화: 하나의 자료를 해석하기 위해 여러 가지 다양한 이론과 관점을 활용하는 것이다.
- 연구방법 다원화: 한 연구에서 여러 방법을 함께 사용하는 것이다. 예를 들어, 질적 조사의 결과를 양적인 조사의 자료와 비교해 보는 것이다.
- 관찰 다원화: 서로 다른 면접자나 관찰자들이 같은 대상을 조사한 뒤 같은 결과를 내는지 비교해 보는 것이다.
- 자료 다원화: 한 가지 이상의 자료출처(면접, 문서자료, 관찰 자료 등)를 사용하는 것이다.

② 장기간에 걸친 관계 형성과 유지(장기적 관여, prolonged engagement)이다. 조사하고자 하는 문화와 집단을 이해하기 위해 상당한 시간을 들여 오랫동안 조사대상자와 관계를 유지하는 전략이다. 이를 통해 조사대상자의 반응성이나 조사자의 편견을 줄일 수 있다. 그러나 장기간에 걸쳐 형성된 관계가 오히려 조사자로서의 정체성을 망각한 채

2) 엘리트 편향이란 면접을 할 때 그 사회체계 내의 엘리트나 주요 인물 및 관리자를 우선해서 인터뷰하려는 경향을 뜻한다.

조사대상자와 일체가 되는 이른바 '원주민화(going native)' 문제를 유발하여 또 다른 형태의 편견이 발생할 수 있다는 점을 주의하고 경계해야 한다.

③ 감사자료를 남기는 전략(auditing)이다. 관찰 및 인터뷰 내용을 지속적으로 기록하고, 자료수집과 분석에 이르는 모든 과정을 기록으로 남겨 추후 조사 과정이나 결과에서의 엄격성을 언제라도 확인하고 재현할 수 있도록 노력하는 전략이다.

④ 동료집단의 조언을 구하거나 점검을 받는다. 현장연구나 자료분석 과정상의 어려움에 대한 지지를 제공받을 수 있을 뿐 아니라 조사연구자가 편견에 빠지지 않도록 하는 데 도움이 된다.

⑤ 양연구의 결과를 연구 참여를 통해서 다시 재확인하는 방법이다. 이는 연구 참여의 관점이 존중되어야 철학적 기반을 질적 조사연구가 지니고 있기 때문에 이러한 작업은 반드시 필요하다. 이러한 과정을 통하여야 조사연구자 자신의 오류를 수정하고 새로운 통찰력을 얻을 수 있을 것이다.

이상에서와 같은 방법으로 질적 조사연구의 과학적 엄격성을 높이기 위해서는 많은 노력과 시간이 필요하다. 이러한 노력을 통하여 질적 조사연구에서 도출된 결과의 신뢰성을 확보하여야 할 것이다.

함께 풀어 봅시다!

1 양적 조사와 질적 조사의 사례로 옳지 않은 것은?

① 질적 조사: 성폭력 피해여성에 대한 심층면접을 실행하고 기록함
② 양적 조사: 청소년들의 흡연횟수를 3개월 동안 주기적으로 기록함
③ 질적 조사: 빈곤지대에 사는 아동들과 함께 생활하면서 참여관찰을 함
④ 양적 조사: 초점집단면접을 통해 문제 해결방안을 도출함
⑤ 질적 조사: 근거이론 방법으로 연구주제를 분석함

2 사회과학의 다양한 분야에서 활용되고 있는 질적연구방법으로 한 개인이나 집단의 어떤 과정, 프로그램, 사건 또는 활동을 심층적으로 서술하는 연구방법은 무엇인가?

① 문화기술지 연구 ② 현상학적 연구
③ 근거이론 연구 ④ 내러티브 연구
⑤ 사례 연구

3 이 연구방법은 기존에 이론적 기반이 갖추어지지 않은 분야를 연구하는 데 적합하다. 특히 이론적 표집을 선호하며 귀납적인 과정을 거쳐 현실적인 자료에 근거하여 개발된 이론이다. 자료에 기반을 두고 사람, 사건, 현상에 대한 이론을 발전시키는 데 목적을 두는 것은 어떤 연구인가?

( )

정답 및 해설

❹
▶▶ 초점집단면접은 질적 조사연구에 속하는 면접조사의 한 방법이므로 양적 조사연구에 속한다고 보기 어렵다.

❺
▶▶ 사례 연구는 한 사례에 대한 심층적 서술에 초점을 두는 연구이다.

근거이론(grounded theory)
▶▶ 질적 조사연구의 유형인 근거이론에 관한 설명으로 조사과정을 통해 체계적으로 수정되고 분석된 자료를 상호 비교·검토함으로써 이론을 추출해 내는 방법이다.

4 **질적 조사의 신뢰도 향상을 위한 설명 중 옳지 않은 것은?**

① 클라이언트의 비밀보장을 위해 면접내용을 녹음하지 않는다.
② 다양한 배경을 가진 팀원으로 연구팀을 구성한다.
③ 교차검증과 반복조사를 실시한다.
④ 추가질문을 미리 생각해 두고 두 명의 면접자가 동시에 참여한다.
⑤ 최대한 다양한 지역에서 표본을 선정한다.

❶
▶▶ 질적 조사연구에서는 피면접자의 동의를 얻어 녹음을 진행하고 녹음된 자료는 잘 보관해 두어야 한다.

5 **질적 조사연구방법에 관한 설명으로 옳지 않은 것은?**

① 연구결과의 일반화에 한계가 있다.
② 연구자 자신을 자료수집의 중요한 도구로 활용한다.
③ 귀납적 방법을 주로 활용한다.
④ 자료수집과 분석 단계가 명확하게 구분되지 않을 수도 있다.
⑤ 구조화된 면접은 심층적인 질적 조사연구에 적절한 방법이다.

❺
▶▶ 엄격히 구조화된 면접법은 질적 조사연구에서 부적절한 방법일 수 있으며, 비구조화된 면접법을 많이 활용한다.

15 CHAPTER

조사보고서의 작성

CONTENTS

사회조사는 사회적인 욕구와 문제가 무엇인지를 확인하고 문제해결을 위해 필요한 정보를 수집하고 분석하며, 지배적인 원리를 정립하여 이론을 형성하는 것이다. 따라서 사회조사는 그 결과를 공식적으로 보고하거나 발표해야만 목적을 달성했다고 볼수 있다. 이 장에서는 사회복지조사의 결과를 담게 되는 조사보고서를 작성하는 방법을 살펴보고자 한다. 또한 조사보고서를 작성하는 목적과 작성요령을 통해 고려사항에 대해 이해할 수 있다. 마지막으로 조사보고서의 각 구성요소에 대해 구체적으로 살펴보고 내용을 이해할 수 있도록 학습하고자 한다.

CHAPTER

15 조사보고서의 작성

학/습/목/표

- 조사보고서의 목적과 의의를 이해할 수 있다.
- 조사보고서의 구성과 내용을 이해하고 설명할 수 있다.
- 조사보고서 작성 시 고려사항과 작성요령을 이해할 수 있다.

1 조사보고서의 목적과 의의

사회복지조사를 실시하는 주요한 이유는 사회복지 분야의 지식을 확대하고자 하기 때문이다. 이를 위해서는 실천현장에서의 문제를 해결하기 위한 지식을 탐색하고, 사회복지서비스의 질을 향상시키기 위한 지식과 기술을 개발하며, 새롭고 효과적인 사회복지실천 개입방법을 개발하기 위해 실시되는 사회복지조사의 과정을 구체적으로 기술하고 그 결과를 분석하고 해석하여 관련자에게 전달하여야 한다(Yegidis & Weinbach, 2009). 따라서 조사를 마치면, 조사자는 조사의 전 과정을 구조화된 양식에 의해 작성하게 되는데, 이를 조사(연구)보고서(research report)라고 한다. 즉, 조사보고서는 조사와 관련된 과학적 절차와 결과를 담은 자료를 의미한다.

조사보고서의 일차적인 목적은 조사한 결과를 조사에 관심을 가진 사람들에게 전달하는 데 있다. 사회복지조사의 과정에는 많은 자원이 투입되는데, 특히 조사를 수행할 수 있도록 재정을 지원받은 경우, 연구자는 재정을 지원한 해당기관에 조사에 대한 결과물인 조사보고서를 제출해야 할 의무를 지닌다. 또한 조사보고는 조사결과를 공개해서 조사결과가 보편적으로 타당하고 객관적인지를 검증하고자 하는 목적도 가지고 있다(채구묵, 2001).

이처럼 조사보고서의 결과를 공개해야 하는 것은 그 목적이 어떠하든 일반적이며, 공개되지 않은 것은 개인적인 지식을 축적하는 것으로 끝나기 때문에 지식의 확대를 위해 조사결과는 반드시 공개되어야 한다(황성철, 2016).

조사를 수행하면서 얻어진 과학적 결과를 조사보고서 형식을 통해서 발표하는 것은 여러 가지로 중요한 의의가 있다. 이런 의의를 몇 가지로 살펴보면 다음과 같다(Monette, Sullivan & Dejung, 2002).

첫째, 조사보고서를 통해 조사결과를 발표하면, 사회의 관련 분야에 기여할 수 있게 된다. 특히 사회복지학은 사회현상에 대한 다학제적 접근을 하는 것이 특징이다. 예를 들어, 청소년비행에 영향을 미치는 요인에 대한 연구를 진행하여 개인적 요인, 심리·사회적 요인, 가족 관련 요인, 학교환경요인 등이 청소년 가출에 영향을 미친다는 것이 검증되었다면, 이러한 결과는 사회복지학뿐만 아니라 심리학, 사회학, 가족학, 교육학 등에 유의미한 함의를 제시해 줄 수 있게 된다. 그러나 조사결과를 발표하지 않을 경우에는, 조사결과는 사회적으로 거의 기여하지 못한다.

둘째, 과학의 특성에서 다루었던 바와 같이 과학적 지식은 재현 가능성을 전제한다. 조사보고서를 통해 조사결과를 발표하면, 조사의 오류와 속임수와 거짓말을 찾아내는 재현과정을 기칠 수 있게 된다. 그리고 조사보고서를 통해 조사결과를 더 널리 발표하면, 조사결과를 사용할 가능성이 있는 사람이 조사결과에 주목할 가능성이 더 커진다. 이를 통해 연구를 통해 다루었던 사회문제 또는 사회현상에 대한 사람들의 관심과 인식을 촉진할 수 있게 되고, 연구주제에 대한 새로운 접근을 시도할 수 있는 계기를 마련할 수 있게 된다.

2 조사보고서 작성양식과 고려사항

1) 조사보고서 양식

조사보고서의 양식은 조사의 목적과 내용에 따라서 달라진다. 탐색을 목적으로 조사된

보고서의 경우 조사문제나 가설을 설립하는 데 도움을 주기 위한 것으로서 결론은 단정적이 아닌 잠정적인 것으로 기술이 된다. 기술적 목적으로 조사가 이루어졌다면 사회현상의 특성과 변수 간의 상호관계를 수치화하고 통계적 오차의 범위 등을 보다 구체적으로 제시하여 기술하여야 한다. 설명적 목적으로 이루어진 조사의 경우, 변수 간의 인과관계를 밝히기 위한 것으로서 인과관계의 신뢰성과 타당성을 확인하기 위해 활용한 추리통계분석의 결과를 정리하여 제시하여야 한다.

조사보고서는 독자에 따라서 그 양식이 달라진다. 예를 들어, 정부기관의 정책이나 개입방안을 연구한 보고서의 경우 기관이 요구하는 양식에 맞게 작성하여야 하며, 제안의 내용과 근거를 논리적으로 제시하여야 한다. 그 외에 일반적인 보고서의 형태로 제시하는 경우도 있고, 순수한 학술지 논문의 형태로 제시하는 경우도 있다. 이러한 경우에도 관련된 기관이나 용도에 알맞은 양식을 확인하고 활용할 수 있도록 해야 한다.

2) 조사보고서 작성 시 고려할 사항

조사보고서는 작성된 내용을 통해 연구자의 의도를 전달하고 독자를 설득하는 특성을 가지고 있다. 따라서 재미있고 읽기 쉽고 부드럽게 표현하여 제시한 조사보고서는 그렇지 않은 조사보고서에 비해 독자에게 더 설득력을 가진다(Monette et al., 2002).

조사보고서의 문체와 관련된 지침을 몇 가지로 제시하면 다음과 같다(Mark, 1996).

첫째, 조사보고서의 문장은 문법에 맞게 작성되어야 한다.

둘째, 조사보고서의 내용은 명료하게 작성되어야 한다. 보고서는 알리고자 하는 내용을 보다 명확하게 작성하여 제시하여야 한다. 따라서 조사보고서의 내용을 모호하게 표현하지 말아야 한다.

셋째, 조사보고서의 목적을 이룰 수만 있다면, 조사보고서는 간결하게 작성하는 것이 좋다. 보고서 이용자에게 필요한 것을 모두 포함하면서도 최소한의 함축적인 내용으로 전달할 수 있어야 한다.

넷째, 조사보고서에는 좋은 문체를 사용하여야 한다. 이와 관련된 예를 몇 가지 들면 다음과 같다.

① 수동태 문장을 너무 많이 사용하지 말아야 한다.
② 문장의 길이와 구조를 변화시켜야 한다.
③ 특이한 형식의 문체를 사용하지 말아야 한다.

조사보고서 작성에서 중요하게 고려해야 할 사항은 해당 조사보고서를 읽을 것으로 예상되는 독자이다. 조사보고서의 문체는 조사보고서의 예상 독자에게 적절하게 사용되어야 한다. 따라서 연구자는 조사보고서를 작성하기 전에, 조사보고서를 주로 사용할 독자가 누구인지를 중요하게 고려하여야 한다. 조사보고서를 효과적으로 작성하기 위해서는, 조사보고서를 읽을 대상자의 눈높이에 맞추어 작성하는 것이 중요하다.

조사보고서의 독자를 여러 가지로 구분할 수 있지만 일반적으로 전문가와 일반인으로 구분할 수 있다.

첫째, 조사보고서의 독자가 사회복지가 아닌 다른 분야의 전문가일 경우에는, 다음과 같은 점을 고려하여 조사보고서를 작성할 필요가 있다(Mark, 1996; Monette et al., 2002).

① 관련 전문가가 일반적인 사회복지 분야의 기본적인 개념을 잘 알고 있는지를 고려할 필요가 있다.
② 관련 전문가가 일반적인 통계 용어를 잘 알고 있는지를 고려할 필요가 있다.

둘째, 조사보고서의 독자가 일반 대중이거나 조사방법과 사회복지를 잘 알지 못하는 사람일 경우에는, 다음과 같은 점을 고려하여 조사보고서를 작성할 필요가 있다(Monette et al., 2002).

① 가능하다면 전문용어를 적게 사용하여야 한다. 일반 독자에게는 분야 한정적인 전문용어가 의미가 없거나 잘못 전달될 가능성이 있기 때문이다. 그러나 상황에 따라서는 전문용어를 사용할 수밖에 없는 경우도 있다. 이런 경우에는, 해당 용어를 일반 독자가 확인할 수 있도록 쉬운 용어로 각주 등을 통해 풀어서 설명해 주어야 한다.
② 통계자료의 경우 가능하다면 간단하게 제시하여야 한다. 부득이하게 통계자료를 사용할 경우, 다음과 같은 점에 유의할 필요가 있다.
- 조사자가 전달하고자 하는 것을 독자에게 잘 전달하기 위해, 그림과 표를 사용해 시각적(visual) 효과를 높인다.

- 통계를 사용한 이유를 잘 설명하고, 또한 조사결과가 의미하는 바를 잘 설명한다.

③ 동사의 경우, 조사보고서에서 시제를 적절하게 선택하여야 한다. 원칙적으로 조사보고서는 현재 시제와 과거 시제로 표현한다. 일반적으로 조사보고서에서는 동사의 시제를 다음과 같이 선택하는 경향이 있다(Mark, 1996; 이종승, 2009).

- 기존에 실시한 연구에 관한 장과 조사방법에 관한 장에서는 과거나 현재 시제를 사용한다.
- 조사결과를 설명하는 장에서는 과거 시제를 사용한다.
- 결과에 관해 논의하는 장에서는 현재 시제를 사용한다.
- 제언은 미래 시제로 표현할 수도 있다.

3 조사보고서의 구성과 내용

1) 조사보고서의 구성

조사보고서의 형식과 관련해 모든 사람이 동의하는 표준화된 형태는 존재하지 않는다. 보고서의 용도에 따라 구성도 조금씩 달라질 수 있기 때문이다. 가령, 연구용역을 받아 만들어진 보고서와 일반 학술지에 실린 논문의 구성이 다르고, 자연과학 논문과 사회과학 논문의 구성이 다르다(원석조, 2017).

그러나 사회조사를 통해 수집된 자료를 분석하여 발표하는 조사보고서는 그 구성이 대동소이하며, 일반적으로 ① 앞부분, ② 본문(서론, 본론, 결론 부분), ③ 참고 부분으로 크게 나누어진다. 그리고 각 부분은 몇 개의 장이나 절로 다시 나누어지는 경우가 일반적이다.

조사보고서의 앞부분은 조사보고서의 제목, 요약, 조사보고서의 내용에 대한 목차, 표와 그림에 대한 목차 등으로 구성되어 있다. 조사보고서의 본문은 조사보고서의 중심이 되는 부분이다. 조사보고서의 참고 부분은 조사보고서의 마지막에 제시한다. 대체로 조사보고서의 참고 부분은 참고문헌의 부록을 포함하고 있다.

일반적으로 조사보고서는 《표 15-1》과 같은 요소를 포함하고 있다.

《표 15-1》 조사보고서의 구성요소

<table>
<tr><th colspan="2">구성</th><th>내용</th></tr>
<tr><td colspan="2">표제</td><td>조사제목, 조사자, 기관명, 작성일자 등 표기</td></tr>
<tr><td colspan="2">목차</td><td>보고서 내용을 나타내는 세부제목들의 순서와 해당 페이지 표시</td></tr>
<tr><td colspan="2">요약</td><td>조사보고서의 주요 내용을 요약·정리하여 제시</td></tr>
<tr><td rowspan="3">본문</td><td>서론</td><td>연구의 필요성, 문제제기, 연구의 목적과 의의</td></tr>
<tr><td>본론</td><td>• 문헌 검토(선행연구 검토, 이론적 논의 등)
• 연구모형(조사문제, 가설, 변수의 정의, 인과모형 등)
• 조사방법 및 자료
- 조사기간
- 자료수집방법
- 조사 모집단에 대한 설명
- 표집방법
• 자료분석 및 해석</td></tr>
<tr><td>결론 및 제언</td><td>• 결과의 요약
• 정책적·실천적 제언
• 연구의 한계 및 후속연구 제언</td></tr>
<tr><td colspan="2">참고문헌</td><td>조사보고서 내용에 활용된 모든 자료의 목록</td></tr>
<tr><td colspan="2">부록</td><td>통계표, 사회지표, 조사에 활용된 설문지 원본 등</td></tr>
</table>

출처: 김영종(2015). 사회복지조사론 이해와 활용, p.451 재편집.

2) 조사보고서의 내용

(1) 제목

제목은 연구주제를 나타내는 집약된 문장으로 조사보고서의 중요한 부분이다. 조사보고서의 제목이 중요한 이유는 다음과 같다(Monette et al., 2002; Mark, 1996).

첫째, 제목을 통해서 독자는 조사보고서의 내용을 알게 된다.

제목은 독자가 조사보고서에서 제일 처음 보게 되는 부분이기 때문에 제목을 잘 붙이게 되면 독자는 중요한 독립변수와 종속변수와의 관계를 유추할 수 있게 된다. 그리고 상황에 따라서는 제목을 통해서, 독자는 주요한 조사결과를 알게 된다. 그러므로 조사보고서의 제목을 보고 독자는 조사보고서를 더 읽을 것인지 여부를 결정할 수 있게 된다.

둘째, 전산화된 문헌검색에서 제목에 들어 있는 단어를 통해 관련 문헌을 선정하는 경우가 많기 때문이다.

그러므로 조사보고서를 그 분야의 여러 사람들이 읽을 수 있도록 하기 위해서는, 조사보고서의 제목은 조사의 내용을 간단하면서도 잘 설명하는 형식으로 정해야 한다.

(2) 요약

요약(abstract)은 문자 그대로 조사한 내용을 간단히 정리해 놓은 것이다. 조사보고서의 제목 못지않게 조사보고서의 요약 부분도 중요하다. 왜냐하면 요약은 조사의 핵심내용과 결과를 간단하게 정리한 부분이기 때문이다. 그러므로 독자는 요약 부분을 본 후에 조사보고서의 전체를 읽을 것인지 여부를 결정하는 경우가 많다.

그리고 조사보고서의 요약 부분은 중요하고 짧은 분량이기 때문에, 요약 부분을 신중하게 작성하여야 한다. 일반적으로 조사보고서의 요약 부분은 다음과 같은 식으로 제시하여야 한다(Monette et al., 2002).

첫째, 조사하고 있는 문제를 분명하게 제시한다.

둘째, 조사방법과 표집방법을 제시한다.

셋째, 조사결과를 간단히 요약하고 결론을 제시한다.

(3) 서론

조사보고서의 서론 부분에서는 조사를 실시하게 된 배경과 조사의 목적, 문제제기가 포함되어야 한다. 특히 조사보고서의 서론 부분에서는 조사의 목적을 분명하게 제시하여야 한다. 그리고 위와 같은 목적이 의미가 있다는 점을 제시하여야 한다. 무엇보다도 조사보고서에서는 다른 사람들이 이전에 실시한 조사와 비교해서 조사의 목적이 의미가 있음을 제시해야 한다(Mark, 1996).

조사보고서의 서론 부분에서는 연구문제를 제시한다. 이 경우, 연구문제는 의문문의 형태로 제시해야 한다. 그러나 어느 경우에는 연구문제를 생략하거나 넣지 않을 수도 있다.

예를 들어, 탐색적 목적을 지니는 연구나 측정도구나 프로그램을 개발하는 연구의 경우에는 연구문제가 없을 수도 있다.

그리고 조사에서 사용하는 용어가 특별한 의미를 지니거나 일반적으로 알려진 것과는 다른 의미를 가질 경우에는, 조사보고서의 서론 부분에서 이런 용어를 정의해야 한다. 그러나 서론 부분에서는 용어를 필요 이상으로 많이 정의하거나 장황하게 정의하지 말아야 한다(Monette et al., 2002; 이종승, 2009).

조사보고서의 서론 부분을 짧게 해야 한다 해서 너무 짧게 하지는 말아야 한다. 또한 조사보고서의 서론 부분은 분명하게 제시되어야 한다. 서론 부분을 분명하게 제시하지 않을 경우에는, 조사보고서의 나머지 부분은 그 의미가 모호해질 가능성이 크다.

(4) 본론

대부분의 조사는 각 학문 분야의 여러 연구자들이 이전에 조사한 결과를 바탕으로 해서 실시된다. 그러므로 조사보고서의 본론 부분에서는 이전의 조사결과를 적절히 요약하고 반영하여야 한다. 즉, 조사보고서의 본론 부분에서는 기존의 이론과 연구에 관해 문헌을 조사한 부분을 포함하여야 한다. 이런 문헌조사를 통해서, 현재의 연구가 지금까지 진행된 연구에서 어떻게 나왔는지 알 수 있게 된다. 또한 이렇게 문헌을 조사한 것을 토대로 삼아서, 조사에서 검증하려는 가설을 설정하게 된다(University of South Australia, 1998; Mark, 1996; Monette et al., 2002).

그리고 조사보고서의 본론 부분에서는 독자가 조사의 내용을 이해할 수 있도록, 조사방법을 자세히 설명하여야 한다. 조사방법 부분이 중요한 이유는 다음과 같다(Monette et al., 2002).

첫째, 조사방법 부분이 결론이 타당한지 여부와 결론을 일반화시킬 수 있는지 여부를 판단할 수 있는 근거를 제공하기 때문이다.

둘째, 조사방법 부분은 나중에 조사를 재현할 경우에 토대가 되기 때문이다.

일반적으로 조사방법 부분에 포함시켜야 할 주요한 내용은 다음과 같다.

첫째, 조사대상이 누구인지를 제시한다. 그리고 표집방법을 설명하고, 또한 사용한 자료 수집방법을 설명한다.

둘째, 개념을 어떻게 조작하는지를 설명하고, 또한 사용한 측정도구(예컨대, 척도)를 설명한다.

셋째, 조사의 결과를 분석하는 데 사용한 방법을 설명한다.

그리고 나서 조사보고서의 본론 부분에서는 조사의 결과를 제시한다. 조사결과의 부분은 조사보고서의 핵심을 이루는 부분으로서, 조사의 결과를 그대로 제시하는 부분이다. 일반적으로 조사결과를 제시할 경우에는 표와 도표, 통계를 사용한다.

(5) 결론

대개의 경우, 조사보고서의 결론 부분에서는 조사과정에서 얻어진 중요한 결과를 요약해서 제시한다. 이런 요약을 통해서, 독자는 조사의 핵심적인 결과를 정리할 수 있게 된다.

그리고 나서 조사의 결과에 대해 논의한다. 논의 부분에서는 조사결과 부분에서 제시된 자료가 가지는 의미에 대해 살펴본다. 그리고 논의 부분에서는 조사결과에 근거해, 각 가설이 지지되는 정도나 기각되는 정도를 제시한다(Monette et al., 2002).

그리고 나서 조사보고의 결론 부분에서는 조사결과가 학술적 측면, 실천적 측면, 정책적 측면과 관련해 더 광범위하게 지니는 시사점을 제시하여야 한다. 또한 결론 부분에서는 조사결과의 제한점이나 부족한 점을 솔직하게 밝혀야 한다.

그리고 조사결과 때문에 새로운 의문이 생기는 경우도 많다. 그러므로 조사보고서의 결론 부분에서는 향후 연구와 관련해 제언하는 경우가 많다.

(6) 참고문헌

조사보고서의 참고문헌(references) 부분에서는, 조사보고서를 작성하면서 인용한 모든 자료의 목록을 제시한다. 조사보고서의 참고문헌을 제시하는 방식에는 여러 가지가 있다. 모든 학술지는 참고문헌을 제시하는 방법에 관한 편집 지침을 가지고 있다. 그러므로 조사자가 학술지에 조사결과를 발표하려는 경우에는, 발표하려는 학술지에서 제시하는 지침에 따라서 참고문헌 목록을 제시하여야 한다.

(7) 부록

조사보고서의 부록(appendix)은 조사보고서의 맨 마지막에 제시되는 부분이다. 조사보고서의 경우, 내용이나 분량이나 형식 등의 측면에서 조사보고서의 본문에 넣기에 적절하지 못한 부분은 부록에 넣을 수 있다. 예를 들어, 조사에 사용한 설문지, 기타 측정도구, 통계자료를 조사보고서의 부록 부분에 넣을 수 있다.

함께 풀어 봅시다!

1 **다음 중 조사보고서에서 반드시 들어가야 할 구조에 해당되지 않는 것은?**

① 표제와 목차 ② 개요
③ 결론 및 제언 ④ 참고문헌
⑤ 연구비 결산내역

2 **조사보고서 문체와 관련된 지침으로 옳지 않은 것은?**

① 보고서의 문장은 문법에 맞게 작성되어야 한다.
② 보고서는 알리고자 하는 내용을 보다 명확히 작성한다.
③ 보고서를 간결하게 작성하는 것은 바람직하지 않다.
④ 보고서는 특이한 형식의 문체를 사용하지 말아야 한다.
⑤ 보고서는 수동태 문장을 너무 많이 사용하지 말아야 한다.

3 **연구보고서 작성 시 고려해야 하는 요인에 해당하지 않는 것은?**

① 연구목적 ② 독자 수준
③ 보고서 형식 ④ 가설 설정
⑤ 조사과정

정답 및 해설

1. ⑤
▶▶ 연구비 결산내역은 조사보고서의 기본구조에 해당하지 않는다.

2. ③
▶▶ 조사보고서의 목적을 이룰 수만 있다면, 조사보고서는 간결하게 작성하는 것이 좋다. 보고서 이용자에게 필요한 것을 모두 포함하면서도 최소한의 함축적인 내용으로 전달할 수 있어야 한다.

3. ④
▶▶ 가설 설정은 조사설계 전 단계에서 이루어진다.

4 **조사보고서 작성 시 주의해야 할 점으로 옳지 않은 것은?**

① 간결하고 짧은 문장으로 직설적인 표현을 쓰는 것이 좋다.

② 문장의 시제는 가능한 과거형으로 통일하는 것이 좋다.

③ 자료를 충분히 제시하는 것이 좋다.

④ 개요를 작성할 경우 연구결과부터 작성하는 것이 유용하다.

⑤ 표나 그림을 제시할 때 최소한의 해석과 의견이 제시되어야 한다.

❷

▶▶ 조사보고서 작성 시 문장의 시제는 과거와 현재를 혼용하되, 이미 행한 연구결과들을 인용하여 보고하거나 자신이 수행한 연구방법과 절차를 수행할 때는 과거형으로, 자신의 연구결과를 기술할 때는 현재형으로 기술한다.

5 **조사보고서를 작성함에 있어 조사의 목적, 문제와 가설, 이론적 배경은 어떠한 부분에서 제시되어야 하는가?**

① 목차 ② 부록

③ 본문 ④ 결론 및 제언

⑤ 참고문헌

❸

▶▶ 본문에서 조사의 목적, 문제와 가설, 이론적 배경, 조사설계 및 조사방법 등을 상세하게 기술한다.

| 참고문헌 |

국내 서적

강영걸, 박성복(2008). **사회복지조사론**. 학현사.

강종수(2009). **사회복지조사방법론**. 양서원.

김갑용, 전남련, 이은화, 이상호, 정현숙, 박순철, 권태연(2009). **사회복지조사론**. 학현사.

김경동, 이온죽(1993). **사회조사연구방법**. 박영사.

김기원(2001). **사회복지조사론**. 나눔의집.

______(2001). 한국 사회복지학 연구방법론에 대한 분석과 고찰: 질적 연구방법의 유용성 제고를 위한 논의. **한국사회복지학**, 55, 55-81.

김영종(2007). **사회복지조사론**. 학지사.

______(2008). **사회복지조사방법론**. 학지사.

______(2015). **사회복지조사론: 이해와 활용**. 학지사.

김익균, 고순철(1999). **한국지역사회복지론**. 대학출판사.

김정우, 양심영(2009). **사회복지조사론(제2판)**. 양서원.

김진숙(2022). **사회복지조사론(2판)**. 신정.

김치영(2007). **사회복지조사론**. 교문사.

김치형, 황인옥(2015). **사회복지조사론**. 동문사.

김태성 외(2006). **사회복지조사방법론**. 청목출판사.

김통원(2003). **사회복지 프로그램 개발과 평가**. 학지사.

김형식(1997). **사회복지 프로그램 평가기법**. 아시아미디어리서치.

남세진, 최성재(1996). **사회복지조사방법론**. 서울대학교 출판부.

노경섭(2015). **제대로 알고 쓰는 논문통계분석**. 한빛아카데미.

박이문(1993). **과학철학은 무엇인가**. 민음사.

박창제, 황선영, 임병우, 김준환(2020). **사회복지조사론**. 창지사.

사회복지교육연구센터(2016). 사회복지조사론. 나눔의집.
성규탁(1994). 사회복지행정론. 법문사.
______(1998). 사회복지행정론. 법문사.
성태제, 시기자(2006). 연구방법론. 학지사.
양정하 외(2003). 사회복지조사방법론. 학현사.
________(2006). 사회복지조사방법론. 공동체.
________(2013). 사회복지조사론. 정민사.
원석조(2017). 사회복지조사론. 공동체.
이관우(1976). 조사분석방법론. 형설출판사.
이근석(2016). 연구절차에 따른 통합조사방법론. 공동체.
이종승(2009). 교육·심리·사회 연구방법론. 교육과학사.
이창희 외(2007). 사회복지조사론. 창지사.
정무성, 정진모(2001). 사회복지 프로그램 개발과 평가. 양서원.
정영숙(2006). 사회복지조사방법론. 공동체.
조학래(2020). 사회복지조사의 이해. 신정.
채구묵(2003). 사회복지조사방법론. 양서원.
______(2005), 사회복지조사방법론(제2판). 양서원.
채서일(2005). 사회과학조사방법론(제3판). 비앤엠북스.
최성재(2005). 사회복지조사방법론. 나남.
최성철 외(2010). 사회복지조사방법론. 공동체.
한동우(2000). 사회복지 프로그램 평가의 방향과 실천. 2000년 추계학술대회 및 워크숍. 한국사회복지행정학회.
황성동(2006). 알기 쉬운 사회복지조사방법론. 학지사.
______(2015). 알기 쉬운 사회복지조사방법론(제2판). 학지사.
______(2016). 알기 쉬운 사회복지조사방법론. 학지사.
황창순 외(2015). 사회복지조사론. 양서원.

국외 서적

Babbie, E. (2001). *The Practice of Social Research*(9th ed.). Wadsworth.

Bailey, K. D. (1994). *Methods of Social Research*(4th ed.). The Free Press.

Bradshaw, J. (1972). The Concept of Social Need. *New Society*, 19, March, 640-643.

Cambell, D., & Stanley, J. (1963). *Experimental and Quasi-Experimental Design for Research*. Rand McNally.

Charmaz, K. (2005). *Constructing Grounded Theory*. Sage.

___________ (2005). Grounded Theory in the 21st Century: Applications for Advancing Social Justice Studies. In N. K. Denzin and Y. S. Lincoln, *The Sage Handbook of Qualitative Research*(3rd ed.) (pp. 507-536). Sage.

Clarke, A. E. (2005). *Situational Analysis: Grounded Theory after the Post-modern Turn*. Sage.

Creswell, J. W. (2010). 질적 조사연구방법론: 다섯 가지 접근(제2판)[*Qualitative Inquiry & Research Design: Choosing Among Five Approaches*(2nd ed.)]. (조흥식, 정선욱, 김진숙, 권지성 역). 학지사. (원저 출판 2007년)

Denzin, N. K., & Y. S. Lincoln(2005). *The Sage Handbook of Qualitative Research*(3rd ed.). Sage.

Fischer, J. (1978). *Effective Casework Practice: An Eclectic Approach*. McGraw-Hill.

Gilbert, N., & Specht, H. (1977). *Planning for Social Welfare*. Prentice Hall.

Kerlinger, F. N. (1986). *Foundations of Behavioral Research*(3rd ed.). Holt, Rinehart & Winstion, p.427.

Mark, R. (1996). *Research Made Simple: A Handbook for Social Workers*. Sage.

Marsden, G. (1971). Content Analysis Studies of Psychotherapy: 1954 through 1968. In A. E. Bergin and S. L. Garfield(eds.). *Handbook of Psychotherapy and Behavior Change: An Empirical Analysis*. Wiley.

Mckillip, J. (1998). Needs analysis: Process and Techniques. In L. Bickman, & D. Rog(Eds.), *Handbook of Applied Social Research Methods*. Sage.

Merriam, S. (1998). *Case Study Research in Education: A Qualitative Approach*. Jossey-Bass.

Monette, D. R., Sullivan, T. J., & Dejung, C. R. (2002). *Applied Social Research: Tool for the Human Services*(5th ed.). Harcourt College Publishers.

Moustakas, C. (1994). *Phenomenological Research Methods*. Sage.

Nachmias, C. F., & Nachmias, D. (1992). *Research Methods in the Social Sciences*(4th ed.). St. Martin's Press.

Neuman, W. L. (2006). *Social Research Methods*(6th ed.). Allyn & Bacon.

Polkinghome, D. E. (1995). Narrative Configuration in Qualitative Analysis. *Qualitative Studies in Education*, 8, 5-23.

Reid, W. J., & Smith, A. D. (1981). *Research in Social Work*. Columbia University Press.

Royse, D., Thyer, B., Padgett, D., & Logan, T. (2006). *An Introduction to Program Evaluation*(4th ed.). Brooks/Cole-Thomson Learning.

Rubin, A. (2007). *Research Methods for Social Work*. Wadsworth.

Rubin, A., & Babbie, E. (1998). **사회복지조사방법론***[Research methods for social work]*. (성숙진, 유태균, 이선우 역). 나남.

__________ (2001). *Research Methods for Social Work*(4th ed.). Wadsworth/Thomson Learning.

__________ (2005). **사회복지조사방법론***[Research methods for social work]*. (성숙진 외 역). 시그마프레스.

__________ (2007). *Essential Research Methods for Social Work*. Thomson Brooks/Cole.

Stake, R. E. (2005). Qualitative Case Studies. In N. K. Denzin and Y. S. Lincoln(Eds.), *The Sage Handbook of Qualitative Research*(3rd ed., pp.443-466). Sage.

__________ (2006). *Multiple Case Study Analysis*. NY: Guilford Press.

Steven, S. S. (1951). Mathematics, Measurement and Psychophysics. *Handbook of Experimental Psychology*(pp. 1-49). Wiley.

Strauss, A., & Corbin, J. (1990). *Basics of Qualitative Research: Grounded Theory Procedures and Techniques*. Sage.

University of South Australia (1998). The Research Report. www.unisanet.unisa.edua.au

Van Manen, M. (1990). *Researching Lived Experience: Human Science for an Action Sensitive Pedagogy*. The University of Western Ontario.

Woodard, K., & Doreian, P. (1994). Utilizing and Understanding Community Service Provision Networks: are Port of Three Case Studies Having 583 Participants. *Journal of Social Service Research*, 18(3), 1-44.

Yegidis, B. L., & Weinbach, R. W. (2009). *Research Methods for Social Workers*(6th ed.). Pearson Education.

Yin, R. K. (2003). *Case Study Research: Design and Method*(3rd ed.). Sage.

| 찾아보기 |

ㅇ

ㅈ

Q

R

S

T

U

V

1

저자 소개

최세영 現 백석예술대학교 보건복지학부 교수
공주대학교 대학원 사회복지학 박사

김준환 現 충청대학교 사회복지과 교수
고려대학교 대학원 사회복지학과 문학박사

임수정 現 강남대학교 사회복지학부 외래교수
강남대학교 대학원 사회복지학 박사

사회복지조사론

첫 째 판 발행 | 2017년 08월 28일
개 정 판 발행 | 2020년 08월 31일
개정2판 발행 | 2023년 02월 28일
개정3판 1쇄 | 2024년 08월 16일
개정3판 2쇄 | 2025년 09월 05일

지 은 이 최세영, 김준환, 임수정
펴 낸 이 어진용
책임편집 태선옥
펴 낸 곳 어가
10449 경기도 고양시 일산동구 장백로 20, 102동 202호(백석동, 동문굿모닝힐1차)
전화 031) 901-4222, 6318
팩스 031) 901-6319
이메일 uhga@uhga.co.kr
홈페이지 www.uhga.co.kr
등 록 2016년 7월 4일 · 제2016-000133호

ISBN 979-11-7075-111-3 (93330)
정가 22,000원